# 人間関係を豊かにして
# 逞しく明るく
# 活力ある職場つくり

## ～キャリアカウンセリングの
## 視点で振り返る／考える～

大崎凡二 著

# まえがき

　本書は私がこれまでの自分が経験してきた事、教えられ指導を受けてきた事、感じた事等と共に学習により得た知識、それらにより過去の自分を振返って感じている事、諸メモ類等を整理してまとめたメモ帳のようなものです。

　私はメーカーで技術研究開発、製造スタッフ業務、技術管理、環境や省エネ、製造管理、営業業務、主管者業務、加工メーカーでの業務等に長年にわたり携わって退職した後、人財（材）会社、ハローワーク、NPO団体をはじめいくつかの組織に関与して就職支援、セミナー講師、就職展、若年者支援等でのキャリアカウンセリング等に従事してきました。
今までの経験は一見違う分野のように見えますが、私の中では違和感はなく、それぞれが非常に関連していて一貫しているように感じています。その軸となっているのは人です。
キャリア関連に関与するようになり、振り返ってみると技術、製造業務、営業業務、主管者業務での経験が非常に役にたち、考えや行動のベースとなっているのを感じています。又キャリア関連の学習、経験をしていて、それまでを振り返ってみると、メーカーでの業務時に自分が関与していた事でキャリア理論等に上手く合致している事やちょっと違っていた、あの時こうしておけば良かったとの反省事項もあります。

　長年経験した事、実施した事、教えを受けた事、学習した事、反省した事項、メモしていた事項等はそのうち忘れ消えてしまうので、整理する事は有益と考え書物にしようと考えた次第です。　その場合、職場で組織で社会で重要なのは「明るい逞しい活力のある職場つくり」と思い、取り組んできましたので、このことを軸にして整理しました。　まとめるに当っては上述のように経験した事、先生、上司、諸先輩、仲間や関係した方々から指導・教えて頂いた事、学習した事、自分の考え、自分の振り返り等を整理して構成しました。

本書で述べている基本的な考えを３つにしぼると、本文でも述べてありますが、次項になります。

その一つは思いやり（あたたかさ）をもった人間関係の大切さ。人々は仕事を通して学習し人間として育ち、磨かれていく。その主な場は日常の職場であり、そこは複数の人/人間がいる場です。字が表わしているように“人”は支えあっているし、人間は人の間と書く。という事は人間関係が生じるし大切であることを示している。

二つ目は考える事の大切さ。今ある事案は社会・人々にとって正しいか、有益か。悪い事態が起こらないように考えて対策をとる（予防する）。また専門家が言う事や理論が意味している事には背景/環境がある、条件がある。これ等をよく考えなければならない。また専門家だけが持っているのでは社会的な価値/意義はあまり高くなく、通常の生活の中で活用されるように考えなければならない。無論実行/行動がないと意味はない。

そして三つ目は何事にもそれまでの積み重ねの知恵・叡智/文化がある。その過去があって現在、未来がある。先人の知恵をよく認識/理解していなければ、日常において本当の意味で有効にはならない。そして基本的な知識が必要である事と共に見識が求められるという事です。

　これらの事項を念頭に置いて本文をみて頂きたい。　働いている人々やこれから人生を歩んでいく人（学生、若年者等）の人生/職業生活において参考になればとも思っています。

著者　大崎凡二（平成 29 年 12 月）

# 人間関係を豊かにして逞しく
# 明るく活力ある職場つくり

～キャリアカウンセリングの視点で振返る/考える～

# 目　　次

まえがき　　　　　　　　　　　　　　　　　　　　1

目次　　　　　　　　　　　　　　　　　　　　　　3

## Ⅰ．職場が目指すもの　　　　　　　　　11

1．職場を支える要素とその関係　　　　　　　　　12

　（1）5つの要素とその関係

　（2）5つの要素の関係の説明と留意事項

2．人間関係について　　　　　　　　　　　　　　15

　（1）背景と概要

　（2）人間関係構築のための基本認識事項
　　　　～挨拶、関心を持つ、準拠枠、自己概念、価値観～

　（3）人間関係を良好にする4つのキーワード

　（4）良好な人間関係維持のための5つの心得

　（5）昔から人間関係を重視

3．リーダーシップ　　　　　　　　　　　　　　　27

　（1）リーダーシップについて　～心得～

　（2）リーダーについて

　（3）リーダー/マネージャーに求められる**カッツ**提唱の能力

3

（4）別の視点で、リーダーの条件（昔から言われている事項）

（5）代表的なリーダーシップ論

4．自主性・自発的行動、主体性　　　　　　　　　　　　　　　38

（1）自主性・自発性、主体性の意義

（2）自律/自立した人間

（3）部下の自主性、自発的行動を失わせる言葉（控えたい言葉）

（4）自主性の源

（5）誇り/プライド

（6）考え方、見方、視点を変える

5．モチベーション、動機付け　　　　　　　　　　　　　　　　43

（1）モチベーション、動機付けのために

（2）モチベーションを持つために、持たせるために

（3）モチベーション、動機付け関連の理論等

6．コミュニケーション　　　　　　　　　　　　　　　　　　　52

（1）コミュニケーションにおける基本

（2）言葉というもの

（3）職場での意思疎通の方法

（4）コミュニケーションでの心の状況（対人関係の姿勢）
　　　　～交流分析・エゴグラム～

（5）自己表現、主張の仕方　～アサーション/DESC 法～

7．上司、指導者、カウンセラー等と部下、来訪者との関係　　71

（1）会話時の留意事項

（2）評価時の留意事項

（3）対応の仕方の例

（4）きき方が信頼関係を築く第一歩

8．別の観点から　職場つくりの注目したい5項目　　　　　　79

# Ⅱ. 働くこと、仕事について　　　80

## 1. 仕事についての考え方　　　81

（1）働く事に人はどんな魅力を感じるのか
　　〜なぜ仕事をするのか、なぜ働くのか、その目的は〜

（2）働く意義を別の面から考える（別の役割）

（3）働く意義とその大切さ（非正規社員、専門・プロ）

（4）人が辞めたくなる時

（5）仕事をしたい、継続したい思い（人ザイを活かす）

（6）仕事/働く事におけるメカニズム

（7）言葉/語句 "仕事" 周辺

## 2. 必要な能力とその構成　　　88

（1）人が社会で生きていくために必要な力…人間力/生きる力

（2）色々な機関が述べている社会において必要な能力

## 3. 仕事についての考え方　　　93

（1）働くにあたっての心がけ〜3要素〜

（2）適職、天職とは

（3）仕事における5つの資源

（4）仕事に対する感じ方/ 心がけ及び仕事観/人間観

## 4. 仕事における心得　〜原点に返って〜　　　97

## 5. 人財（材）育成に関連して　〜組織、上司の役割〜　　　98

（1）人財（材）育成での基本的なみかた

（2）原点に返って、教育の意味/意義とその重要性

（3）教育、研修、訓練、学ぶ事の分類

（4）人が育つ、人を育てる事において

（5）認識しておきたい最近の事柄/語句/言葉

## 6. 仕事、生活において心がけたい言葉　　　108

## 7. 教訓 〜先生、上司、先輩、仲間から、社会で学び、感じている事〜　110

# Ⅲ．職場でのキャリアカウンセリング　117

## 1．人の気持ちが判るように　～心のかよい・カウンセリング～　118
（1）カウンセリングの意義、目的、目標、実施の仕方等
（2）自律/自立するとは
（3）失敗事例
（4）別の視点でみると
（5）カウンセリングマインド

## 2．キャリア、カウンセリング周辺語句の概要　125
（1）カウンセリング及びその周辺
（2）キャリア Career について
（3）キャリアを学ぶ、理解するとは
（4）キャリアカウンセリング、キャリアカウンセラーの意味

## 3．「キク」ということ　134
（1）キクという3つの言葉とその違い
（2）聴く/傾聴の重要性とカウンセリングの基本
（3）きき方(質問の仕方)・種類

## 4．表現と心の状況　140
（1）表現（言う/ 訊く/ 質問の時）について
（2）心の反応の様子　～防衛機制～

## 5．会話の事例　142
（1）心得　～傾聴、気持ち、感情、心を聴く～
（2）会話事例　～きく、聴く、きき出す方法として～

## 6．身近なキャリアの関連諸理論の概要　145
（1）F.パーソンズの特性因子理論
（2）ドナルド E.スーパー
（3）ジョン L.ホランドの理論
（4）エドガーH. シャンのキャリア・アンカーの概念

6

（5）ジョン D.クルンボルツの理論〔社会（的）学習理論〕

（6）ナンシーK.シュロスバーグの理論

（7）M..L.サビカスのキャリアカウンセリング構築理論

## 7．キャリア、カウンセリング関連語句の整理と理解　153

（1）キャリア デベロップメント（CD）

（2）組織開発(OD)

（3）キャリアプランニングとキャリアマネージメント

（4）キャリアデザイン

（5）キャリアガイダンス

（6）キャリア教育

（7）キャリア支援関連語句について

（8）意識し、心得たいキャリア/カウンセリング関連語句
　　　　　（自己効力感、コンピテンシー、リフレーミング）

## 8．自己理解　163

（1）自分について考える

（2）自己理解の基本（ジョハリの窓）

（3）自己理解のための具体的な取組みと留意事項

## 9．人間の種々の発達段階、幸せ感　169

（1）人の欲求段階（5段階＋1）

（2）幸せ感、幸福感

（3）人の心の発達7段階

（4）十の心の発達段階（弘法大師）

（5）総括 ～心得/心掛ける事柄～

## 10．身近に/昔からあるカウンセリングのこころ/精神　175

（1）身近な所からの学びの色々な事例について
　　　　　（三助サンジョ、七施、自得、小説等での描写、仏教での言葉）

（2）その他 昔から言われている留意したい言葉

11. 目指すこと ～理論（理想）と現実との関わり～          180

12. 短い言葉で表現すると                              182
　　　　～カウンセリングの五七五 川柳もどき～


# Ⅳ. 職場で心得るメンタルヘルスケア          189

1. メンタルヘルスでの基本事項                        190

　　（1）概要

　　（2）メンタルヘルス課題の発生原因と予防の大切さ

　　（3）予防するためには

　　（4）レジリエンス 力

2. 職場でのメンタルヘルスについての留意事項          194

　　（1）職場での観察視点として事例性と疾病性

　　（2）職場で病識のない人への対応

　　（3）メンタルヘルスケアの仕方

　　（4）その他 注意事項

3. 主なメンタル疾患等基礎知識                        196

　　（1）職場での主なメンタルヘルスの課題

　　（2）障がい（障害）/ disorder についての分類/種類

　　（3）主なメンタル疾病/障害、分類とその概要

　　（4）統合失調症

　　（5）気分障害（うつ病等）

　　（6）発達障害

4. 対応、留意事項 ～受診、休職、職場復帰、安全配慮義務～   206

　　（1）受診しやすい診療科

　　（2）休職にあたって

　　（3）職場復職において

　　（4）安全配慮義務

8

5．参考事項等　　　　　　　　　　　　　　　　209

　　（1）概要として障害者数、関連の法律

　　（2）雇用率

　　（3）障害等級と障害手帳交付等

　　（4）障害者関連支援（相談）機関及び参考資料


# Ⅴ．心に留めたい言葉　　　　212

心に留めたい言葉/事項　　（メモ帳から）

あとがき　　　　　　　　　　　　　　217


$$\boxed{\text{コラム　目次（頁）}}$$


Ⅰ．1　怨と恕、怒、恣、恐、咎める　（21）

　　2　雑談〜コンピューターが苦手なこと〜　（22）

　　3　人間関係に繋がる「縁ェン」　（27）

　　4　知識と経験について　（33）

　　5　誇り/プライド　（42）

　　6　理論というもの（1）〜理論と経験〜　（52）

　　7　コミュニケーションとしての文字　（63）

　　8　第三者（周り、世間、社会等）もよし（OK）　（70）

　　9　コミュニケーション雑感　（71）

Ⅱ．10　情けは人の為めならず　（83）

　　11　人が育つ/人を育てる　（85）

　　12　人間力教育、キャリア教育と相応しい言葉　（90）

　　13　人と仕事のかかわり　（92）

9

14 つぶやき〜大切なこと〜 （93）

15 言葉（1）〜人ザイ〜 （101）

16 つぶやき 〜長所は長所、3大変革時期は〜 （105）

17 気がかりなこと 〜ラインの責務〜 （106）

Ⅲ 18 迷い、悩み、苦しみ……、自律/自立 （122）

19 カウンセリング余談 （124）

20 カウンセリングのこころ （125）

21 言葉（2）〜名称/呼称は相応しいか〜 （128）

22 大切なこと〜振り返り/自反、自己理解/自得〜 （134）

23 共感という心情を述べている実語教 （136）

24 雑感〜鳥かご・動物園の檻論法〜 （142）

25 セレンディビティとクルンボルツ理論、シュロスバーグ理論 （150）

26 三つ子の魂百まで （152）

27 削り/剥がしと統合/再構築（アンカーとベクトル） （152）

28 Career Development の日本語訳 （154）

29 つぶやき〜今までも〜 （156）

30 悩みは深まる？ （157）

31 キャリア デベロップメント、キャリア教育等の概念の表現 （159）

32 自己理解を広く深めていくと （168）

33 周りの人のメンタルヘルス課題と欲求段階 （171）

34 ちょっと気になる自己実現 （172）

35 理論というもの（2）〜カウンセリング、心理学で〜 （182）

36 雑談〜習合〜 （185）

37 留意しておきたい背後の文化 （187）

Ⅳ.38 予防と専門家の働き、ラインの役目 （193）

39 メンタルヘルスと東洋の昔の教え等 （203）

40 注意！ コミュニケーション （205）

# Ⅰ. 職場が目指すもの

人間関係

リーダーシップ

自主性・自発的行動、主体性

モチベーション、動機づけ

コミュニケーション

人々の関係性、相互作用

他

# １．職場を支える要素とその関係

## （１）５つの要素とその関係

　会社/企業、団体等の組織は人の集まりである。そして一人では出来ない目的・目標を達成するための場を提供するのが組織である。　この組織は全ての人と社会を幸せに導くものでなければならない。　社会は人と人との絆でつくられているので、その中での組織/会社は単なる労働の場ではなく、人と人を繋ぐコミュニティーの役割を果たしている（PF ドラッカー）。その基盤は職場であり、職場は人生/生活において大きな割合を占める場所であり、その職場にある使命/ミッションを果たさなければならない。それを実施するのは人であり、人と人が一緒に働きながら「明るく活力のある活性化した逞しい職場」をつくり、維持発展させる事である。それに伴い働く人々を活かし、幸せにし更に社会に貢献していく事である。

　そのためにはその職場の人間関係が良好で、構成している人々が存在価値を感じる場所（居場所/居所）である事が必要である。ここで言う自分の存在価値とはモチベーションを持てて、維持できる事を意味している。

　職場を明るく活性化し逞しくする要素は次の５つである。
　　　（明るいとは　風通しがよく、活き活きして生きがいを感じる事）

　・人間関係（信頼、チームワーク）　　・モチベーション（意欲、志気）

　・リーダーシップ　　・自発的/自主性/主体性　　・コミュニケーション

これ等はお互いに関係/作用/影響しあい、その中でコミュニケーションが神経/血液のような働きをして結び付けている。この血液の中には**信頼**という栄養分が必要で各所へ運ばれていなければならない。このコミュニケーションのベースになるのは心/気持ち/感情/思い等を"キク"ことができる事、即ち傾聴である。　このような中でチームワークが醸成され、活力が生じる。　また信頼関係の構築が不可欠だが、そのための要目は次の５項目である。　① 自分の考えを持ち、軸がぶれない事　② 相手を知り、気持ちを理解し誠実に対処する事　③ 約束を守る、言行一致である事　④ 目標、目的を明確に持つ事　⑤ 何事にも十分に準備をし、人々との認識統一をする。　一言で表現すれば、徳/人格があるという事になる。

　このようにしてできた職場はWin-Win-Win でなければならない。　つまり自分も、相手も、そして職場、会社、世間、社会も Win でなければならない（Win-Win ではいけない）事を意味している。これは近江商人の理念「三方よし」（P109 参照）に通じる事であり、現在でも常に留意する必要がある。　前述の５項目の関係を図示すれば次のようになっている。

12

関係図

「自律/自立した明るく活力のある活性化した逞しい職場づくり」

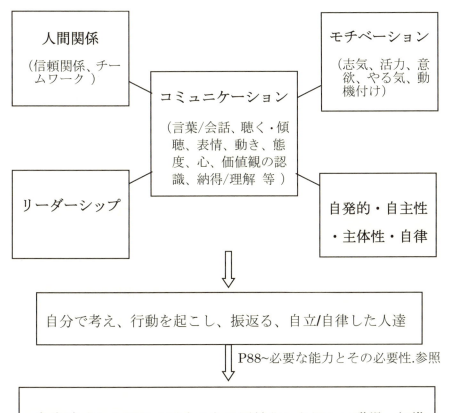

なおここで組織と述べているが、原点に返って認識すると、組織は「社会を構成する各要素が結合して有機的な働きをする統一体。またはその構成の仕方。」（広辞苑）である。　さらに言えば、この職場・組織を構成するのは人である。それ故 個々の人が考え、能力を高め、自立し、モチベーションを持ち成長していく事が必要である。
別の視点から述べれば、職場・組織は共有した理念や目的を持った構成体であるから、仕事を通じて人々を生かし、人々が生きがい、働きがいを感じる場を提供し、人を育て成長させる場でなければならない。（参照Ⅱ-1. 仕事についての考え方 P81~）

（2）５つの要素の関係の説明と留意事項

（ⅰ）関係

判り易く印象に残る表現をすると、次のような関数式の表示にもなる。

$$y = f(x_i)$$  $y$ は明るく活力のある活性化した逞しい職場

$x_i$ は職場の人間関係、人々のモチベーション、リーダーシップ、自発的・自主性・主体性、コミュニケーション等

$y$ を可能な限り大きく（最大に）する必要がある。 $x_i$には程度（レベル）が一定以下になれば、$y$ が成り立たなくなる限度(範囲)がある。
$y$ はそれぞれの要素（いくつかの変数 $x_i$）により大きく影響されるので注意をしなければならない。

（ⅱ）留意事項

コミュニケーション/会話/言葉は意思/意志疎通を良くする心の交流であり、情報の授受による相互理解の要カナメとなるものである。言うなればキャッチボールする事である。 野球でキャッチボールする時の基本は相手が取れるようにボールを投げるだけでなく、相手が次の動作に移りやすいところに投げる必要がある。即ち相手の気持ちを察して（気持ちをくんで）投げる事である。 コミュニケーションも同様で、相手の気持ち（見えないもの/本音）をくんで行う必要がある。このようにして前述の諸要素を働かして、人々の間の障壁を除き「明るく活力のある活性化した逞しい職場づくり」を行うのである。

これ等の関係が良好に維持できるようになるためには潤滑剤が必要である。この役目を担うのが信頼関係（ラポール）であるが、主にコミュニケーションと行動によって構築される。
コミュニケーションは非常に重要であるが、目的ではない。手段、方法、道具である。誤解をしてはいけない。

（ⅲ）条件

"楽しい職場 …"を という人がいるが、仕事/職業は生易しいものではない。あまり楽しい職場…云々と強調され過ぎると、イメージと現実との乖離の大きさを感じて失望して耐えられなくなってしまう可能性がある。特に若年者/学生などにこの言葉がインプットされ過ぎると将来早期退職になる場合があるので注意しなければならない。 それ故 明るい…という語句を使用した。この語句だと達成の可能性があり、持続可能性を感じる事ができる。今まで私自身がそのように指導され、指導し言ってきた事であ

る。　無論 楽しい職場、仕事だと感じる人も多数いるし、そのようなケースもあるし望ましいが、一般的ではないのが現実である。仕事に喜びを感じるのと仕事が楽しいのとは違う。留意しなければいけないと思う。

　望ましい職場・仕事の条件を考えると３種類ある。　好きという事（少なくとも嫌いでないという事）は"必要条件"である。　楽しい職場・仕事というのは"望ましい/ 好ましい条件"（目指したい条件）である。　"十分条件"は前述の５つの要素が整っている職場/仕事であり、各人が努力・意識して創りあげていく職場/仕事の事である。　特に若年者/学生は職業選択において望ましい条件と必要条件、十分条件を考え違いしない事である。

　なお付言として、職場関連だけでなくもっと広い分野に目を向けて、一般的な心得としては、その場・状況等を先ずは"知る"こと（現状/実態把握）である。そして努力を続け深めると"好む、好きに、愛着を感じるように"なるし、やりがいを感じるようになり、更に続け深めると"楽しい、楽しむ"の域に進んでいく。このように楽しい、楽しむ状況になるようにしたいものである。
次のような言葉がある。　「これを知るものは、これを好む者に如シかず。これを好む者はこれを楽しむ者に如かず」（論語：知之者不如好之者。好之者不如楽之者）。ただ知っている人よりもそれを好きという人の方が上である。それを楽しむ人はもっと上である。

# ２．人間関係について

## （１）背景と概要

　人は一人では生きていけない。人間がつくった社会で人々が一緒に生きているのだし、仕事をする相手も人間であり、職場は人と人が一緒に働く場である。誰か（？＋アリストテス？）が「人は孤にあらずして群である、人は社会的動物である」と言っている。人（自分）と人との間に壁があっては繋がらない/関係ができない。人と人の関係の中で社会は成り立っているので自ずと人間関係が成り立ってくる。それ故良好な人間関係は単なる他人（周りの人）と愛想よく摩擦なくやっていく事ではない。

　同じ目的に向っての協同業務（作業）のためには良好な人間関係が必要である。つまりチームワークが大切と言う事である。そこではメンバーが創意工夫をしながら一所懸命に同じベクトルの方向へ進んでいく事である。

人間社会にとって人間関係の重要性は本質的な事柄で、人/自分の生き方の基本事項である事を認識しておく必要がある。

　漢字は上手くできている。"人"には支えがいる。誰かに支えられ、支えている"ひと"がいて生きていく。　"人間"は人の間と書く。自分は人々の間にいる。人と人の関わり（組織、社会、世界）の中で生きる。そこには必然的に関係ができる。即ち社会は多数の人々で成り立ち、人間（人生）は相互依存の状態の中で生きているので、人間関係は生活において欠かせない重要な関係（相互的人間関係）であり人間学に通じるものである。この事を留意/意識していく事が良好な人間関係を築き、維持していくための要となる。　一人では何事もできない、「周りの人の支えや助けがあって初めて物事はうまくいく」（山中伸弥；京都大学、ノーベル賞受賞）。また心理学者で精神科医であるＡアドラーは「全ての悩みは対人関係の悩みである。我々の周りには他者がいる。そして我々は他者と結びついて生きている。人間は個人としては弱く限界があるので一人では自分の目標を達成できない。…」、「更に生きる喜びや幸せも対人関係の中で得られる」（アドラー/岸見一郎）と述べている。
複数の人がいれば必然的に人間関係が生じてくるわけである。

　以前は現在より絆が強く、意識をしなくても良い人間関係を保っていた面があるが（過剰な面もあったかもしれないが）、残念ながら最近は強く意識をしなければならなくなってきた。しかし環境、時代が変わっても人間関係の重要性は変わらないどころか、もっと重要になっている。
良好な人間関係のある職場は、明るくて人々の笑顔がある職場である。そのように成りうるにはどうしたらよいかを考えなければならない。

　なお良好な人間関係構築/維持の要となるのはコミュニケーション、行動/動き、心（気持ち、考え等）であるが、その対処については古くて新しい課題である。　近年人間関係論がある意味で流布されているが大昔から多くの方々（賢人、識者等）が述べられているし古典にも書かれている。そして身近な所に、人間関係に関連（注視）して長い期間にかけて蓄積された言葉があるので心したいものである（別項の(3)、(4)項　P18,P19を参照）。


（２）人間関係構築のための基本認識事項
　　　〜挨拶、関心を持つ、準拠枠、自己概念、価値観〜

　人間関係を良好に保つためには基本事項の意味を認識/理解しておく必要があるが、この前提としては信頼がある事である。さらに言えば相手を尊重する気持ちと感謝の念を持つ事である。〔注：信頼（信頼は無条件である）と信用は違う〕

（ⅰ）良好な人間関係構築の第一歩/挨拶・感謝・誠実

　一見単純な事項のように感じるが、職場では先ず次の３項目を心がけ、自然な感じで出てくるようになる事である。
①先ず挨拶：おはようございます　こんにちは　ただいま　さようなら、お先に　お疲れ様でした　等々。　そこにもう一言付け加えるのがよい。例えば、天気がいいね、お元気ですか、お世話になります、また明日ね等
②感謝の言葉が出る：ありがとう　嬉しかった　お陰様でできました　助かったです　等々
③明るく誠実に接する

（ⅱ）関心を持つ

　職場等での人間関係を良好にするためには何事にも関心を持つ事である。例えば人、言葉/言動、行動/動き、表情、思考/考え、相手の気持ち、性格、習慣、環境、社会、諸々のニュース等々に関心を持つ事が第一歩である。

（ⅲ）準拠枠

　人や社会/状況を見たり感じたり考えたりする時　人は自分の準拠枠（frame of reference ）と比較し、感じて判断する。この準拠枠は頭/心の中での判断の枠組み（よりどころ、標準/基準）の事である。　即ち自分の中には何らかの基準がある。そして各人は自分の価値観、自己概念によって基準ができてくる。この基準（考え/枠、自己概念、価値観）は経験、生活体験・育ち、環境、学習（学んだ事）/知識、人に言われた事や指導された事、入手した情報、持って生まれた性格・天性、感性等でできているので、当然人によって異なる。　そこで人によって判断（感じる）基準が違う事を十分意識しておかないと意思の疎通が十分出来ないし、良好な人間関係を構築、維持できない。また時の経過、環境の変化、学習、成長の過程等により変わったりもする。　自分が持っている基準の枠外の場面や自分とは違う考え、意見等に遭遇すると不快な気持ち、拒否反応を持つ傾向になる。　それ故経験等を豊富にして（広げて）準拠枠、自己概念、価値観を広げる（柔軟性を持つようにする）努力が必要であると共に自分の枠/基準を押し付けないように留意する必要がある。

（ⅳ）自己概念

　自己概念は「自分は何者か」、「どんな人間か」、「どういう存在か」、「どうありたいのか」、「自分自身をどのように考えているのか」という事であり、自己像/自己メージの事である。
具体的には、自分の特徴、性格、能力、考え方、関心事、興味、趣味、身体、家族、生活、楽しいか、○○は好き/嫌い、関係する人、人にどう見ら

17

れているか（他者評価）、どんな行動をするか、社会について等々に関連して自己のイメージを持っている。さらに人は理想の自分、ありたい自分のイメージを持っている。その差の大きさによっては満足したり、不満を持ったり、優越感や劣等感を持ったりする。時により、状況によりその強弱（大小）があったりする。又時には悩みのもとになったりする（特に青年期）。組織の中においては夫々の人が持っている自己概念により関係ができてくるものである。要カナメになるものであり、留意すべき概念である。

（ⅴ）価値観

人は夫々価値観を持っているが、この価値観とは各人の考え方であり、判断する基準である。人は色々感じる。これは良い－悪い、正しい－間違っている、面白い－つまらない、綺麗－汚い、…等々を考えたり感じる時の判断のもとになるものが価値観である（人が下す諸々の価値判断）。これは生育の中で、成長の過程で、日々の生活の中で、周りの人々や社会の環境の影響を受け、経験や学習において形成され蓄積されていく。無論変化もする。

●これらは人間関係構築での基本になる事項/概念であり十分認識し留意する必要がある。なお自己理解(P163)を深めていくとこれらに繋がっていく。


（３）人間関係を良好にする４つのキーワード

人間関係を良好な組織・職場にするために留意すべき必要な４つの要素がある。その必要な４要素は人への配慮、人を尊重する事/気持ち、責任を持つ事、人への理解である。

①配慮；思いやりの心、相手（部下、上司、仲間、関係者）の事を考える。別の言葉で言えば、温（暖）かい心であり、喜んでもらえるように考えて行う事、相手の立場で考える事である。

②尊重；人を認める事、信じる事、双方向の信頼となる事である。

③責任；自分と相手に対しての責任。自分の行った事の結果に責めを負う/負わなければならない任務や事柄である。相手のためを考える、他人の要求に応えられる、そのためには我慢も必要である。

④理解；人間を知ること〔人/相手（部下、上司、仲間、関係者）及び自分を知ること〕。

人間関係を良好に保つという事は、上述の４要素を心得るという事であるが、E.フロムの愛の４要素を認識（理解）すると同じ要素（言葉）になる

ので言い換えれば「人間関係を良好に保つ事は　人を、そして環境（仕事、職場、組織等）を愛すること、好きになること、思うことである」。

（参考）；エーリッヒ・フロム（Erich Seligmann Fromm。独の社会心理学者、哲学者）の愛の四要素：配慮、尊重（尊敬）、責任/人の要求に応じられる、理解/知（相手を理解すると共に自分自身を知る）


## （４）良好な人間関係維持のための５つの心得

### （ⅰ）基本事項

　良好な人間関係を構築するための留意事項を述べる。人間関係は人と人の関係だが、最近は人と人の間に機械（パソコン、スマートフォン等）が入ってきて難しく（ややこしく）なってきているので、今まで以上に人間関係を意識する必要がある。このベースになっているのが信頼関係であり、心遣いである。

心遣いが大切、誠実さとか人間関係を大事にするとか言うと、いかにも日本的な事として感じるかもしれないが、アメリカでも同様に言われている。S.R. コヴィーが「７つの習慣」のなかで人間関係において小さなことを大切にする事が必要であり、「小さな心遣いと礼儀はとても大切である。…」と記載している。

　良好な人間関係のためには信頼関係の構築が大切であり、下記（ⅱ）の５つの心得が必要である。　これに関連して上述の「７つの習慣」には興味深い/面白い表現がされている。　銀行口座にお金を預け入れるように、信頼口座に信頼を貯めていく。即ち信頼の残高を増やし高める。この信頼残高は財産であり、預金の例としては約束を守る、小さい事を大事にする、何事にも誠実に取組む、正しい行いをする、相手の期待に応えるように努める等々である。　また本稿の各所で述べた事柄を実行していく事である。

このようにして信頼残高が高くなればコミュニケーションはしやすくなり、効果的で、即時にできるようになる。　そしてこの信頼財産を高めるように努める事は良好な人間関係に繋がっていく。

　東洋/中国の言葉/故事に「陰徳あれば必ず陽報あり」（准南子）　というのがある。人と接する時、話をする時等においてこの言葉の意味する事が適合し、上述の小さい心遣い、気遣い、心がけ、正しい行いは報われる。つまり信頼関係を得るような事をしていれば、自ずと良好な人間関係を築いていける。

（注記）陰徳は人に知れないように施す恩徳（めぐみ、なさけ、恩恵）、

19

陽報ははっきりと現わる報い。（広辞苑）　直接人に気づかれていなくてもよい行いをしていれば必ず報われる（見ている人はいる。天は見ている）。

（ⅱ）５つの心得

① 誠実さ、誠意、信
良好な人間関係を構築し維持していくための第一は人と接するに当たって誠実（＊）である事である。
別の言葉で言えば"信"という事である（約2500年前 孔子/論語が人間関係において重視した事項として信をあげている）。　即ち嘘を言わない、欺かない、約束は守る、信頼/信用できる、真心がこもっている、正しい事を言い、言った事は実行する（言行一致/二面性を持たない）、芯/軸がぶれない、思いやりがあると言う事である。
（＊）広辞苑には誠実は「（他人や仕事に対して）まじめで真心がこもっていること」、誠意は「私欲を離れ、曲がったところのない心で物事に対する気持ち。まごころ。」と記載されている。

② 意思の疎通 / コミュニケーション
意思の疎通を十分にはかることが重要なわけだが、この事は相互理解することを意味している。その方法は主にコミュニケーションである。
このコミュニケーションにより相互理解ができ信頼関係が構築、維持されて、良好な人間関係の確立となる。具体的には別項のコミュニケーション/P52 参照のこと。

③ 思いやり ～恕～
思いやり（思いあい、心配り、他を受け入れる、自分のことと同じ様に人の事を考える）が大切であり、相手を尊重する事である。一文字で表わせば、「**恕**ジョ」である。この恕ジョの言葉/意味を忘れない事である（相手を自分の心の如く思う、思いやり）。　聴く事の大切さのベースもここから出ている。〔広辞苑では 恕：思いやり、ゆるすこと〕　（注；怒、怨の字ではない）

　仏教の教えの中でもしばしば出てくるし、江戸時代の識者も言っている。西洋（キリスト教の国）では「自分がして欲しいことを人にしてあげよ」と言う。キリストよりもずっと前に、孔子/論語は人生において大切なものは何かと弟子/子貢に聞かれて「…… 子の日わくノタマワク其れ恕ジョか。己の欲せざる所、人に施すホドコスこと勿れナカレ」と言っている（其恕可…）。また同様の意味で仁ジンとも言っている。これらのベースも思いやる心から出ている。
なお誰に対する思いやりかといえば、他者/相手だけでなく自分自身に対する事も含んでいる。即ち 自分を励まし自分を磨く事であり、自分を甘やか

さない。恥ずかしくないように先ずは自分をきちんとする事である（要約/佐久協氏/論語）。

　上述したように人と人との関係において大切な心得は現在だけでなく大昔から言われている事であり、公理/一般に通じる道理なのである（東西の偉人は同じことを言っている）。

1　　　恕ジョ と 怨ウラミ、怒イカリ/オコル、

恣シ、恐キョウ、咎めるトガメル

　恕、怨、怒、恣、恐の字は一見似ているが、意味は全く違う。怨はうらみ、恨ウラみである。怒はいかりであり一般的で判りやすい。恣はほしいまま、勝手気まま。恐はおそれる、おそろしい、こわいである。咎めは非難する、取り立てて問いただす、心に痛みを感じるである。　恕は前述した通りであるが、事例を述べる（本稿の主旨とちょっと違う面もあるが広く考える）。

　第二次大戦時に日本は東南アジア諸国に迷惑をかけたが、大戦後 儒教/孔子等の思想や仏教思想等の国々は日本に対して「怨に怨を以ってするな、徳を以ってせよ」の思想/考えをもって対応した国もある。心しておく必要がある。
中国の蒋介石総統、周恩来首相、スリランカのジャアワルデネ大統領、インドのパール（パル）判事等の対応である。
（在留日本人の即時引揚げ、日本を４分割しての統治に反対、賠償放棄等の政策実行、戦争責任 等）
又キリスト教国（アメリカ等）の食料援助、比キリノ大統領による戦犯の恩赦もこれ等に類する。　これらは恕の精神でもある（怨、怒、恣、恐、咎めを裏返した表現か）。

④ 同じ基盤を持つ 〜目的/目標と情報の共有〜
ベクトルが一致してそこ（目的/目標）へ向かうと共に、皆なのベクトルがずれないようにするのが情報の共有化である。そこには意思の疎通/コミュニケーションが必要である。

⑤ ２つの気 〜気づきと気づかい〜
それは思いやりから生じてくる２つの"気" 即ち「気づき」と「気遣い・気配り」が人間関係において重要である。"気"のつく言葉でニアンスが

近く似た言葉には 気がつく、気遣い、気がきく、気がまわる、気をつける、気がかり など多数あるが、人間関係に関連して特に重要なのは上記の気づきと気づかいである。そのためには関心を持つ事がその第一歩である。

　気づきには２つあり、自分自身についての気づき（自己理解/後述）と自分以外〔相手の人（相手理解）及び環境/変化〕についての気づきである。気づきというのはどう感じたのか、どんな考えか、どのような思いなのか、どんな気持なのか、感情はどうなのか、何かを新しく見つけ出す（気がつく）と言う事である。そして気づきのためには人と自分を冷静によく見て（観察して）理解する（知る）事が発端となる。

もう一つの気づかい(気遣い、気働き)は、心を使うことである（広辞苑）。社会は自分ひとりではない訳だから相手をも尊重すると言うことである。そこから助け合いも出てくる。

　これらの「気」は頭からではなく"こころ"から出ている（こころは体の何処にある？）。即ちこれらは心づかい、心配りから出る訳である。

---

２　　　　雑　談　〜コンピュータが苦手なこと〜

　コンピューター/人工頭脳が進歩し、難しいと言われていた将棋でプロがコンピューターに負ける場面が出てきた。また専門分野（医療の診断、法律問題等々）でも大いに活躍が予想されている。

　しかしコンピューターが苦手としているのは、雑談だそうで、ここで必要な気遣い、気づき、心づかい、心配りが難しいのである。これは人間だけができる事である（脳科学の茂木健一郎先生が対談で）。
もう少し言えば、人工知能が発達しても感情と感情の繋がりがある人間同士ならではの特徴は残る。と柳川範之東大教授は言っている。　即ち人間の感情/気持ちを理解する事、言っている事と心の中の違いの認識/理解などの人間関係の機敏さは人間独特のものである。

---

⑤-2 気づき
"2つの気"について述べたが、人間関係において気づきは出発点である。新しい気づきのためには個の主張（自己主張）のなかにも見い出したりす

るが、そのためには自分の考えを持っておく必要がある。　気づきにはどのような種類があるのか、どのようにして気づきにいたるのかなど 要素的に考えてみたい。　心の中には無意識（常日頃は意識していない）と意識（意識している、頭に浮かんでいる）の２面がある。　別の分類をすると、外からの刺激により気づく場合と内（こころ）から発する何かで気づく場合がある。　前者は環境、社会、人（行動を見て、コミュニケーションを通じてなど）等による刺激などから気づきとなる。　後者は心理面、考え方、過去の経験と対比してその差が刺激となり気づきとなる。　そのためには常に何事に対しても関心を持つ事が必要である。

　どちらにしても五感である視覚、聴覚、臭覚、味覚、触覚の感覚器官の五官（目、耳、鼻、舌、皮膚）がセンサーとなり（を通じて）入力された情報が脳の中で自分の基準（準拠枠、自己概念、価値観など）と対比してこころに溜り、気づきとして発せられる。　そしてこの気づきがあった後は、それに基づき前述の気配りもしながらの動き（行動）が必要になる。

　この気づきはⅢ－8で述べる自己理解にも大きく関係している。人間は自ら気づいて自己理解ができ、そこを乗り越え/克服して自分の支柱となる自己を形つくっていく出発点となるものである。無論その過程では行動が伴わなければならない。


## （5）昔から人間関係を重視

### （ｉ）人間関係にも関連すると思われる言葉

　人間関係の重要性は昔の人々も意識し、スムースな社会生活のため努力していた。良好な人間関係をつくったり、自分を振り返ったり、順調な業務遂行のため色々と言われている処世訓/人生訓などはその一つである。

例えば「謙譲の美徳」、「自分には厳しく、人には寛容に」、「情けは人の為ならず」（自分に返ってくる）、「人のふりみて、我がふり直せ」、「他山の石」など。あらためて人間関係と言わなくても、身近で言われている言葉が示唆している。忘れかけている事を心したいものである。日常の生活、業務の中で良好な人間関係を築き、根づかすためには先人が感じ、築ずき、蓄積してきた叡智をしっかり身につけ意識する必要がある。　組織の中や社会生活での対処の仕方について下記にいくつかの事例を示す。

### （ⅱ）応対辞令を心得る
　　（応対辞令：昔から言われている言葉で所謂 人間関係に関連する言葉）

人間関係を良好に確立、維持するために大切な事は最近言われ出した事ではなく、大昔から言われている事である。即ち応対辞令の大切さである〔戦国策（中国の古典）/安岡正篤/守屋洋 にも書かれている〕。この応対は諸々の課題/事態に適切に処理/受けこたえしていく事。辞令は自分の考えを適切に表現する事であり言葉遣い、言いまわし、態度等である。どのように人と接するかに気を使う事である。　心のあり様が応対辞令に出てくるし、信頼/信用に関係してくる。この信頼/信用は人間関係の基礎・基本である事を心すべきである。　　例えば話す時、人に依頼する時、交渉する時、指示する時、報告する時、説得する時、失敗した時、約束の時間に遅れた時の対応等々、また部下、上司、同僚等との接っし方/使い方もこの応対辞令（人間関係論）に関連する事項（言葉）である。

（ⅲ）書籍「菜根譚 サイコンタン 」　に述べられている事
　　　　（主に人間関係などに関係した語句の一部を抜粋）

　（注記）菜根譚：著者は洪自誠。中国明朝末期（16 世紀末〜17 世紀初頭、明代末期は世の中が乱れていた）に書かれた古典。日本へは江戸後期（18 世紀初め頃）に紹介され広く愛読されてきた。人生を有意義にするための実践的な指南書、処世訓で幸せな生活をする方法、心構えなどが記載されている。儒教、道教そして仏教の教えがベースになっているものと思われる。〔守屋洋「菜根譚の人間学」参照〕

　人間関係は人との接し方、人付き合いの仕方に関係する事だが、良好な人間関係の構築、維持のための心得が菜根譚にも述べられており、現在においても留意したい事柄がある。参考になると思われるそのいくつかを記述する。

・人に譲る気持ちを持つ必要性がある
　「狭い小道を行く時は一歩さがって人に道を譲る、美味しいものを食べる時は三分一をさいて人に食べさせる。このような気持ちで人に接する事がもっとも安全でよい人間関係の社会、生活になる」
　（径路窄処　留一歩与人行　滋味濃的　減三分譲人嗜。　此是渉世一極安楽法）

・叱り上手になる事は上司-部下の関係で必要な事である。
　「人を叱る時はあまり厳くしてはいけない。相手に受け入れられる限度を心得なければならない。　人に教え指導する時はあまり多くを期待してはいけない。相手が実行できる範囲でとどめておくべきである」
　（攻人之悪　母太厳。　要思其受。　教人以善　母高。　当使其可従）

・部下との接し方としては感情ではなく、きちんと評価する。
　「功績と過失を混同し、あいまいにするのではなくその評価をきちんとしなければならない。そうしなければ、部下はやる気がなくなる。　個人

的な恩義や恨みをはっきりし過ぎてはいけない。言い換えれば感情で取り扱ってはいけない。そのようにすると部下の心を掴む事はできないし離れていく」
（功過不容少混。混則人懐惰堕之心。恩仇不可太明。明則人起携弐之志）

・他人に対する思いやりの大切さ
　「人の小さな過失（ちょっとした過ち、どうでもよい事等）は責めない。人に知られたくない事は言いふらさない。　人の昔の事（古傷など）は暴かない、そっとしておき陰口を言わない。　これらの３つの事を心がけることは自分の人格を高め、人に反感を持たれないし恨みを買わない」
　（不責人小過　不発人陰私　不念人旧悪。　三者可以養徳　亦可以遠害）

・追い詰めない、逃げ道を残しておく（相手がプライドを保てるように）
　「困る人を排除する場合でも逃げ道を残しておかなければいけない。逃げ場がないとネズミの穴をふさぎ逃げ道をなくするようなものだ。そうすると大切なものまで咬み破いてしまう」（窮鼠キュウソ　猫をかむと言われるように）
　（鋤奸杜倖　要放他一条去路。　若使之一無所容　譬如塞鼠穴者。　一切去路都塞尽　則一切好物倶咬破矣）

・人の評判をそのまま信じない、当てにしない
　人の悪い評判を聞いてもそのまま信じ込まない。悪い評判と言っても悪意を抱く者のためにする非難であるかもしれない。　人の良い評判を聞いてもすぐに信じ込まない。良い評判と言っても実は心の悪い者が自分を売り込むために流した宣伝かもしれない。
　（聞悪不可就悪。　恐為讒夫洩怒。　聞善不可急親。　恐引奸人進身）
　人が言う事を鵜呑みにするのではなく、自分でよく考える事が必要だ。人間関係の悪化の原因になるので注意しなければならない。

・人との関係においても中庸、バランス感覚の重要性を述べている。


（ⅳ）日本の**実語教**にも人間関係での心がけに関連した記述がある
　　（注記）実語教は平安時代の終り頃、作者は弘法大師との説もあるが不明。鎌倉時代に普及、江戸時代は寺子屋等での子供用教材に使用。
　　（実語教/齋藤孝）

・己が身を達タッセんと欲する者は、先ず他人を達せしめよ。
　（先ず他者のためになる事をせよ。先ず　他者実現への支援。）

・我他人を敬ウヤマえば、他人また我を敬う。
　（自分が他人を敬い大切にすれば、他人もまた自分を大切にする）

・実語教にはその他に心得ておくとよい言葉が多数ある。　例えば「善を修する者は福を蒙る　たとえば響きの音に応ずるが如し、悪を好む者は禍を

招く あたかも身に影の随うが如し」、「山高きが故に貴からず、樹有るを以って貴しとす」（樹木等があり役に立つ事が大切である）、「人学ばざれば智無し、智無きを愚人とす」（自分を磨く事が大切である）等々。

（ⅴ）心にいつも留めたい 15 ヵ条のルール（CL パウエル）

（注記）CL パウエル米統合参謀本部議長（元米国務長官）が第一次湾岸戦争（1991 年 1 月）後に記載した雑誌記事からメモしていたものに少し追記

### 心にいつも留めたい 15 カ条のルール　　（パウエル、他）

第 1. 世の中まんざら捨てたものではない。特に、物事を前向きに考えるなら午前中である。

第 2. 何でも我を忘れてやれば、必ず克服できる。

第 3. 自分の立場と自尊心を混同するな。

第 4. やって出来ないことはない。

第 5. 何でも注意深く選択せよ。

第 6. いい方向に向かっている時には、それに水を差すようなことを言う人が必ずいるが、惑わされるな。

第 7. 他人の運命を決めることはできないのだから、自分の運命を他人に任せることはない。

第 8. 小さなことも見過ごすな。

**第 9.** 成果は仲間と分かちあえ。

**第 10.** いつも冷静で親切であれ。

第 11. ビジョンを持ち、その実現には貪欲であれ。

第 12. 自分の心に巣くう恐怖心や、他人の否定的見解にたじろぐな。

第 13. 常に楽観的であることは、自分の力を倍増する。

**第 14.** よい行いは必ず人の目に触れる。

第 15. 何と言っても健康・安全第一。注意してし過ぎることはない。そして大切なのは家族と友達。

　上記の第 9 条の「成果は仲間と分かちあえ」や第 10 条、14 条などは人間関係を良好に保ちモチベーションを高める心得で、東西をとわないず共通である。

26

| 3 | 人間関係に繋がる「縁ｴﾝ」 |

　人間関係と言えば、組織体/企業の中、チームや社会での普通の業務や生活の中での事を思い浮かべがちになるが、そこだけではない。　茶の湯（千利休）で言われだし、現在も多くの人が通常使っている「一期一会の縁の大切さ」という言葉がある。またノーベル賞受賞の大村智博士も言われている「袖触れ合う縁も生かす人が成功する」という言葉もある。
世間一般には、研究は一人でコツコツという印象を持ちがちになる。でも実際には研究においても一人では出来ない。周りの多くの人の協力、世間/世界の人々との縁/繋がりの中で成果が出たのだと言われている。

　この"人との縁" も人間関係に繋がる。人間関係は大切という事は単に組織の中での上下間、周囲の人の間だけでなく色々な"縁"を大切にする事にもつながっている。　そのキッカケとなるのは出合いであり、出会いは人を強くする。この出合いの大切さを心掛けたい。


# ３．リーダーシップ

## （１）リーダーシップについて ～心得～

### （ｉ）リーダーシップとは

　リーダーシップは組織（チーム、集団等）が目標達成のための行動（言葉や意欲等も含めて）によって組織のメンバーに与える影響である。即ち「影響力」である。　それ故 リーダーにもメンバー全員に必要なことであり、リーダーだけに求められるものではない。
即ちリーダーシップは上からの指導力・統率力だけではないし、本来リーダーにのみ必要な訳ではない（リーダーだけのものではない）。この事は上下の縦の関係だけでなく、左右横の関係でもある事を意味している。　ある人が誰かに何らかの影響を与えた時に発生する。次のような定義がある。

「リーダーシップとは集団や組織の目標達成に向けてなされた発言や行動が、コミュニケーション（人間関係）を通して、他のメンバーに与える影響のプロセス（関係的過程）である」（星野欣生/南山大学、「職場の人間関係づくりトレーニング」）。
「リーダーシップとは人々を共通の目的のために結集させる能力と意思であり、人々に自信を与える人格の事である。　人はそれぞれの考えや思惑を持っている。バラバラの考えを持つ人々を結集してある目的を達成するために人々の力を引き出しまとめていかなければならない。人格に劣るものから優れた行動は生まれない。」バーナード・モンゴメリー/第2次大戦時の英将軍、致知出版 平成26.9.16）。
見方を変えれば、集団と言うものは小さなリーダーの集まりとも言える。

　今までは、一般に認識されているリーダーシップは「集団がその目標を追求しようとする過程において、特定の人（リーダー）がその集団ないし集団構成員に対して集団目標達成に役立つ方向で与える影響過程をリーダーシップと言う。また個々の成員に配慮を持って接し、成員に満足感を与え成員の志気を高めるのに資するような行為を含む。」（依田新 他監修、平凡社 「心理学事典」抜粋）と言われており、多くの場合 今までは通常 リーダーに対してより強く求められているのも事実である。
しかし上述のごとくリーダーシップはリーダーだけのものでないという事を留意する必要がある。

（ⅱ）リーダーシップ発揮に当たって必要な心得

①目標、目的、意義をしっかり心得ており、それに向かっての行動力がある。そこにおいて方向を示し間違わない。また夢がある。

②"4つの識"を心得る（「知識・意識・見識・胆識」）

　知識：技術/技能、スキル、学識がある。学習、読書したり、情報を得たり、人に教えられたりして知っている事、その内容である。

　意識：認識し思考する心の働き（精神活動）、今している事が自分で判っている状態、対象を気に掛ける事、感知する事（広辞苑）。
　　　　何事にも意識/認識/注視/注目をしておかなければならないし考える事である。　言い換えれば何事にも関心を持ち、心を込めてよく考えるという事であり、今の状態/状況を判っている事である。　例えば、身近な安全面についても意識して/考えて ミ ていると防げる事が多い、また周りの人/同僚、部下を常に意識して ミ て（観察して）いるとメンタルヘルス面での変化の兆候を早期に把握し対応できる。

　見識（識見）：物事の本質を見通す優れた判断力、ある物事についてのしっかりした考えや見方（広辞苑）。　将来をも見通し正しいか、間

違ってないか、倫理上も問題ないかを含めた判断力。 この見識を持って行動に移る。

胆識：見識を持っての決断力、実行力。気力。

　学んだり教えられたり情報を得たりして知識を得る、そして状況を理解し経験を積み重ねて智（知恵）を身につけ、色々考えて（思考/見直して）どうあるべきかを意識し認識して、見識を得る。この見識を持ってぶれる事なく決断し実行/行動していく事（胆識）が必要。
この見識は知識（理論なども含めて）を得てその上に考えや経験を重ねて得るものである。 見識があるとは物事の本質を見通す力があり、しっかりした考え、見方ができ正しい判断力/決断力ある事である。そして行動に移っていく事である。 この見識は人に影響を与える。 知識があるという事は智/知恵・智恵・叡智があると言う事ではない。この知恵・智恵があるという事は知識があったり、知っているという事ではなく物事を正しく捉え、考える力/考え創り出す力がある事である（漢字/智を分解すると知と日からなり、日は経験を示している）。 安岡正篤は「三識（知識、見識、胆識）が兼ね備わってはじめて人物の器量となる」と言っている。
なお人生/仕事に対する心構えとして３意 「誠意、熱意、創意」を心掛ける必要がある。


## （２）リーダーについて

　リーダーシップは前項に記載したように、組織/チーム構成員の全員が心得えたい必要事項であるが、特にリーダーは心得なければならない。そこでリーダーの事やリーダーとして必要な要件について記述する。

## （ｉ）リーダーとは

　リーダーは組織/チームの代表で、責任者・指導者・推進者である。前述（1）のリーダーシップの精神をベースにして目的（使命）を達成すべく最大の努力をしていく事である。さらに 志 があり、それを実現するために責任を持って行動する人である。 そのためには人々の理解を得るためのコミュニケーション力があり、人格が備わる必要がある。 これ等を別の表現をすれば、組織員/部下のやる気を引き出す力（人格/徳）がある事である。少し固い用語を使えば内発的動機付けができる事である。

　リーダーは一人ではそのチーム/組織が目指す事をなす事はできないという認識と共にチーム/組織の事だけでなく、そこの人々の人生を担っている。 リーダーの役目/責務はその組織、グループの目的を達成する事は当然の事である。ここでは人柄/人格、考え方、能力を主体とした心得・

29

要件について述べる。　リーダーはグループ、組織の人々に作用して影響を与える。それ故 人や仕事に対して思いやり/愛情があり、道理にかなった正しい事を言い、行う事である。

（ⅱ）リーダーに求められる要件（力/能力）

　求められる要件（力/能力）を整理すると次の事柄である。それぞれについて具体的に説明する。
イ．人間的魅力　　ロ．構想力　　ハ．判断力/決断力と行動力/実行力
ニ．リーダーシップ　ホ．人財育成力/環境をつくる力

（イ）　人間的魅力

人格/品格/徳があるという事である。さらに言えば、自分で考え、行動する事、人間性を尊重する事、人を引きつけるものがある事である。S.R.コヴィーは「７つの習慣」（訳 川西茂）の中で述べているのは、**原理原則**に裏づけされた**人格主義**の重要性である。　この意味する事の言葉を羅列すれば誠意、誠実、謙虚、勇気、正義、忍耐、勤勉、学習、教育、教養、節制、感性、積極性、行動、努力、思いやり などの表現になる。なおこの事は単にリーダーに限らず、所謂社会で、組織で人生を生きていくために、成功する（成し遂げる）ために必要な事でもある。

① 人間的魅力がある、徳があるという事は、
　(a) 自分でしっかり考える（何が正しいか、本来どうあるべきか、さらに知恵があり、工夫、戦略や戦術なども考える）。努力を続ける。そして自己研鑽に努める。

　(b) 自分の考え、哲学、思想、信念、信条がある。軸/芯がありぶれない。そして継続し、常に言い続ける、曲げない、外れない言動/行動。よく考えて理解する。それによって自分の考え/信念ができる。

　(c) 聴く力（傾聴力）とコミュニケーション力がある（相手の立場、考え、心も理解する。人の心を掴む）。コミュニケーションが成功するか否かは相手が決める。そのためにはきちんと聴くか否かである。

　(d) 思いやりの心（恕）、温かい心、慈悲心がある。　言い換えれば、相手の人の気持ちを理解している、人に喜んでもらえるにはどうすれば良いかを判っている事、人間性が優れている。

　(e) 人には公平、公正に対処する。倫理観がある。　別の観点から言えば、全体をみることができる事である。

② プラス思考をする（V-(14)P215 参照）。輝いており、向上心ある。

③　人の心が判る事。業務遂行においてはやる気を引き出す事だが、人の心理面を理解し、相手に寄り添う視点が必要である。
（参考：P51　ハックマン、オールダムの職務特性・充実理論　参照）

（ロ）　構想力

どのようにする事が必要か、どう変えていくのがよいか、どういう将来像を描くか、具体的に描く力が必要である。その基本は理想を描く/夢を持つ事と「不易流行」を正しく理解し実践する力がある事である。

①洞察力/感性〔本質を理解する力、考え方（何が正しいか、どうあるべきか）、将来を見通す力、変化へ対応し得る感性（センス）〕
②人々の心、社会の動向、変化を認識している。
③情報について収集と評価する力がある。

「不易流行」とは時代/環境が変わっても変わってはいけない事、そして逆に変わらなければならない事がある。（松尾芭蕉が提唱。蕉風俳諧の理念の一つ。現在では企業人が強調している）/ （P108 参照）
不易：時代が変わっても変わらない事、変わってはいけない事、維持しなければならない本質的な事。別の言い方をすれば、軸（芯）となる考え方、明確な価値観をしっかり持ち維持しなければならない。
流行：環境、社会変化や時代と共に変わる事、変わらなければならない事。
視点を変えて表現すると基本の徹底と自己革新を常に心がける事でもある。

（ハ）判断力/決断力、行動力/実行力及び意欲

①適切な時に決断をし、実行/行動し、結果に対しては責任を取るという事である。　間違っても責任の回避、成果の確保ではない。そして行動の後には必ず振り返る（反省する）事である。　という事は（ロ）を含め PDCA サイクルを確実にまわす。

②　リーダーは知識は無論の事　見識がある。正しい事、すべき事、有益な事、叱る/指導するのも含め言うべき事/正すべき事等は言わなければならない。　無論言い方にはその事/意とする事が実現されるように注意（配慮）をしておく必要がある。　次の言葉を心して置く事。「徳ある者は必ず言あり。言ある者は必ずしも徳あらず」（論語）

③　積極性、熱意、意欲、行動力がある（如何に壁を乗り越えていくかのチャレンジ精神/挑戦力、人に与えるエネルギーがある）。そして冷静さが必要（感情的にならず冷静に全体をみて判断できる能力）。

（ニ）リーダーシップ　（前項で述べた事項を参照）

（ホ）人財育成力 /環境をつくる力

　人財（材）育成というのは人を育てる事である。それは人が自分で考えて自主的に自発的に行動する事が出来る人を育てる事である。

① 人財育成は責務である（＊）。　そのためには人を元気にする力、心の奥にあるものを引き出す力、人を気づかう感性、キャリアを支援する力/心得が必要である。なお人を育てるには更に心理学の知識、カウンセリングマインド、メンタルヘルス/ケアについての心得が必要である。

＊「組織は明日のリーダーを内部から調達できなければならない。」、「経営者にとって最も大切で身につけなければならない事は品格だ」（「マネージメント」P.F.ドラッガー）

② 人財育成のためには業務等を任せる必要がある。任せる事によって人は育つ、部下に任せる事によって色々なアイディア、活力が出る。　但し任せるという事は、任せっぱなし/放任ではない(＊)。放任は上司の責任放棄である。　今この部下に何が必要か、どうすれば実力がつくかを考える事が必要である。　　（＊）「任せて、任せない」（松下幸之助）

・人を育てるには目先の事柄だけでなく、芯になり本人の将来に役に立つような考え方を持つようにする事である（例えば哲学、一貫性がある事等）、今後/将来に役に立つ学習（例えば読んでおきたい書籍紹介等）、人間力を高める知恵の情報提供、必要な経験等も心掛ける必要がある。

・一方 育てられる側の心得としては、自分が育つかどうかは自分次第で育つものである。単に機会や環境を与えられて育てられるものではない。

③ 風土/環境つくりの重要性
職場では風土/雰囲気/環境つくりが大切である。一人では何もできないしその組織の文化（カルチャー）がある。それを認識し大切にすると共に成長・発展させ環境/時代の要請に適合していくようにするのがリーダーの役目である。　例えばホウ・レン・ソウ/「報・連・相」/報告・連絡・相談　（P74 参照）の重要性が言われているが、それが行なわれやすい風土/環境/雰囲気をつくりに努力する心が必要である。

④ 部下はリーダーをよく見ている。　その視線は仕事への姿勢と普段の振る舞い/行動である。尊敬できれば信頼するし従う。また部下が気づき成長する機会を奪ってはいけない。

●リーダーの役割、人を育てる事について別の観点から述べる。人に危機意識を持たせると共に知識と行動の違いを理解させて行動させる力を持たせる事である。という事は人の心に/チーム、組織の人々の心に 火をつけ、燃え続けさせる力を有する事である（即ち気づかせる、発奮させ

る、考えさせて行動させる等）。これにより組織を活性化させる。
別の言い方をすれば、相手の眠っている魂を揺り動かして目覚めさせる、
心の眼を開かせて確かな足取りで、自分で歩むことができるようにする
事である（森信三）。このことは別項で述べている教育、自律/自立する
人を育てる事にも通じる。

　少し固い言葉で言えば、内発的関心・興味を抱かせる事、人を輝かせる
力がある事である（何の能力もない人はいない、成長しない人はいないと
いう認識を持つ事）。　身近な言葉で言うと、先ず気づき・感じさせる（自
分で気づく）事、次に考え行動できる事、そして振り返る（反省する）事
である（所謂 PDCA サイクルを上手く回すことにも通じる）。

---

### 4　　　　　　　　知識と経験について

　　知識（知）に日々の経験を積んで智になる。知識だけの知は
やまい垂れ（疒）で病気 即ち痴（痴呆）になるが、経験（日が
必要）を積んだ智には疒がつく字はない。　知識は重要である。
しかし知識だけでは実社会では有効に働かない。
知識に経験が積まれ考える事で力を発揮する。見識ができる。
無論 理論の知識がなければ進歩・発展・飛躍はない。
経験の重要性は所謂 仕事の世界だけではなく色々の分野で言
われている。　例えば芸術の世界での事で、モーツアルトが言
っている事だが、モーツアルトはヨーロッパ各地を旅した。そ
してヨーロッパ中の音楽を吸収して自分の音楽（曲）をつくり
出した。「どれだけ優れた才能を持った人でももし同じ場所に
いたら退化してしまうだろう」と述べている（水野敬也、永沼
直樹）。　また経験の大切さについて「何かを学ぶためには自分
で体験/経験する以上にいい方法はない」アインシュタイン。
これらは経験、触れ合う事の重要性を言っている。

---

（ⅱ）本来リーダーが持つ３つの力

①人間的な魅力（人間力、人格力）
②仕事に必要な実力/行動力 ：４つの識「知識・意識・見識・胆識」がある
③与えられた権力（地位に伴う権限）：評価や人を動かす人事力
人が従うのは状況、環境、時期等によって　①～③の全部、２つ、どれか
１つなど色々である。但し継続的に安定な時期に、且つメンバーのモチベ
ーションのためには ① が重要で、次に②である。③は継続性が乏しい。

(ⅲ) 目指したいリーダー像

　言行一致で、熱意があり真心のある誠実な言葉で語る事である。雄弁であるという事ではない。　そして昔から日本でも言われている言葉だが、リーダーに関連して次のような言葉が中国の古典にある「士は己を知る者の為に死す」（士為知己者死）。
この意味は「立派な人/リーダー　即ち自分を理解してくれる人、真価を認めてくれる人のために命を投げ出す」である。
周りの人、部下などからこのように慕われるリーダーになるためにはどうするかである。答えは本章の各節で述べてある事項をよく理解し実行する事である。

　また呻吟語シンギンゴ（中国明時代の人間修業の書）に上に立つ人の等級について書かれている事項も心したい事である。
第一級の人は黙っていても何事も治まる人。　即ち人格があり、恕のある人、　第二級の人は拘りがなくあっさりしていて心に大きなものを持っている人、　第三級の人は聡明で弁もたつ人　　以下略


（3）リーダー/マネージャーに求められる**カッツ提唱の能力**

　マネージャークラス（いうなれば上司）に求められる能力としてアメリカのハーバード大学のロバート・カッツは次の3つのスキルを提唱した。

①テクニカルスキル（実務能力、職務遂行能力/業務処理能力、専門知識）
②ヒューマンスキル（対人関係能力、人間関係、協調性、リーダーシップ）
③コンセプチュアルスキル（概念化能力/ 物事の本質を把握する能力、論理的思考能力、問題発見、解決能力、将来計画・企画力、改善等の能力）

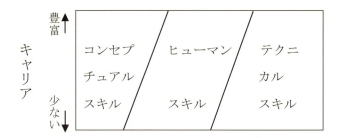

　キャリアが少ない時（例えば新入社員）はテクニカルスキル/実務の割合が大きく、コンセプチュアルスキルの割合は小さい。そしてベテランになる（経験を積む）と逆になる。　しかし**ヒューマンスキル（人間関係）**はそ

の内容は変わるが同じ様な割合で常に重要である。別の表現をすれば、求められる能力は経験/キャリアと共にその内容、割合は変化する。しかし人間関係に関連した能力は常に同じ様な割合で重要である事を示している。この人間関係を心得ているという事は人柄を意味しているとも言える。
この事はマネージャークラスだけでなく広い範囲の人々にも言える。 人間関係の重要性を示している。


## （4）別の視点で、リーダーの条件（昔から言われている事項）

　大昔から指導者（リーダー）/上司に求められる条件がある。孫子（2500年ほど前）が兵法書で述べているリーダーの5つの条件は現在にも通じる。仕事に関連して記述する。
①智： 知恵がある、考える。単なる知識として知っているのではなく判って（理解して）いる。実行するためのスキルがある
②勇： 勇気、決断力ある。勇気を持って実行する
③信： 嘘を言わない、言行一致。信用、信頼を得る
④仁ジン： 思いやり。よく聴きコミュニケーションにも努め意思疎通をはかる
⑤厳ゲン： 厳しさも持つ。部下の間違った事、ルール、マナー違反など言うべき事は言う

　現在でも十分通じる事項である。心しなければならない。
なお、リーダー、係長、課長、部長、… は地位のようにみえるが、役割であるという事を認識する必要があり、その役割を果たさなければならない。


## （5）代表的なリーダーシップ論

　先にリーダーシップはリーダーに限らない旨述べたが、ここでのリーダーシップ論は従来からのリーダーによるリーダーシップ論に主眼を置いて述べる。 このリーダーシップ論、上司の心得は人に関連した事柄（人の気持ち、心、意思/意欲、能力、人間関係等）が一つの軸になっている（当然の事だが）。 それ故リーダーシップ論はモチベーション/動機付けにも深く関連している事の認識が必要である。

### （i）R.R.ブレークとJ.S.ムートンのマネジリアル・グリッド理論

　ブレークとムートンはリーダーの行動スタイルを示した行動理論としてマネジリアル・グリッド理論を提唱した。縦軸は人への関心（人間関係、人の育成等）、横軸は業績への関心。それぞれ9ケの段階に分けた。即ち行

動は 9x9=81 の格子（grid）に当てはまる。 例えば１・１型は放任型で人にも業績にも関心がなく決められた事のみを行う。 ９・９型は理想型のリーダーで人にも業績にも高い関心を持つ。 ５・５型は妥協型でバランスよく人にも業績にも関心を持つ。 １・９型は義理人情型で人（人間関係、育成等）に関心が強く、あまり業績/数値成果には拘らない。 ９・１型は権力型で業績/成果中心で、人の事にはあまり関心がなく拘りはない。

（ⅱ）三隅二不二の PM 理論　（二不二：ジフジ/ジュウジ）

リーダーの機能に注目し、目標達成機能 P と集団維持機能 M からなる行動理論である。 この P（Performance）は目標達成のための行動/機能、M（Maintenance）は集団維持（活性化）していくための行動/機能（対人能力、人間関係等）である。即ち換言すれば仕事指向と人間指向に関する要素であり、この P と M にリーダーがどのように関心を持ち、重点を置くかである。特に高い M は部下の能力、心を引き出したり、やりがい/満足感を与えるかを意味する。 （それぞれの機能：大文字は強い、小文字は弱い）

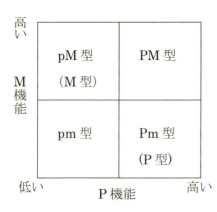

無論 リーダーとして望ましいのは P、M 両方が高い事であり、高い業績とメンバーに高い満足感を与える。この領域は PM 型と呼ばれる。 その逆が pm 型である。

そして緊急時等状況によっては Pm 型が重要になる場合もある。状況によっては pM 型が重要になったりする。 状況の認識を間違わない事である。

なおこの PM 理論は人の中に P と M の要素が混在していてその割合が変化する考えである。後述のモチベーションの項の XY 理論に通じる類似点がある感じでもある。

（ⅲ）K.レヴィンのリーダーシップ論

レヴィンらは民主型、専制型、自由放任型の３つ型があると提唱した。民主型は組織/集団の方針を組織員の考え/意向を尊重し皆の討議で決める。専制型はトップ/リーダーが方針を決め従わせる。組織員（部下）は命令がないと動かないとの考えである。放任型は組織員にまかせっきりにしてリーダーは組織の活動等の方向付けには積極的には関与しない。 民主型の職場は活気があり優れているが、状況によっては他の型が適している場合

もある。緊急時、危機時においてや未熟な構成員等による場合などでは専制型がしばしば機能を発揮する。また研究開発等では自由型が望ましい場合もある。

（ⅳ）P.ハーシー＆K.ブランチャートのSL理論

　P.ハーシーとK.ブランチャートが提唱した理論で、人や状況の要因によって変わるという考え方である。SLはSituational Leadershipで状況対応型/条件適応型とも言われている。

縦軸は人に関連した状況（スキル、能力、自信、積極性等）、横軸に仕事に関連した事項として4つの型になるとした。

1 教示型（部下はまだ経験等不足で/未熟で具体的に職務の説明や役割を説明、指導する）

2 指導・説得型（部下の意見も聞きながら自分の考えを説明し疑問に応えながら指示をする）

3 参加・支持型（管理は行うが部下の意見を聞き、仕事をしやすいように計らい日常の意思決定は部下に任せる）

4 委任型（管理は行うが、部下の実力を認め、よく話し合い目標や課題を決め任せる。結果、成果等は報告させる）

● 基本的にはリーダーが自分で決めて部下（チームメンバー）に従わせる専制的な要因 と 部下（チームメンバー）の意向、考え、自主性等を考慮して組織（集団）をまとめ方向づける要因（人間関係重視）の2つである。状況（平常時、緊急時、部下の状況等）により望ましい型は変わるが、人（部下）の意向を尊重/重視するのが職場活性化に重要である。

（ⅴ）R.リッカード 提唱のマネージメント・システム論

　リーダーと構成員（メンバー）の信頼関係をベースにして、両者の相互作用により動機付け/モチベーションに影響するとして、リーダーシップが関係した経営組織のシステム的管理方式の「マネージメント・システム論」を4類型で説明し提唱した理論。
①権威主義・専制主義型（トップダウン、管理主義）
②温情主義・専制主義型（あめとむち、部下のモチベーションをコントロールする）
③参加協調型（相談型）
④民主主義型（集団参加型）

この④は一人ひとりの意思/意志や考えが尊重されて各メンバーが企業の

目標や理念を共用しており組織全体の責任感、モチベーションは高くなっている。最も望ましく高い成果・パフォーマンスをあげる。
組織体の維持・推進にはリーダーシップとモチベーション/動機付けは重要な因子であり、相互に関連している。


# 4. 自主性・自発的行動、主体性

## （1）自主性・自発的行動、主体性の意義

　人は言われた事、指示された事、命令された事については意欲的にはやりたくない気持ちを持っているし、工夫等に積極的にならない。 しかし自分がやりたい事、考えた事、自分がよく認識して言った事には実現すべく大いに工夫し努力する。 職場を活性化するためには自主性・自発的行動、主体性が重要である。

　自主性、自発的行動は自分の思いを実現に向わせ、意欲/モチベーションのエネルギー（ドライビングホース）となる。そして先ず現状や目的/目標/狙いを理解する事、納得する事、信じる事から始まる。さらに上司の考え/方針は影響するが、主体性（＊）が尊重される事により自主性、自発的行動に繋がる。この事により自ら機会を活かし、自ら課題を解決していくようになる。これらの事（自主性、自発的行動、主体性）は好きという事、好きになるという事とに通じていき、更に積極的になり好循環していく。

（＊）：主体性/主体的とは上述と同様に現実/現状を正しく認識/理解して自
　　　分で考え、そして将来を洞察し、選択し、行動し、反省し、責任を人
　　　のせいにしない事である。 さらに言えば、自分の考え、哲学を持って
　　　いる事でもある。〔別項の自立/自律の項（P39,119）参照。またモチ
　　　ベーションを持つ事にも通じる。〕

　なおこれ等の事柄は所謂 通常の職場だけでなく、スポーツ等の世界でも同様である。その場に出れば、コーチや監督の指示をあおぐのではなく自分で判断し行動が求められている。また実力向上に不可欠事項でもある。組織の活性化のためには構成している個々人が活性化していなければならない。そのためには個々人に自主性、自発的行動、主体性が必要である。その基盤となるのは、しっかりした意思があり、何事にも自分の考え、自分の意見を持ち、感性があり、行動を伴う事である。そして何事も一人で

は出来ないので周りの人に理解をしてもらう必要があるので、先ずは発言（発信/コミュニケーション）がなければならない。 組織においてその構成員の意見/発言なくして進歩/発展はないという事である。発言がなければ、本来の仕事をしていない事にもなる。


## （2） 自律/自立した人間

　主体性（自主性）があるとは自律/自立した人間であり、自分で考え主体的に、自発的に行動ができるという事である。（Ⅲ-1 P119 参照）
そのためには基本〔考える力、洞察力、感性、倫理観、実行力、志 、共同意識（チームワーク）等〕を身につけ、「自らを理解し（自己理解を深め）、自ら考え、課題/問題を整理し、自ら計画し、自ら選択し、自ら決断し、自ら実行/行動し、自ら責任を負う（別の言い方をすれば振り返る/反省する）」という事である。

この自律/自立は相互依存を無視する意味ではない。相互依存の中で互いにエネルギー（思考、精神性等も）の授受が行われ相互のポテンシャル/価値観/考えを高めていく。


## （3） 部下の自主性、自発的行動を失わせる言葉 （控えたい言葉）
　　（モチベーション、誇りを失わせる言葉がある。上の立場の人はつい つい言いがちになる注意すべき言葉）

・ 「今頃の若者は……だ。」 ; 何時の時代でも言われている言葉である。
　 山本五十六が言っている "実年者は今どきの若い者は などという事を絶対言うな "（P115 参照）。 今から 2500 年程前の中国の老子も同様の事を言っているし、さらには数年前の新聞にエジプトの遺跡からの資料（文、文字）を解析したら "今頃の若者は …" と書かれていたとの記事があった。即ち 4000～5000 年程前の事だがその当時も言われていたようである。

・ 「そんな事も知らないのか…」、「そんな事も判らないのか…」、「何年やっているのだ、そんな事をまだ知らないのか」 などなど。何となく言われている言葉だが、注意しなければならない。

・ 「この通りやっておけばいいのだ」、「このように決まっているのだ」、「言った通りにすればよいのだ」 など一方的に決め付ける言い方、相手が納得していない言葉（指示）など。

・ 「その程度のことなのか」、「誰でも知っている（できる）ことだ」、

39

「当たり前のことではないか」など相手を蔑視した言葉。

・「だめではないか」、「やめておけ」等。
　ただし緊急時や場合によっては必要な時もある。


## （4）自主性の源

　自主性と言うのは、夫々の人の個性から出てくるものである。この個性は初めから備わり、固定されたものではない。個性は社会、組織の中で磨かれるし、人との出会いや学習、読書によっても磨かれ蓄積されていくものである。また磨いていくように努力していかなければならない。

　意識/考えをしっかり持ち正しく理解し自分から「する」という気持ち（意識）が必要で、「やらされる」という気持ちにならないようにする事が大切である。別の視点からいえば、上司（組織）は人/部下に「やらせる」という気持ち（意識）で話さないように留意すべきである。
さらにここにおいて考慮すべき事項（業務/仕事に取り組むにあたっての心がけとして）の基本は常に３つの「意」を心がける事である。即ち「熱意」、「誠意」、「創意」である。

そしてこの場合忘れてはいけない事は謙虚さ、素直さである。視野が狭くなりがちになるので、人の意見を謙虚に、素直にきき、自分の足らない事に気づきなおしていく事である。


## （5）誇り/プライド

　人（部下）の自主性、自発的行動、主体性のためには、その人の誇り/プライドを傷つけないようにし尊重する。人は認められる事を望んでいる事、そして誰でも活躍できるのだという事を念頭に置いておかなければならない。マイナス面（苦情、まずい事、失敗等）を人に指摘する必要はしばしばおこる。この場合 人 に視点を置いて述べる場合と事柄に置く場合がある。誇り/プライドを傷つけないように、尊重するようにするには、人については述べない（指摘しない）で、事柄について述べる（指摘する）ようにする事である。
なおここでの人に関する要素は考え方、価値観、自己概念、思い、今までの経験、特性、人格、心情/感情等である。

　職業に対する評価について次のような言葉がある。「ある職業を馬鹿にすれば（軽くみなすと）、その職業に就く者は低い道徳しか持たなくなる」（武士道 新渡戸稲造著/倉田眉貴子訳）。　この言葉の意味/内容は人々の

会話においても考慮しなければならない事を示唆している。
例えば、上司が部下のプライドを傷つるような言動をすれば、部下はやる気を失うし、まわりの人もそのような見方になりがちになる。

　人は誇り/プライドを持っているし、持てるように努力する必要がある。これは人生の支えになるものである。　誇り/プライドは自分自身についてと共に、人（相手、まわりの人、他人）の誇り/プライドも尊重/大事にしなければならない、傷をつけてはいけない。　念の為までに付言すると、大事にすると言う事はひけらかしたり誇示する事とは全く異なる。
この誇り/プライドは"やりがい"をもって実施/仕事をして、その結果として誇りとなりいつまでも心に残る事になる訳である。
ただプライドにも 2 種類ある。前述のように堅持すべきのと捨てるべきものとがある。後者は意味のない自慢、誇示したり、ひけらかしたり、見栄になるようなものである。

---

### 新幹線内での会話

　東海道新幹線が開通後の昭和 40 年代に新幹線に乗っていて隣席の人が窓の外を見ながら、感激にふけっていた。あまりにも感激しているのでどうしたことかと思い、どういう事なのでしょうしか と声をかけた。すると、"私はこの新幹線をつくったのです"と述べた。　話していると、普通の工事（一般の土木工事）を担当したとの事だった。ほんの一部に関与した事なのだが、それがなければ今この新幹線は走っていない。社会に役立ち、人々に喜んでもらっている事に嬉しさ、生きがい、誇りを感じているのだった。

　その後の人生へのモチベーションとなり、これを維持して取組んできた事に対して心に誇りを持っていたものと思われる。仕事にやりがいを持って取り組み、自分の心の中で達成感となり、生きがいであったものと思う。　何時までも記憶に残る会話であった。

# 5　誇り/プライド

## 5-1　誇り/プライドを失うと

　転職（再就職）に伴う支援/指導において、前職が有名企業や高い役職の人が中小企業等へ転職の場合　今までの"プライドを捨てなさい"と助言したり、又当人は部長・課長職なら出来ますと言う人がいるとも聞く。　しかしプライドには2種類ある。捨てるべきものと堅持すべきもの。間違えないようにしなければならない。　プライドを堅持し、それを傷つけないように努める事は大切でもある。　〇〇社での　〇長とはこの程度の事かと思われないようにする事である。プライド/誇りを失う事による悪い例は多くある。人はとんでもない道へ進む危険がある。誇り/プライドの持ち方で自制心が働くのと共に、前向きな思考・行動となるようにしなければならない。そこでプライドを内（心）に保ち、表に出るのは行動、前向きな言葉、思いやりである。

　司馬遼太郎は武士が持っていた「名こそ惜しけり」（名に恥じるような事はしない、恥ずかしい事はしない）を日本人は心に持ち受け継いでいると述べている。　誇り/プライドを持つ事に通じる。この事を忘れないようにしたい。

## 5-2　日本人の誇り/プライドの源流のひとつ

　日本人の場合誇り/プライドは武士の名誉という意識から進展してきた面もあるのではなかろうか。戦国時代から安土桃山時代に来日したイエスズ会の宣教師は　日本人は面目と名誉を最も重んじる国民であると日本巡察記に記載している。面目、名誉は誇りへと繋がっていくものである。　武士道は武士の道徳の規範のようなものだが、その精神は武士だけでなく職人、農民、商人（ex 商人道）等に浸透した。　新渡戸稲造は　武士道は残念ながら江戸末期から明治期に大幅に衰退し危機であるが形は変えても残る事を期待している旨　記している（武士道）/（武士道の名著～日本人の精神史～山本博文著）。　現在も日本人の誇り/プライドは昔から心に根づいている武士道の精神が影響しているものと思われる。　今後共この誇り/プライドを自分と人に対して大切にしていきたい。

## （6）考え方、見方、視点を変える

　人が主体的/自発的な思考や行動をしなくなるのは、自分に相応しくないと思い、面白くなく やりがい/生きがいを感じなくなる事が原因となってしばしば生じる。 このような時は、考え方、見方、視点を変えてみる事である。また固定観念があると一方向だけを見がちになる。 そこで大切な事は気づかせる事、気づく事である。 （本項に関連して気づきの項P21,22、リフレーミングの項 P162 を参照）
次の事例（逸話）は参考になる。

---

　　事例（逸話）：

　　元首相吉田茂氏は外務省に入省しての最初の仕事はテレックスを大臣へ届ける伝達係であった。自分はどうしてこんなつまらない仕事をしなければならないのかと強い不満を持った。 そこで心情を牧野伸顕氏（吉田茂の義父、1861～1949、大久保利通が実父、天皇の信頼の厚い大物政治家）に手紙を書いて送った。

　　そして返事には「どうして馬鹿な事を言っているのか、国の重要な情報を大臣よりも先にみるのだ。それをみて君はどう判断するのか、大臣はどう判断するのか、その結果はどうなっているのか。大きな勉強の機会を得ているではないか。こんな有り難いことはない。」 と書かれていた。

　　吉田氏は自分の考えの間違っていた事に気づき、何事にも一生懸命に取組むようになった。 （北尾吉孝/致知出版）

---

# ５．モチベーション、動機付け

## （1）モチベーション、動機付けのために

### （ⅰ）意義と概要

　モチベーションは人間の考え、思いを活性化し方向づけをして行動する源になるものである。それ故このモチベーションを持つ事、維持・継続する

事は非常に大切である。所謂 意欲、やる気、志気、意気込みであり、個人の心の中の"もえるもの"となる。 行動の前にモチベーション/動機付けをするのが大切であり、それにより持続的効果が出てくる。 特に諸事情が変化する時（例えば職場で仕事/業務が変わる時、転勤の時等）は非常に大切である。 大きな変化でなくても（例えば教育/セミナー等に参加）出かける時の上司のちょっとした一言、そして終了後のフォローが大切である。これは何も仕事だけではなくスポーツでも子育てでも同じである。

　モチベーションを持つためには働きがいのある仕事をする事である。経済面/金銭面/インセンティブ等は ほとんどは一時的なもので、モチベーションを維持できない。（後述の動機づけ要因、衛生要因の項 P49,50 参照）それ故 "人は何故働くのか" という事に強く関係している。〔Ⅱ‐1 仕事についての考え方、（1）働くことにどんな魅力を感じるかの項 P81 参照〕

　"働きがい"は責任ある仕事、評価される仕事、人・社会に役に立つ仕事、喜ばれる事、本人の心/気持ちの持ち方等から生じる。 そして仕事に責任を持たせる3条件をとして ①生産的な仕事（真に必要な仕事）を与える、②成果についてのフィードバック情報を与える、 ③継続的に学習できる環境を与える事である（ドラッカー/マネージメント）。 さらにマネージメントの2本柱は顧客の事を考える事と従業員/組織で働く人々の事を考える事であるとドラッカーは述べている。 従業員のことを考える事とは彼等が仕事に生きがいや幸せを見出せる事である。即ちモチベーションを持たせるようにする事は組織の、上司の役目でもある。

　モチベーションを発揮、維持継続させるものとして、外発的要因と内発的要因がある。その中で特に下記の②や③は持続性があり重要である。

・外発的動機付け
　　①経済的報酬 ：金銭面、インセンティブ（結果に対して与える、成功時のみのもの、一時的な効果/満足感）、昇給、昇進、地位、評価
　　②（他からの）心理的報酬 ：感謝される、褒められる、一緒に喜ぶ人がいる、認められること、外部からの評価等（内発的動機付けにも関連している）

・内発的動機付け
　　③（自分の中での）使命感、責任感、良心、価値観、やりがい～生きがいを求める

（ⅱ）考える時の視点

　モチベーションを持ち、維持継続するための要因として内的要因と外的要因に分類、整理して述べた。 原因・要因、理由等を考える時はこの視

点が必要で、この事は殆んどあらゆる分野で言えることである。仕事/業務で上手くいった時やまずかった時、メンタルヘルス関連での原因を考える時など必ず内的要因と外的要因に分けて分析、要因探求をする必要がある。

　人との関係だけでなく仕事においても事象を見る時の視点で欠落しやすいのは相手である。　話をする時、カウンセリングの時などは相手の立場を思いやって、気持を理解するようにする。事業で市場を見る時は生産者、販売者の立場（視点）に立って考えるだけでなく、顧客（使用者、消費者）の立場/視点で見る（考える）必要がある。
上記の如く考える時の視点は多くの場面に共通する事（２面/ 内的要因と外的要因）であり、職場を（で）考えたり見る時の視点においても同様に留意しなければならない。


## （２）モチベーションを持つために、持たせるために

　人は期待されたり、関心を持たれていると応えよう（努力しよう）としてモチベーションを持つようになる（所謂 ピグマリオン効果・ローゼンタール効果/P51 参照）。またモチベーションが低下したり、喪失する事は平常時にもあるし、変化の時にも発生する。前者は何気ない上司や周りの人々の発言や行動、評価などの時、後者は仕事の変わり目、異動（転勤など）等の時である。

（ｉ）事例: 上司が部下へ転勤の内示/ 通知

　転勤/赴任においてモチベーションを持たせる事と共に不安を払拭させる事が重要である。
このケースにおいては本人の努力もあったが、送り出し側の上司の意欲つけ、不安を取り除くようにした事及び周りの人々の協力、支援や受入れ側の上司のフォローが適切に実施されて良い結果になったものと思われる。ラインの長の責任は大きく、しっかりと対応する事が重要である。相手が納得するように、コミュニケーションを心がける事が大切である。

　人は変化に対して不安を持ち、場合によっては不合理な感じを持ったり非論理的な否定的な思いになりがちなのである。　積み上げてきた今まで（過去）の経験（キャリア）は今後の業務には一見 関連がなく、役に立たないように思えても、社会生活での基盤となる共通事項は多く（例えば、人間関係の大切さ、相手/周りの人対する対応、気配りなど）、役に立つので「無駄な経験はない/無駄なキャリアはない」（P109④参照）という意識は大切である。役に立てるかどうかは本人の考え/認識と行動である。

O氏は長らく製造現場に従事していて現在某現場の課長である。今回上司に呼ばれ転勤を突如告げられた。

上司「O君、今度転勤してもらうよ。」

O氏「転勤ですか。今の仕事は大切な時期なのですが…。　転勤はいいのですが、どこで何をするのでしょうか」

上司「N市で製品Pを扱う営業業務なのだ。」

O氏「え、営業ですか。営業など私には一番向いていませんよ。」

上司「N市での営業はとても難しい地域と言われている。全社で色々検討して、君が一番適しているとして選ばれたのだ。」

O氏「私は酒も飲めません。すぐ赤くなるし眠たくなります。ゴルフもしていません。歌は苦手でカラオケは全然駄目です。お客との話も苦手ですし、おべんちゃらなどは言えません。」

上司「君、営業をどう考えているのか。酒を飲んで営業が出来るのなら、のんべいはいくらでもいる。ゴルフや歌/カラオケで営業業務が出来るのならプロのゴルファーや歌手を雇えばよい。当社の営業はそういう事できるのではない。営業では何が大切かを考える事だな。全体をみて君が適任だと関係者が判断したのだ。間違いなくやれる。それから今までの経験、君の考え方、取組み姿勢は必ず役に立つよ。どうだ、やってみないか。」

＊という会話があって、O氏は転勤した。　それなりの努力はしていたが、転勤した事業所で数ヵ月後そこの主管者はO氏に「君　仕事の方は上手くいっているようだな。お客さんからの評判も良いようだ。・・・・・　」と言った。

・全くの未経験（業務）分野（新しいキャリア）への移行において本人の受け取り方には2種類ある。一つは興味、関心を持つケース、二つ目は抵抗、拒否したいケースである。　前者はそれまでに必ずしも不満を持っていたとは限らず潜在的に興味、関心を、憧れ、希望等を持っていた場合である。望んでいた場合もある。後者は不安、不満や脅威を持った場合がある。このように新しい未知の経験（業務、キャリア）は、どち

らにしても本人の人生における転機となり、未知の世界を知り人間の幅が拡大するチャンスになる場合も多々ある。そこでは前述のように本人への動機づけや本人の納得感が大切で、その後の成否に大きく影響する。

（参考）キャリア理論の項Ⅲ-6（P148,149）で述べる JD.クルンボルツの理論や NC.シュロスバーグの理論にも関連し合致する事例である。

（参考2）本節に直接関連した事ではないが、異動/業務変更等は本人の意向/考え等を尊重して実施するのが組織/会社にとっても、本人にとっても有益である。 しかしそれだけでは両者にとってハッピー/幸せにはならない場合がある事を認識しておかなければならな。
本人の視野は多くの場合広くなく知識が乏しく否定的に捉えがちだが、思いのほか新しい未経験の分野/別次元の経験が有益なキャリアとなりうる場合がある。この事例はこのようなケースでもある。前述同様にⅢ章 キャリア理論の転機への対応に関連した事例でもある。 人事部門、上司の見識力、心遣いの大切さでもある。

（参考3）なお追記しておくが、本人（自分）が最高だと（そこに一番必要だと）思っている時に異動するのは、思いもしていなかった機会になるので人生全体でみると案外有益である場合がある（所謂 プラトー現象がある）。経験から実感している。本人意向ばかりを過度に尊重し過ぎると人生全体では飛躍のチャンスを逃す場合もある。

（ⅱ）新業務への従事時や OFFJT/教育等への参加時の意欲づけ

　転勤、新業務を担当するようになった時や学習のため講座やセミナーを受講に行く時の動機付け（意義を十分理解、全体の中での位置付け等）とその後に関心を持つ事やフォローが大切である。これ等（動機付け、フォロー）により意識が変わり、効果の増大と持続に繋がっていく。

（ⅲ）モチベーションを持つために、持たせるための基本

　気づかい/気くばりと言葉/コミュニケーションの大切さである。 モチベーションは心の持ち方が大切なので心理的な刺激や感情面での気づかい/気くばりが必要である。そこで相互理解のためにコミュンケーョンに努める事である。前述した事柄の他に次項をも配慮する。

・不安をなくするようにすると共に相手（自分）が実施する事についての意義を十分に理解するようにする。

・相手の人格を尊重する。長所を見るようにし、他者との比較は避ける。そして相手を否定しない。

・結果だけでなくプロセス（努力の過程）を重視し評価する（成功した時も失敗した時も）。

・人、人柄についての言葉、注意等について述べるのではなく、事柄について述べる。相手の気持を大切にする対応をする。
　……声掛けの例：まずい（悪い）結果になった時、
　「努力したのに残念だったね。原因は何だったのかな、一緒に考えてみよう」（vs「どうしたんだ、しっかりしないと駄目じゃないか。頑張れよ」と言われると非難されている感じになる）

・述べるよりも聴くことに重点をおく。

・共感的な対応を心掛ける。相手の喜び、悲しみ、悩み、苦しみ、怒り等を共有する。

## （ⅳ）やりがい、誇りそしてその尊重と居場所

　人はやりがいを感じたい、誇りを持ちたい、そして他の人にそれを尊重されたいものである。これが損なわれなければ今後の人生においてモチベーションは維持され高くなる。さらにモチベーションが維持/継続されるためには人には居場所が必要であり、居場所がある事によって人の心が安らかになる。夫々の人がこのような気持ちを持っている事が安心・安全で住みやすい社会の維持に大きく役立つ。この事は組織/会社/グループ等においても同じである。なお誇り/プライドについて別項（P40）にも記した。

## （ⅴ）自分自身も ～ 一所懸命に取組む、自分の考えを持つ ～

　本人（自分）も当然モチベーションを維持するための心がけが必要である。先ず目の前の事（今）を一所懸命に取組み続ける。一所懸命に取組んだ事には愛着を持つようになり、誇りに繋がっていく。　今を一所懸命に取り組むという事は昨日よりも今日、今日よりも明日、明後日は前に一歩でも進んでいるようにする（生きていく）事である。　また自分の考え（思想、哲学）を持つ事が必要である（Ⅱ-7④P111参照）。
なお比較をするのは他の人とではなく昨日（以前/過去）の自分と今日（現在）の自分との比較をする事である。

　本項の主旨とは少しずれるが、異動等の時昔の人が言っている次項の様な考えも必要な場合がある。考え方により前向きに取組めるようになる。佐藤一斎/美濃岩村藩家老の言志四録/晩録の文「人事は期キせざる所に赴く。研ツイに人力ジンリョクに非アラず」（人生は思いもかけないところに行くものだ。それは人の力ではない）/山本博文/武士道の名著。　視点をかえてみるとよい経験/キャリア形成になる場合が多々ある。

## （３）モチベーション、動機付け関連の理論等

　仕事、教育、研究、管理、運営、経営等において目標達成のためには組織構成員である人々のモチベーションが大切である。繰り返しになるが、このモチベーションは一般的に言えば、目的に向かっての自ら行動する力である。動機付けされ、モチベーションを高く保つ事はやりがいに通じる。そして誇りとなっていく。人はこの誇りを尊重する事が大切である。

　これらに関連しての理論がある。ただ理論というものはある環境の中や条件のもとで有効で（説得力が）あり、常に当てはまる訳でもないし、人/環境/社会の変化等によって異なる事を認識しておく必要はある（コラム６ P52 も参照）。これらに関連した代表的な理論について述べる（理論によっては西洋的な思考の感のある理論もある）。
なおこれらに関連した理論は「マズローの欲求段階説」（別項Ⅲ－９ P169 参考）、「Ｘ・Ｙ理論」、「二要因理論」が初めに提唱され、発展されてきた。

## （ｉ）マグレガーの「ＸＹ理論」（Ｘ理論・Ｙ理論）

　XY 理論は人間観に基づく理論である。 **X 理論**は性悪説の考えで人間は本来は怠け者で、命令・強制/叱咤激励され管理監督されなければ働かないし責任をとりたがらないと言う考え方。アメとムチが必要で人間不信感がベースである。 **Y 理論**は性善説の考えで、人間相互に信頼感があり、真面目・誠実であり、自らすすんで仕事をし責任感もある　という考え方である。Y 理論に基づく経営、管理が優れている（望ましい）とした。

・その後 Z 理論/セオリーZ が、XY 理論では不十分という事で提唱された。Z 理論は A マズロー、WJ レディンらにより提唱され、セオリーZ は WG オオウチにより提唱された（経営理論でもある）。
現実の世の中では状況により X 理論と Y 理論の良い面をとるのがよい。 経済的に安定すると、価値ある人生や創造的な仕事、生産的な仕事を求めて努力するし、賞賛や尊敬等が得られる事を重視するようになる。人は意思/意志を持つし、色々な環境の変化もある。その中では対話、気配り、信頼関係、自立、親密さ等の大切さを述べた。 オオウチは日本企業の成功、強さについて経営学的観点から分析した。社員の親密な結びつき、経営者と従業員の信頼関係で結ばれて長期継続する相互関係の存在を述べた。

・前述もしたように、どの理論もどのような環境・条件下でも適合すると言う意味ではない。安定時、変化時、緊急時、危機時、環境の変化等によって適応は変わってくる。

（ⅱ）ハーズバーグの「二要因理論」～動機づけ要因と衛生要因～

　人が満足して前向きに積極的に働く（生活する）か、不満を持って消極的に働く（生活する）かには２つの要因がある事をハーズバークが提唱した。それは動機づけ要因（満足要因）と衛生要因（不満足要因）である。具体的な内容を述べる。

・動機づけ要因（満足要因）は達成感、上司/会社による承認、仕事そのもの（興味）、責任を持たせる、昇進、成長の可能性を感じさせる等

・衛生要因（不満足要因）は会社の方針（政策、管理）、制度、監督の仕方、監督者との関係、作業/労働条件、給与賃金等

　職務に満足感を持つと共に高いモチベーションを持ち維持、継続して業務遂行のためには動機づけ要因が重要である（継続しての真の満足は動機付け要因による）。そのためには職務の充実をはかる事や職務の拡大が大切である。　給与賃金をはじめとした衛生要因は一時的には効果があっても持続性はなく後に不満要因になる事もなる（無論あるレベル以上は必要であるが）。

（ⅲ）C.アージリスの「未成熟・成熟理論」

　マズローの欲求段階説(P169)をベースにして、人間は常に成長発展したいという欲求があり、未成熟から成熟へ向おうとすると提唱した。
この未成熟から成熟への移行/変化において７項目を挙げている。
（未成熟 ⟶ 成熟）

①受動的 ⟶ 能動的　②依存的 ⟶ 自立的（独立的）　③単純行動 ⟶ 多様行動　④浅い関心（興味） ⟶ 深い関心（興味）　⑤短期的展望 ⟶ 長期的展望　⑥従属的地位 ⟶ 優越的（対等）地位　⑦自覚（自己認識）の欠如 ⟶ 自覚と自己統制

（ⅳ）ブルームの期待論

　人間は期待により動機付けられ行動するという考えで、V.H.ブルームはモチベーションを維持・継続するためには３つの要因があり、努力・行動により期待している事に結びつくという期待論を提唱した。　即ち、
モチベーションの高さ（強さ）＝　①　x　②　x　③

　①目標を達成した時の成果、魅力の程度（期待/可能かどうか）

　②目標を達成するための努力、行動

　③結果としての報酬の魅力（価値が自分にあるか、必要なものか）

この事（掛け算）はどれかが "0" に近くなればモチベーションは "0" に近くなる事を示している。

## （v）メイヨー、レスリスバーガーの人間関係論

成果を上げるには人（従業員）のモチベーション、やる気が重要であり、そこでは人間関係（人の感情、気持ち）の大切さを、メイヨー、レスリスバーガーがウエスタンエレクトリック社のホーソン工場での実験（電気のリレー組み立て作業）で初めて示した。それは人間関係が良好な職場ではモチベーションが高く、高い成果を出す。即ち物理的/客観的作業条件（例えば照明等）と作業能率の関係を検討した。そこでは作業能率は職場での人間関係や人々の意識（例えば目標意識など）の影響が大きく、インフォーマルグループ（非公式組織）の影響力の存在を明らかにした。経営管理理論ではそれまでテーラーの科学的管理法が言われていたが、この実験結果は人間関係/モチベーションの重要性が示した。（付言すると能率/成果は一方の理論のみによるのではなく両者共考慮する必要がある。）

## （vi）ハックマン、オールダムの職務特性・充実理論

リーダーが部下のモチベーション/意欲/やる気を引き出し満足度を高めめようとした時に、携わる仕事の特性に着目した理論を提唱した。ここにおいて人々には影響を与える次の3つの心理的状態がある。
①仕事の価値、意義を感じ　②責任を実感でき　③成果を実感できるか。

それには次の5つの要素があるとした。①スキルの多様性。単調ではなく工夫の余地がある/能力を発揮できる　②業務の完結性。即ち全貌が判り、自分の業務の位置づけを認識できる　③業務の重要性。業務の意義を感じられる　④自律性。権限、実施の仕方等の意思決定権がある　⑤フィードバックがある。評価、人（上司、周りの人、顧客等）が認める、褒められる、感謝される、報酬など。

## （vii）ピグマリオン効果（別称として、ローゼンタール効果）

人（まわりの人、上司、教師、指導者、親等）に期待/評価されているのを知り、意識する事により良い結果が出る事、人は関心を持たれているとか期待されていると言われて信じるとそれに応えようとするし、モチベーションが上がり、良い成果（結果）が出ると R. ローゼンタール（米の教育心理学者）が 1964 年に提唱した。この事は人は期待に応えるように努力をするのでその期待にそう成果が出る傾向があり、行動に影響がある事を述べている〔期待と成績（成果）に因果関係がある〕。別の視点から述べると、環境が大切な要因である事をも意味している。
当然その逆がある（ゴーレム効果という）ので注意が必要である。

## 6　　　理論というもの（1）〜理論と経験〜

　理論は一般には個々の事実や認識を統一的に説明する事ができる普遍性を持たし体系的に述べた（整理した）ものである。もう少し言えば、ある条件（社会、環境、時代等）の元で総括的に統一的に説明し将来への示唆を示すようにして、人々がなるほどと思うような事柄である。社会の状況、取り巻く環境、時代等により変わる場合もある。（自然科学分野の理論とは少し違う）

　MLサビカス（米心理/キャリア学者）の書物にも理論は科学の進歩に合わせ改良、進化していくと書かれている。　地球は丸く太陽の周りを回っている、昼と夜がある、人間は死ぬ…等々は真理である。これらとは違う。　言いたい事は理論をみ、現実をみる時は理論の背景や諸々の条件や人々の気持ち（感じ方）をよく観察し考える必要がある事である。

　そして大切な事は理論と現実（経験）は互いに補完しながら事をすすめなければならない。経験だけだと進歩、発展がおぼつかないし、理論だけだと現実と乖離してしまう。乖離については常にその内容、原因を考えなければならない。
また人に理解してもらう場合、理論により相手が納得しやすく、説得力となる。共通の基準/基盤、共通の言語・言葉になる。

　その意味で本書では、理論を理解するため各所で理論の概要も記した。現実（実際）との乖離、背景、前提等も考えて欲しいし、場合によっては背景等を変える努力が必要な場合も多々ある。

# ６．コミュニケーション

## （1）コミュニケーションにおける基本

## （i）概要

人間の生活を要素的に考えると、食べる、寝る、考える、やすむ等を除くと、行う/ 行動/ 働く と 話す/ きくの 2 つである。　後者の話す/ きくは対話・座談であり、所謂　主にコミュニケーションである。　即ちコミュニケーションは人間の生活の中で非常に大きな割合を占める重要な事項であ。

　複数の人からなる集団、組織では相互の意思疎通（相互理解）のためにコミュニケーションが行われる（必要になる）。相手（受け手）があって成立する事であり、コミュニケーションをはかるという事は単に話をするという事でない。相手にどう伝わるか、相手はどう感じるか、気づくかである。という事はどう**聴く**かという事でもある。即ち相互に理解をする事である。この場合言葉が大きな役割を果すが、言葉は五感で捉えたイメージを運んでいるのだという事を留意しておく必要がある。

　そして特に最近はコミュニケーション力の重要性が強調されている。このコミュニケーション力は、双方（話す側とキク側）における "伝える力" と "判る力" に関係する。この事は単に企業、会社/組織体での職場だけでなく学校における教師と生徒の関係、病院での医師や看護師と患者との関係、家族間、スポーツ界、芸術界等においても言える。

　別の表現をすれば、前述した言葉等は五感で捉えた情報/イメージを運ぶという事は、人は体の色々のところから信号・サインを出している。応答・キャッチする側についても同様で双方向のものである。　但し後述の非言語では感情や心の奥の気持ちなど潜在的な事を表現するが、通常　考えや意見や意思などを明確に伝えるのは難しい。やはり正確に伝えるためには、言葉即ち**言語化**が必要である。この事は考えや意見などだけでなく気持ち等についても言語化して伝える必要がある。この言葉は人と人の間の媒体となっている。

　なお「コミュニケーションは心の酸素」（福島智東大教授/耳、目不自由）と言われている。　酸素がなければ人間、動物は生きていけない。漢字が示すように人間は人の間で、人は支え合って生きていく。その人と人を取り持つのは言葉/コミュニケーションであり、人は社会で、人間関係の中で生きていくのだからコミュニケーション無くしては生きていけない訳である。留意すべき言葉である。　以下にその要素について述べる。

（ⅱ）コミュニケーションとは

　コミュニケーションは情報と心（思い、考え、気持ち等）を与えあい相互に理解してこれ等を共有する事である(意思疎通をはかる)。　人間関係にも深く関係している。
基本に返り分析的に整理して（振り返って）みると、コミュニケーションは発信側と受け側の双方間での情報の授受と心の交流である。それは内容

53

（目的）とその方法（手段）に分解できる。前者/内容は相互に考え、意見、意図、感じた事、気持ち、情報等を伝え、応える（答える）事である。後者/方法は言語/言葉と非言語（体の動き/動作/身振り、態度、しぐさ、表情等/P56）及び文書、図/絵/画などである。そしてここでのカギは受け手側である。受け手がキャッチできるように、理解できるような表現であり、受け手がどう感じるか、何を期待/欲しているかを認識する事である。

（ⅲ）コミュニケーションにおける要素

①言う、話す/語る、伝える、表現する（＊）　　…　話し手（伝え手）
②キク（3つの種類/＊2）　　　　　　　　　　…　キキ手（受け手）
③みる（見る・観る/観察する、身体表情/五感、文字、絵/図）
④こころ（意思の疎通、気持ち、感情、考え、感じる等）…　心
⑤'間ﾏ'（沈黙、待つ）

それぞれが独立しているのではなく相互に関連している。特にコミュニケーションにおいて"心"がある事を忘れてはいけない。

　（注記＊）①の伝えるのは言語だけでなく非言語（P56参照）によっても行なわれる。その他当然の事だが文字、絵/図によっても行なわれる。その後答える、応えるの反応となる。
　（注記＊2）3つのキクは聞く、聴く、訊く（P134参照）

　職場等におけるコミュニケーションは単なる情報の伝達や交換ではなく、人の心を動かし行動に持っていく方法/手段でもある。それ故相手に判ってもらえなければ、理解してもらえなければ意味がない。言い換えれば、内容だけでなく気持ち、感情、関係性等も伝えあうものである。　このコミュニケーションが行われるのは、同レベル（仲間）の人、自分が上（上司、親、教師、医療者）の立場、自分が下（部下、子供、生徒、患者）の立場、仲間や上下関係ではないが何らかの関係での集まり（他部署、他社、他集団の人など）の4種類の人の集まりのケースを認識して行う事である。

　対話において伝える（話す、言う、語る）側の発信を受ける側からみると、㋐目に見えるもの（行為、事件、事実など）と㋑目に見えないもの（感情、思いやり、気持ち、考えなど）の2種類ある。受ける側はどちらであるかを意識すると共に、㋐の場合は㋑はどうなのか、㋑の場合は㋐はどうなのかを思い巡らしながら受ける必要がある。

　また対話時には伝え手が急に流れ（話題）を変える場合がある。しかし表面上は変わっても伝え手の意識の奥では繋がっていると心得ておく必要がある（精神分析で「無意識の連続性」と言われている）。という事はどうして流れを変えたのか等を考える事である。

効果的なコミュニケーションのためには漠然と行うのではなく、時には要素・機能を理解・意識しながら行うのが良い。 整理し図示すると、自明の事とは思うが、次のようになっている(意識しておく事が必要である)。

（コミュンケーションの要素関係図）

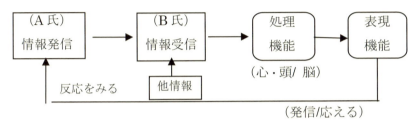

　もう少し機能等を含めての説明。双方の間には表面に現われる事項だけでなく、双方に脳、観察、心～感情がある事に留意しなければならない。

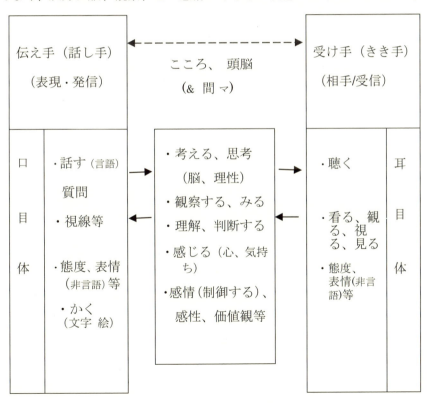

（ⅳ）相手の意向、気持ち、考え等を受ける

主に情報を得る主な身体器官（センサー）は耳と目である。そこでの"きく"、"みる"にも種類がある。漢字で表現すると判りやすい。

| | 状態　＼　受発信器官 | きく（耳/口） | みる（目） |
|---|---|---|---|
| ① | 自然のままに、意図、意識せずに | 聞く | 見る |
| ② | 心をこめて、気持ちで受け取る、相手の内面に焦点 | **聴く** | **看る** |
| ③ | 積極的に、意図的に能動的に対応 | 訊く（尋ねる質問する） | 観る、視る（観察、視察） |

ここで注目すべき項目は②である。人を良く理解するには（判るためには）よく聴き、よく看る事が重要である。聴くについては別項（P134,135）に記した。"看る"については、目の上に手と置き、手をかざして何事に対しても本質は何であるかとよくみる事を示している。

なお受け取った受信側の対応について漢字で表現すると"答える"と"応える"の２種類がある。前者は自分の立場で言う、後者は相手の立場/意向を考え、心を込めて言う事である。これ等を意識しておく必要がある。

（ⅴ）伝える（表現する、発信する）、伝わる / 言語と非言語

相手に伝えるためには言語化が必要である。表現は単に言葉（言語）だけでなく、非言語（即ち顔の表情、目、身振り、動き、手足、態度、声の調子、語調、聴き方等）でも行っており（全身で喋り情報を発信している）、これらもコミュニケーションの手段である。別の表現をすれば、言葉等は五感でとらえた情報のイメージを運ぶのである。そしてそれらは双方向で、応答・キャッチをしている。身体機能別で言えば、口（言語）と身体（非言語）である。更には文字、絵/図による伝達である。

とはいえ実際には先ず言葉で伝える。即ち言語化が必要なのだが、自分の考え、意見、素晴しいアイディアや技術的な事項も感覚的には判っていても相手に伝える事は難しい。伝え伝わりそして相手を動かすためには理論/ 理屈がしばしば必要になる事も留意しておく必要がある。理論はある範囲/条件/環境においては共通的に当てはまるもの（ある範囲で普遍的なもの、共通認識の元になる、将来を示唆する）であるから、理論に合致している事柄は納得させやすい訳である。

発信側と受信側においては、伝わる内容と伝える内容（伝えたい内容）に違いがしばしば出てくる。発信側が伝えたと思っても受け手側には伝わってない場合がある。これをキャッチするのはしばしば前述の非言語による場合がある。　そして言語と上述の非言語による伝わりに違いがあったりするが、非言語の方が気持ち(心の奥/底)を表現したりする。即ち伝わるためには、伝えるに"心"が加わる必要がある。又受信側の心も影響する。

　もう一つ難しいのは、言っている事と心で思っている事に違いがある事、防衛機制（P62,141参照）が働く事である。
さらに伝わる/伝えるための重要事項は"信"/信頼がある事である。これはその人に徳があるかどうか、言行一致の人かによる。

（ⅵ）納得、説得とモチベーション

　コミュニケーション（仲間間、上司と部下間 等）においては納得と説得の違いを十分認識し、前者の状態/状況であるかを意識していなくてはならない。そのための大切な要因は"聴く"であり、その後のフォローである。この納得がモチベーションに大きく影響する。

（ⅶ）"言う"という事と"聴く"という事

　コミュニケーションでは主に 言う と キク で構成されている。ここでのキク（P134参照）は聴くであるが、この聴くという事は意外に難しい。相手の表現（言う/語り、話等）は単に言葉（言語）だけでなく、前述の非言語でも行っている。 と言う事は体の各所から信号・サインを出している。このサインをキャッチする事はお互いに理解し合うために必要であるが、その鍵となるのは、相手は感情を持っている人間なのだから人の気持ち/感情/考え/意見を聴く必要がある事を十分認識していなければならない。

（ⅷ）人それぞれの枠組み（価値観）

　コミュニケーションで認識すべきもう一つ重要な事項は、人それぞれが固有の「価値観」という枠組みを持っている事である。相手は自分の価値観を否定される（傷つける）と自尊心/プライドを傷つけられたと感じて人間関係は崩れるし、モチベーションは維持されなくなり低下する。
価値観には自分の価値観、相手の価値観、そして組織（チーム/職場）の価値観がある。これ等の三者の価値観が傷つかないように配慮しなければならない。　これ等の事項は組織人/会社員等だけでなくスポーツ関係者（選手―コーチ―監督―フロント）にも芸術家にも研究者、教育界、医療現場等にも当てはまる。

（ⅸ）コミュニケーションの目に見えない効用

　コミュニケーションは意思の疎通をはかる事であり、情報や考え、気持

ち等を双方向に授受する事である。　そして重要な事として人は話す事によって人の孤立/孤独化を防ぐ効果/働きがあり、メンタルヘルスに対しても人を健全に維持する効果がある事である。


## （2）言葉というもの

### （ⅰ）言葉の意義、力を考える

　言葉には大きな強い力、影響力がある。圧力になる場合もある。そして「言霊」という言葉があるように不思議な力も発揮する。それ故諸々の命名、表題/テーマ等についても十分注意を払う必要がある。この言葉の大切さについて色々と言われている通りだが、言葉での表現・コミュニケーションの大切さを別の観点から考え、振り返り認識を深めたい。

　「人の"心"は言葉によって磨かれ、発展、充実していく」。　そして心/思い/考え等を言語化する事により相手/人々に伝える事ができ相互理解が進み深まっていく。これが良好な人間関係確立の要カナメとなる。
　「言を知らざれば、以って人を知ることなきなり」（論語）　言葉を知らないと人を知る事はできない。
　「ぼくの命は言葉と共にある」福島智（東大教授、目と耳が不自由で指で字を読み・書き意思疎通をしている）

### （ⅱ）言葉を運ぶ、伝える

　言葉/言語でコミュニケーションは行なわれるが、「言葉/言語は非言語に乗って運ばれる」と言われている。非言語が言語よりも心の奥を伝えたりする。この非言語は表情、口調、身振り、体の動き、動作などである（P56）。無論　言葉は"音"だけでなく文字、絵/図、映像によっても伝えられる。これらを認識/理解していないと良好なコミュニケーションとはならない。非言語についても十分留意する必要がある。


## （3）職場での意思疎通の方法

### （ⅰ）日常的なコミュニケーション

　意思の疎通をはかる方法には、双方向のものと一方向のものがある。前者は会話/雑談、対話、会議等での討議、議論であり、後者には意見発表/発言、指示、命令、抗議などがある。　明るく活力ある職場をつくるために大切なのは前者の会話/雑談、対話で所謂　コミュニケーションである。コミュニケーションは伝え手が自分の考え、思い、気持ち、知識、情報等を発信し、相手（受け手）は受信して自分の枠組み、即ち価値観、自己概

念、準拠枠（これらは似た面もあるが違いもある/後述）の中で比較して解釈し、加工、処理、判断して同様の事項を発信していくものである。
この時大切な心がけとして明るい感じ/笑顔、接穂（＊）等の潤滑剤も必要である。自然な魅力的な笑顔はコミュニケーションの潤滑剤となりスムーズな進展、関係構築となる。接穂は話を上手く繋げていく。
この他に潤滑剤としてユーモアがある。日本では伝統文藝として狂言、文楽の伝統、落語や漫才の笑い、色々な言葉遊びなどがあり、心にゆとりを生ませてきたユーモアの伝統がある（現在は不足気味か？）。
（＊注記）接穂ツギホ：途切れた話をつなぐきっかけの言葉、つなぎ言葉、導入のための言葉

　コミュニケーションは前述したが野球での基本であるキャッチボールのようなものでもある。この場合、相手の手が届く所に投げるし、受けやすいように（相手の立場に立って）ボールを投げるのがルール（常識）である。相手が取れないボール、暴投はコミュニケーションでいえば、相手の気分を害する言葉であり、暴言、パワハラになる訳である。会話～コミュニケーションにおいても同様で、相手の立場に立って聴く、考えや気持ち引き出すと共に自分の気持ち、意図等を伝えていくものである。先ずは答え（応え）やすいきき方をする必要がある。

（ⅱ）コミュニケーションへの取組み

　コミュニケーションにおいて大切な事は聴く事であると随所で述べたが、苦手な人の具体的な実施では次の3項目を日常において心掛ける事である。　①人の心理（気持ち）を認識/理解する　②自分から出来るだけ話しかける（行動する）　③常に幅広く何事にも関心を持つ（話題/情報を収得する）。　なお、関心を持ってないと何事も心に残っていない。
Jカエザル（シーザー）の言葉「多くの人は全てが見えるわけではない、見たいと思う現実しか見ない」　即ち同じ様に見たり聞いても関心を持っていなければ心/頭に残らない。会話において話題として提供できない。

（ⅲ）職場において時期による面談

　最近は多くの組織体（企業等）で日標管理の中での目標設定や反省時に上司と部下の間で面談をして意思疎通をはかっている。　また新しく着任してきた部下に対して当然の事として個人的な事も含めて面談をしていると思う。　さらに留意すべき事は異動、転勤で上司として着任したらある程度の期間が経ち、ある程度 状況が判った時点で（なるべく早く）直接の部下と個別の面談をするのが良い。数人の部下だろうが数十人の部下だろうが個別面談の実施は意思疎通、コミュニケーション、相互理解、後々の人間関係構築に有効である。　但しこの様にするにしても、重要なのは日常の中でのコミュニケーションの重要性を忘れない事である。

（ⅳ）視点の置き方（人、事柄）を考えての質問
　　　～　人に重点をおくか①、　事柄に重点をおくか②　～

　　職場での会話時やカウンセリング時、人に重点をおく場合①　と事柄に重点をおく場合②　がある。
人に重点をおく場合①は、内省的な思いや感情をとらえる仕方と相手の人物/人柄に焦点を当てる場合がある。　この人に重点を置く場合①においては「それならどのようにする（行動する）のか/　どう考えるのか（どうしたのか/考えたのか）/　どのようになると考えるのか」との対応が必要である（①に②の配慮を加えるという意味）。
事柄に重点を置く場合②は、行為/行動、トラブル、事件、人に言われた事、表現や現象/事象など目に見える事柄に焦点を当てる場合がある。　この②の場合においては「その時どう感じたのか、思ったのか」（相手の心情など）との対応が必要である（②に①の配慮を加えるという意味）。

　　別の視点でみると、受け入れやすい（答え/応えやすい）言葉での会話/質問と責められていると感じる言葉での会話/質問がある。
「なぜ、どうして、なんで、…」と聞かれる（質問される）と責められていると受け取られる場合がしばしばある。　責められると防衛機制（P62、141 参照）が働き、言い訳をしたくなる。　無論 何回も「なぜ、どうして、なんで、…」を何度も繰返す必要な時もある。

（イ）注意したい会話/質問－1
苦情を言ったり、叱る時は相手の人格を否定する/傷つける言い方をしない。相手の成長を促すように、相手が受け入れるように言及する事。人でなく事柄について言及するように心がける事。同じ様な質問でも視点を変えると受け取られ方が違ってくる。

| 人に関連した事に視点をおいて① | 事柄に視点をおいて② |
| --- | --- |
| 「こんな事がわからないのかね」 | 「これはどうなっているのかな」 |
| 「失敗したのか、君はだめだな」 | 「どういうことがまずかったのかな」 |
| 「何を考えているのか」 | 「どういう事情になっているのかな」 |
| 「苦労と努力が足りないのだ」 | 「どのようにしたらいいのかな」 |
| 「君はどうしてこんな問題を起こしたのか」 | 「このような問題が起きた原因（理由）は何だと思うかね」 |

・人に関連して きく のではなく、事柄に関連して きく と責められているとの感じが薄れる。　①のように人に関連して聞くと責められるような感じを抱き防衛機制が働くようになり、身構える/抵抗するようになる。

・人について言うと相手（聞く方）は感情的になり易い。　事柄に関連してのきき方をするように努めるのが良い。即ち②の質問/きくを心掛ける。

（ロ）注意したい会話/質問、きき方－2
**a.** 共感的にキクのが良い。
例えば「どうし<u>たの</u>？」と「どうし<u>てだ</u>」では相手の感じ方が違う。無論前者が良い。後者だと非難されているような受け取り方をする。ちょっとした表現の違いによりコミュニケーションの質が変わってくる。注意すべき事項である。この時無論表情や口調等の非言語も大切である。

**b.** メッセージとしては、I（私）/アイメッセージで送る。　話をきいて「<u>私は</u>嬉しいよ。…」、　その話について「<u>私は</u>……と思う。」、　褒める時も、苦情を言う時/しかる時も相手の心に響くように、私にはこのように感じたという具合にIメッセージを心がける。

**c.** 人が話や報告を きい ている時は、事実だけを話しているのか、自分の考えや感情を交えているのかを意識する必要がある。

（v）　Why ときくか、How ときくか

　きき方としては　Why（なぜ、どうして）でなく How（どのようにして）が望ましい。　Why だと突っ込まれている感じ、責められているように感じて身構えて防衛的になる傾向があ。キャッチボールなら投げつけられた状況である。なぜ と同類の言葉として"どうして"も同様である。How の方が相手は素直になり、相手の意向を色々と引き出しやすい。　無論 why なぜ、どうしての言葉/考えが重要な場合もあるし、次々と **why を繰返す** 必要な場合もある。この場合は使い方を十分注意しなければならない。

会話例 ：上司（C）と部下（CL）

| <u>会話　A</u> | （注記） | <u>Why の会話　B</u> |
|---|---|---|
| C「この間言ったあの案件はどうなっているのか」 | | C「この間言ったあの案件はどうなっているのか」 |
| CL「まだ上手くいかないのです」 | B 非難、叱責の感じ、Why | CL「まだ上手くいかないのです」 |
| C「上手くいかないの。どのようにやっていたのかな」 | Λ 繰り返す。話が続く、How | C「だめじゃないか。なぜ上手くいかないのだ」 |
| CL「実は…」　（続いていく） | | CL「すみません」 |

（vi）相手から 引き出す きき方

　場合によっては、上司から「これはどうだ」、「こうしたらどうだろう」、「○○のようにしたら…」、「…のように考えなければいけなのではない

か」等々のような意見、提案、指示に対して、人（相手/部下）は現状を変える事に抵抗を感じて殻をつくり防衛的になる傾向がある。即ち NO の答、理由を探すようになる傾向がある（時には/しばしば）。一種の防衛機制（＊）が働く訳である。　そこで、先ずは部下から提案がでるようにコミュニケーションをするのが賢明である。

例えば、「君はどう考えるかな、いい方法は…」、「何か良い提案はあるかな」、「どんな改善の方法があるだろうかな、どう考える？」

本人に気づいてほしい/引き出したい答え（応え）がある時もある　：
「君は能力もあるし良い仕事をしている。将来を考えると自分に何が不足していると思っているかね」（このような問いに対して、引き出した答え例としては「自分に不足しているのは協調性でしょうかね。みんなと一緒にする仕事は苦手ですから。…」）。

**（＊）防衛機制**：心理学での用語である。不快な感情、気持ち、体験をその程度を弱めたり避けるようにして心理的に安定した状態を保つために発生する心理的な作用である。即ち欲求不満や葛藤による危機を事前に避けるようにして心理的に安定した状態になるように無意識のうちに発生する。(P141 参照)

（ⅶ）話題が急に変わった時の対応　〜感じ（受け取り）方〜

　話をしていて急に話の流れが変わり、流れに不連続を感じる事がある。でも無意識ながら心の底では連続しているのではないかと考えてみる必要がある。内なる心で"明確にはなっていない何かがある場合がある"事を留意しておく必要がある。〔精神分析での「無意識の連続」〕

　話し手の方は話題を急に変える場合や途切れた時や沈黙等の時には接穂を上手く使うとスムーズに進む場合がある（既述 P59）。

（ⅷ）きき方のステップとしての注意事項

・相手に受け（聞き）入れられやすい聞き方には順序がある。先ずは相手の関心のある事項、良い面の話をする。次に課題/問題事項、そして今後どうしたらよいかを話して考えていく事である。メンタル関連の課題についても同様である。　そして相手の納得感（観）が必要である。

・何か課題/問題がある時の関心の持ち方（きき方）の視点の置き方としては、その課題/問題に視点をおく場合と それに関わっている人におく場合の２種類があり、意識して両方の視点を考える必要がある。一方だけに関心を持っていると正しく理解されない事がしばしばある。

・人が話をしている、報告を聞いている時、事実だけを話しているのか、自分の考えや感情を交えているのかを意識/認識しなければならない。

## 7　　　コミュニケーションとしての文字

　コミュニケーションをはかるのは既に述べたように、言語と非言語（＆図・絵）がある。言語としては音声と文字であるがここでは文字について述べる。文字としては表意文字（日本語、中国語）と表音文字（英語をはじめとしてその他の国の文字）である。日本語文字は他の文字と違うのは表意文字と表音文字を混合して使用している事である。即ち漢字、ひらがな、カタカナの３つの書き方を大昔から混ぜて使用し、非常に豊かな表現になっている。更に近年はローマ字を混ぜたり英語をそのまま混ぜて使ったりしている。例えば、○○de △△、○The△、○○in△△、take out、　○○GETするやレストラン等での食器類返却場所に Return Here などなど多数見かける(日本人を対象としての場でも)。

　漢字、ひらがな、カタカナを混ぜての使用が豊かな表現になっているが、最近はカタカナ、アルファベット文字/語句が目立ち過ぎの傾向があり、意味が判りづらくなっている。さらにローマ字/アルファベットの混合、日本人だけに向けたと思われるなのに英語そのものの混合が増え過ぎるのは如何なものかと感じる。　その方がいいと思うのだろうか。何かしっくりしない。　良好なコミュニケーション、相互理解の阻害要因にならない程度にしておく必要がある。日本文化、コミュニケーションの基本である日本語を綺麗にしたいものである（国語の重要さの認識が必要。教育においても同様）。コミュニケーション/相互理解のためには意味をよく理解し正しく使う必要がある。　別コラム（参照 P185）に記述されている習合の気持ちが必要な状況のように感じる。

　もう少し上述の表意/表音文字について述べる。英語は表音文字だが、次のようにも言われている。英語で "ゆうれい/幽霊" は"ghost"だがここの "h"は発音されない。でも英国人は h も含めてゆうれいであり、発音されないからと言って h がなければゆうれいを感じないと言う。即ち表意的な意味を持っている（国語笑字典/郡司利男）。日本文字のひらがな、カタカナにも同様なのがある。付言すると文字には表情があるとも言われている…花（はなやかな感じ）、笑（字が笑っている感じ）等々（同上書）。

63

（4）コミュニケーションでの心の状況（対人関係の姿勢）
〜交流分析・エゴグラム〜

（ⅰ）概要

　コミュニケーションにおいて心はどのような状態なのか、また人間関係においても夫々の人の心の状況（姿勢）はどうなのかを認識/理解しておく事が必要である。　それらの状況を説明するため、バーン（E. Berne/米の精神科医）は、人々は互いに反応しあって（交流して）いるのでその状態を分析して、状況を認識し活用している事を提唱した（交流分析と言う）。

　この交流分析は、本来自分自身が持っている能力に気づき、その能力の可能性を実現するのに有用である。　先ず心の状態を十分に認識する必要がある。　人は自分の内部に３つの自分（P、A、C）を持っている。それらは親の心（P）、冷静で理性的な大人の心（A）、子供の心（C）である。その自分は感情、考え、行動様式等に特色がある（これを自我状態と言う）。PとCには夫々２つあって全部で５つの自我状態がある。　それらのレベル（状態の程度）を明示するため設問文に答えてグラフ（折れ線 or 棒グラフ）で表示する方法を J.M.Dussay が考案した（エゴグラムと言う）/見える化。

・P、C、Aの心
　　P（Parent）　親

　　　　CP（Critical Parent）　父親的（厳しい、批判的）
　　　　NP（Nurturing Parent）　母親的（保護的な、養育的）

　　A（Adult）　大人　　　　大人的　（冷静、理性的）

　　C（Child）　子供
　　　　FC（Free Child）　　　自由な子供（自然のまま、のびのび）
　　　　AC（Adapted Child）　順応した、従順な子供

（ⅱ）コミュニケーションにおいて心の中でのやりとり
　心の中でどのようなやりとり（交流）がコミュニケーションにおいてなされているかを意識する必要がある。　（甲と乙との心の中での交流状況）

甲　　　　　乙

Ⓟ　　　　　Ⓟ

Ⓐ　　　　　Ⓐ

Ⓒ　　　　　Ⓒ

・甲はどの状態から乙へ投げかけ、乙はどの状態から反応して返しているか。

・コミュニケーションにおいて、その時の目的（ケース）によってどのような型が望ましいか。　どのようにしていけば良いか。

64

次に事例でみていく。（いつもどのような心の状態で会話しているか心しておきたい）

事例① スムーズな交流（会話/コミュニケーションが行われている例）

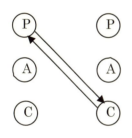

- 甲は街角で乙に道を聞く(A—A)
「H社へ行くにはどう行くのでしょうか」「あの信号を左に曲がった所です」

- 上司と部下の冷静な会話(A—A)
「昨日言った計画書はいつできるか」
「はい、明日の10時までに提出します」

- （若い親しい男女間の甘い会話ではしばしばC-C間の交流となる）
甲「映画を観に行かないかな」
乙「行きたいね、どの映画を観る？」

事例② スムースな交流だが、違う自我状態との交流

甲と乙は会社の上司と部下。

- 甲「いつもそのような言い方をする。その態度が気にくわない」
乙「私が言う事をもう少し信じて下さい」

- 甲「机の上は書類が一杯で片づいていない」
乙「判っています。その内時間がある時片づけますから」

事例③ 交叉した交流。（意見の対立した上司と部下）

- 甲は上司、乙は部下。会社（上司）が示した今後の計画について乙が自分の意見を述べての上司-部下の交流。
乙「この計画は○○の箇所を□□のように検討する必要があるのでは…」
甲「色々理屈を言うより、先ず実行しろ」

- 甲「机の上が一杯で片づいていない」
乙「はい、これから片づける所です」

65

事例④ 本音を隠した会話/裏面交流（言動の裏に秘めた意図がある会話）

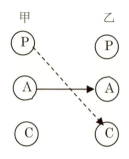

・上司甲と部下乙の会話
「Xは新しい契約に成功した。先月も新契約を取った。なかなかやるな」
乙はいたたまれず困って不愉快な顔、（裏面/心に思っている事項を破線で示す）甲の裏面/心は「お前はだめだな。仕事はできない、当課の困り者だ」

(ⅲ) エゴグラム

　これはコミュニケーションのパターンを分析的に見る/解釈/分析するものである。　P、A、Cの5つの自我状態のレベル（状態の程度）を設問文に答えてグラフ（折れ線 or 棒グラフ）で表示する方法をJ.M.Dussayが考案した（これをエゴグラムと言う）。…心の状態の見える化である

　設問に答えた5つ心の状態のレベルをプロットし、折れ線（棒）グラフで表す。色々な型がある。その形（型によりM型、逆M型、N型、W型、右下がり型、右上がり型……など）で特徴、性格（心の状況）が現われる。

● 自分はどのような型の心の状態の自分かを知る。そして自分の状況、行動、業務/仕事でどれを高めるか、下げた方が良いかを考え努力する事である。
　（具体的には書物やインターネット等で調べるとよい）

(ⅳ) 〔追記〕交流分析に関連してもう少し言及する。
　人間関係や気持ちの構築に重要な働きをするものとしてストロークの授受（＊）や人生ゲームの分析（＊2）などがあり、さらに人生脚本（脚本分析/人生ドラマの筋書き）（＊3）がある。

　（＊）プラスの(肯定的な)ストローク/ 相手を気持ちよくさせるほめる/思いやり/認める/愛など。マイナスの（否定的な）ストローク/この逆。

　（＊2）繰り返された行動パターンで人間関係のこじらせや行動、結果/結末、生活等の不備を繰り返す事がある。これをゲームと呼んでいる。これ等の背景には心理性の課題を内在している場合がある。

　（＊3）人生脚本は過去の経験（特に幼少期の経験）が身につき心を支配している場合がある。言うなれば人生の脚本になっている。　これを別の視点で見て（考えて）脚本を書き換える（修正する）事によって以後/ 将来の人生の歩み方をより良くしようというものである。

## （5） 自己表現、主張の仕方 ～アサーション/DESC 法 ～

### （ⅰ） アサーション/ DESC 法の概要

　　通常 人は自分の気持ち、思い、考え、意思、主張、要求を相手に伝えたい、判ってもらいたい、同意してほしい、従ってほしいと思っている。そのため自己表現/自己主張するが、伝え方が変われば伝わり方が変わる。それと共に自分と相手の気持ち、考えも大切にし納得も必要である。素直に正直に表現しながら、相手も尊重した表現は人間関係において大切な事である。　このような表現のタイプ/ 特徴/ 形には３つの種類がある。

① 自分も相手も大切にする/ 尊重する/ 納得する/ 了承するケース。　自他
　尊重（アサーティブ）　　　　　　　　　　　…　自分 OK 、相手 OK

② 自分の考え/感情は控え（我慢し）、相手の意向に従う。他者優先。
　（非主張的、ノンアサーティブ）　　　　　…　自分 NO 、相手 OK

③ 自分の事が中心で一方的に従わせ相手の事は考えない。自分本位。
　（攻撃的、アグレッシブ）　　　　　　　　…　自分 OK 、相手 NO

　コミュニケーションにおいて①のアサーティブな表現が望ましい。
アサーションはお互いを大切にしながらコミュニケーションを上手に円滑に進める考え方/方法で誠実に素直に率直にコミュニケーションを行う。この場合事実の描写と主張を区別するように心掛けなければならない。そこでの表現の進め方を分析的に（分解して）示すと、次の４段階になる。

ⅰ 　Describe 描写する：状況や相手の言動を客観的に、**事実を客観的**に描
　写する（述べる）。

ⅱ 　Express, Explain, Empathize 表現する、説明する、共感する： 自分が
　感じている事、自分の**主観的**な気持ちを表現、説明したりする。また相
　手の気持ちへの共感を伝える。感情的攻撃的にならないようにする。

ⅲ 　Specify, Suggest 特定の提案をする：相手にも受け入れられる妥協案、
　解決案を提案する。指示や命令ではない。

ⅳ 　Choose, Consequence 選択する、結論（結果）：提案に対しての複数の
　結果を考えて（想定し）、実行可能な具体的な選択肢を示す。
　　これを **DESC 法**という。

次の事例はアサーティブの事例であるが、ノンアサーティブの例なら自分は犠牲になり先方（例えば上司）の言うままになり（無条件に受け入れる）、後でしこりとなる。　またアグレッシブ（攻撃的）の例なら指示等に対し

て例えば、私は以前から友達に会うに予定しているので急に言われても今日は残業はできません。という具合の対応になる。

この DESC 法は D,E,S,C の全部を常に使用するとは限らない。一部を使用する場合もある。又上下関係や会議などだけで使うわけではなく、個人が日常の会話（コミュニケーション）でも意識せずに使ってもいる。

（ⅱ）事例1：急に残業を指示された部下と上司の会話

　　B 氏は業務終了後定時に退社し、3 年ぶりに T 市から出張してくる U 銀行に勤務している友達の S 氏に会う予定であった。　3 時過ぎに上司（J 氏）は部下の B 氏に君が企画提案した〇〇計画を明日 11 時 に常務に説明する必要になった。これは今後の業務推進にとって重要な機会だから急だけれど、残業して追加説明資料を作成するようにと言われた。

---

事例 会話（B 氏は上司 J から残業して資料作成を急に指示された。常務が支店に来られ、B 氏が以前作成し提出していた企画資料に関心を持たれ説明を聞きたいとの事）

B 氏「常務にも関心を持っていただき、〇〇計画が日の目を見る大事な機会なのですね。実は今日 6 時半に U 銀行に勤めている親友に会うことにしているのです。」　　　　　　**D**

J 氏「え！ ……」

B 氏「親友の S 氏は U 銀行の調査部での仕事をしているので N 市の状況を色々聞けるので是非会いたいと思っているのです。常務への説明は我部の将来への影響も大きいのですね。」　**E**

J 氏「でも ……」

B 氏「どうでしょうか、このような事もあるだろうと思い大体は整理してあります。定時まで 2 時間強ありますから、一緒にしている H さんに最近のデータを整理してもらい、私は明日の朝早く出勤して資料を完成させます。どうでしょうか。」　　　　　　　　　　　　　　　　　　　　　　**S**

J 氏「そうか。ぜひ資料を準備して、明日 9 時半に説明してくれ。それから友達にも N 市の状況を良く聞いてきてくれ。」

B 氏「有り難うございます。明日 9 時半までに準備します。友達とは久し振りに親交を暖めると共に色々聞き情報も得てきます。」　　　　　　　　　　　　　　　　　　　　　　　　　　**C**

---

・この事例は残業、業務指示と友達との約束に関連した事項だが、よくある例として休暇を取ろうと予定/計画していた時に業務指示されるとか、会議で紛糾しなかなか方向が決まらないとか、顧客との交渉が上手くいかないとか、家族や友達間での計画についての意見調整等の時にも起こる。日常茶飯事に遭遇する。

（ⅲ）事例2：A氏は技術者、B氏は事務屋。一緒に機械や設備の大きな展示会場を見学。B氏は可なり疲れてきて休憩したくなった。

B氏「今日は可なり沢山のブースを見て回ったな。色々新しい機械や設備があったね。」　　　　　　　　　　　　　　　　　D

A氏「うん。とても参考になったよ。」

B氏「ずうっと歩いていて暑いし、ちょっと休憩して冷たい物でも飲うか」　　　　　　　　　　　　　　　　　　　　　　E

A氏「いや、遠方から折角来たのだから、休憩する時間があったらその時間もっと多く回りたい。」

B氏「それもそうだけど、今まで回ったブースを振り返ったり、これからどこを重点的に回って見るか考えたらどうかな。休憩して冷たい物を飲むと元気も出るし。」　　　　　　　　　S

A氏「そうだな。そうするか。」

B氏「そうしたらあそこがいいのではないだろうか。広いそうだしゆったりしているようだから。」　　　　　　　　　　　　C

（ⅳ）事例3：講演会場や劇場や映画館等で前席に帽子を被った人がいた時（日常しばしばある事例）

「よく見えないのですが、すみませんが帽子を取って頂けないでしょうか。」

帽子を取ってくれたら

「よく見えるようになりました。有り難うございました。」

という具合に。

8　　第三者（周り、世間、社会等）もよし（OK）

　ここで社会でのコミュニケーションの原点に返って、もっとアサーションについて振り返ってみる。
アサーティブという事だが、多くの人はしばしば自然にこのDESC法を使用している事は多い。ある意味では特別の事柄ではないし、以前は多くの人にとって自然にそなわったマナーのようなものでもある。このような認識も必要である。　言い換えれば望ましい行動パターンを整理、体系化したものとも言える。

　アサーションでは私もOK、あなた（相手）もOKと言う事（OK—OK）だが、本当はこれでは不十分である。　実際には周り/ 社会/ 事態・状況もOKである事、即ち「三方よし」でありたいものだ( OK—OK—OK / Win－Win－Win)でなければならない)。
そういう意味では、DESC法はDESCC法でなくてはならない。最初のCはCheckである。お天とう様がみても正しいか/ 人々、社会にとって正しいのかのチェックである（R / right　でもよい/ DESRC法/ Rはrghtˋ）。

　営業/仕事や社会活動における考え方として、何事も2者だけで決めてはいけない。実社会ではとんでもない方向へ行く場合がある。第三者への影響を配慮する必要がある。　(P 109③参照「三方よし」近江商人の活動/経営理念)

（ⅴ）事例4：表現の仕方（言い方）による相手の受け取り方は大きく違う。直接的にはアサーションに関係していないが、表現の仕方により相手の受け取り方（理解）/印象は大きく変わる。　例えば性格についての表現で左の言葉を右のように表現する。どちらもその人についての表現である。

・優柔不断　：慎重な性格、よく考える、相手の立場や気持ちを考える
・強引　　　：行動力・実行力がある、先頭に立って進む
・理屈っぽい：論理的に考える、筋道を立てて考え行動する

| 9 | コミュニケーション雑感 |

コミュニケーションは非常に重要な事項である。しかしコミュニケーションは目的ではなく、方法/手段である。最初（P12～）に述べたコミュニケーション以外の4項目を繋ぐための重要な媒体（手段/方法）の一つである。　コミュニケーションを苦手としている人が増加しているという。　早急に改善する妙案があるわけではないが、次項を地道に実行していく事が必要である。　①本来の目的/基本をしっかり認識する　②行動 即ち自分から話していく　③そのためには常に何事にも関心を持つ（話題、情報、知識等を身につける）④人間の心理を理解/認識する　これ等に努めていく事である。


# 7．上司、指導者、カウンセラー等と
## 部下、来訪者との関係
### （P29 リーダーについての項を参照）

## （1）会話時の留意事項

## （i）傾聴を心掛けると共に心/気持ちを引き出す

　心掛ける事項として、再度記すが相手が何を言っているかではなく何を言いたいかを理解するように努める。　そして人の心理としては責められたり、意見を言われたり（聞いたり）、新しい提案があると防衛機制（＊）が働く。　現状を維持/優先したいと考えて、先ず NO. という答を探すようになる。　多くの場合人は目の前の（表面的な）事を考え、現状に拘る傾向がある。本質/本当にどうなのか（本当に良い事なのか、悪いのか）を考えづらく、人は自分を納得させる理由があれば安心する。まずい事があって責めても人は変わらない。　上司は指示の前に先ず聴く、聴く姿勢が大切である。どう考えているのか、考え、意見（提案）、気持ち等を引き出すようにする事が必要である。
（＊）防衛機制：P62、P141 参照

71

多くの場合、自分の欠点/短所/劣っている点や解決策について本人は心の奥で何となく知って（感じて）いる。でも多くの場合気づいていない（顕在化していない）。それには指摘するよりも、先ず長所は話して、良く聴いて（傾聴して）会話の中で気づかせる、自分から言わせる、部下が提案するようにする。(P134〜参照)
例えば、協調性が不足している部下との会話の場合、

上司「この間の○○はよかったね。大きな成果が出て□□長も感心していたし喜んでいたよ。あの頑張りや君の力が今後もっと発揮できるとよいね。そのためには今後君にはどんなことが必要だろうか、何か自分に欠けていることはないだろうか。」

部下「評価していただいて有り難うございます。私の欠けていることは……そうですね、……　自分ひとりで出きる事には限度があるし、皆んなにも手伝ってもらえるようにすることでしょうか。自分のやり方だけでなく、人の意見も取り入れてやっていく事でしょうか。協調性が不足している事なのでしょうね。」

● よく言われている事だが、困った時や悩んでいる時の答えも自分の中にあると言われている。心の中にあるものを引き出してあげることが必要。（カウンセリングやコーチングにおいてよく言われている事項である）
例えば反対されたり、苦情を言われたりした時は、先ず相手の思いに耳を傾ける、感情的にならないようにして、言葉を選ぶのが大切である。
「では、どうしたらいいのだろう。　何か良いアイディアはないかな」、
「ここが判らないのだけれど…」

　日本でも上述の自分の中に“答（応え）がある”という事を内村鑑三も感じていた。　本当に見つけなければならない答は人からもらうのではなく自分の中にすでにある」(内村鑑三/若松英輔著)。　また内村は答（応え）は自分の中にあるという同様の事を西郷隆盛も心得ていたと言っている。

（ⅱ）教育/教えることも必要　〜「人を見て法を説け」〜

　一般常識欠如の人に対しては無論　教えたり、注意したり、指示したりする事は場合により必要である。

・法/規則/ルール、約束事や時間を守る事、常識的な事（会議等での席次/座り方なども含めて）や不適切な言葉遣い、行動　などに対して、

上司「今度君に○○のプロジェクトの責任者になってもらうよ」に対し、
部下「役不足ですが、頑張ります」　VS　「…力不足ですが、…」

上司に部下が「ご苦労様でした」　　　VS　「お疲れ様でした」

（iii）観察をする事の効果

　学ぶ教材は身近なところにあるので、人をよく観察する事を部下/人々に奨励する。例えば、挨拶の仕方、電話の応対の仕方などをはじめ、顧客との応対の仕方、コンピテンシー（＊）などを観察して学ぶ事である。前述のコミュニケーションにおいても五感を使っての観察する事は大切である。このコミュニケーションでは聴くと語る（話す）の間にはこの観察が入る。そして一般に自分の事は判らないが、相手（他人）をよく観察し（見）て、相手については心掛け次第で案外判る（理解/認識する）。
（＊）コンピテンシーは行動特性を意味する。例えば成果をあげる人の行動や会話などの特性等（P162 参照）

（iv）話の仕方

　基本的には判りやすい言葉で、要領よく相手が知らないことを説明（伝える、指示）する。結論、意図が早く判るように、くどくどと話さない。話の仕方として次項を心掛けておくとよい。
①接穂ツギホを上手く使う（話の初めや途切れた時、話題を変える時等に話をつなぐキッカケの話を先ずする）
②目的、意向、結論等を先ず話す
③事情（全体）、背景、理由等を話す
④全体の中での位置づけを話す、確認する

（v）相談を受けた時の心得

　相手が言っている事をそのまま受けとめて良いか。相手の考え/本意は何か、どのような気持ちで言っているのか、抜けている（言っていない）情報はないか。等々を察知しなければならない。即ちきちんと言語化されているかどうかをよく考えなければならない（気づかなければならない）。事例で考慮すべき視点について述べる。

事例：「転職したい、会社を辞めたい。この会社は自分が考えていたのと違うし、ここでは自己実現ができない。」と言われた。　どう対応するかの視点を述べる。（会社の状況、本人の状況にも影響されるが、本来の人間として対応する時の視点例）… … 別頁（P143,144）の対話事例も参照

・考え/本心（本意）はどうなのか。原因は何か。抱えている課題・問題は何か。仕事内容、仕事の進め方や方針、人間関係（上司、関係者等）、環境、将来への展望、勤務条件、考え方（本人、関係者、会社）、現状の不満等。具体例はどうなのか。

・思い違いはないか。原因は自分にないか。そのような考えに至った経緯はどうなのか。

・上述の事項は何時頃から、どんなきっかけからか。

・本当に（十分に）具体的に考えて準備、将来計画はできているのか。

・仕事、組織（会社等）以外に関連していないか（例えば家庭事情や個人の特殊事情/組織外での人間関係等。さらには経済事情等）。

・自分の考えていたのと違うとか、自己実現とはどういう事を意味しているか、どう感じているのか。　違うというのは、自分が持っている基準、準拠枠、自己概念、価値観と現状との違いであるが、この基準等の妥当性はどうなのか。振り返り（再考）、見直しが必要である。

・本人の気持ち、体調/健康状況、メンタルヘルスはどうか　等。

（vi）報・連・相　vs　聴・情・考

　部下は上司に適宜　ホウレンソウ/「報・連・相」（報は報告、連は連絡、相は相談）を心掛けなければならない（よく言われている言葉である）。一方上司はこの「報・連・相」に対してきちんと対応しなければならない。

即ち"報"に対してきちんと<u>聴</u>いて（傾聴し）対応しているか、何となくキクとか、何かをしながらキイたりしていないか。　"連"に対して自分が持っている<u>情</u>報を提供しているか（上司は通常多方面での知見を所有している。提供すべき情報を与えているか）。"相"に対して一緒に<u>考</u>えているか。　言い換えれば、上司は聴・情・考をしているかである。これらもコミュニケーションには同じ様に重要であり、部下のモチベーションに大きく影響する事項である。　報・連・相　だけでは一方的で方手落ちである。

●（再度記述するが）大切な事は、報・連・相が自然になされる風土、雰囲気、環境/人間関係をリーダー/上司がつくっていく/整える事である。

（vii）きく時の留意点

　報告に対して留意すべき事項は　①事実の報告か、　②報告者の考え、意見/推論/推察が入っているかどうか、　③評価や判断が入っているか、　④興味/関心事として言っているのか等を意識しておかなければならない（混ざっている場合もある）。　さらに　⑤相手が述べているのは"事柄や状況なのか"それとも"心の中の事（感情や考え等）"なのかを意識する事が必要である。　これらにより対応/反応は当然変わってくるし、疎かにする（間違える）と誤解、問題が生じる。即ち課題の分離、課題の理解である。

（viii）対応するには　～キク/質問とコタエル（応え vs 答え）

　キカレたら/質問されたら、コタエル。キクは3種類（P134参照）あるが、コタエルにも　①答える　と　②応える　の2種類がある。キクの聴くに"心"が

入っているように、応えるには"心"が入っている。　応える　ためには言葉だけでなく、行動を伴ったものである。それ故②の応える　ように心がけねばならない。　昔の人が当たり前と思っていたことを現在は気がついていない事が多々ある事を認識しておく必要がある。

## （2）　評価時の留意事項

## （i）人を評価する時の戒め

　人を評価する時はその人の一部をみて全体を判断（評価）しない。これはハロー効果にならないようという事であり、心掛ける必要がある。ハロー効果は一部（何か）が非常に良い、優れた（悪い、劣っている）面、良い（悪い）実績・結果があるとそれに引きずられて、全てが優れている（劣っている）と評価すること。一部だけをみて評価してはいけない。

・良い/適切な行動、成功に対しては"当たり前の事"としての評価をするのではなく、タイミングよくプラスの評価をする（良かったね、私も嬉しいよ　など）。またアイコンタクトも含めたり、人づてに伝わるようにもする。　但しよくない事や直したらよい事等は直接本人と話し合う事。人づてだと本意が伝わらない、しばしば誤解の原因になる。

・最近は評価を数値化しようと努力がなされているが、全体をみての（主観的な）評価も必要である。この場合の評価での視点は"将来への波及効果"がどうかである。（野依良治博士　平成26.2.1名古屋での講演）

（ii）参考：前述のハロー効果は人事評価においてよく言われている語句だが、さらに人物を見る時の注意事項として、人事評価において戒めるハロー効果以外の代表的な他の語句に次項等がある。

・寛大化（厳格化）傾向：実際より上位（下位）の段階の評価をつける。アマイ（カライ）評価をつける。

・中心化傾向：傾向として極端な評価を避けようとして多くを普通に集中するような評価をする。

・対比傾向　：自分を基準に（自分と比較）して優れているとか、劣っていると評価し実際より上or下のレベルに入れる。

## （3）対応の仕方の例

　「どのような人財（材）を求めるか」の問に対して、多くの人の答えは、「行動する人」と言う。　そのためには具体的にどうするか（その対応は）、

相手（部下）が（叱咤激励/ 指示命令で）「しなければならない」という
思考をするのではなく、「…したい」の気持ちになるように、自主性が出
るように（ … したい気持ち―― 考える―― 行動する）。

相手が納得してない時/不満を持っていれば、どうすれば良いかだが、この
場合は具体的な"提案"にするのはどうか。
次のような会話例：　（上司の対応/話/意見 例）
部下の意見；「そのような〇〇は意味がないのでは、非生産的だし。」

　上司の対応/問い；「どのようなところが非生産的なのかな。そうしたらど
　　うしたら良いかの案はないだろうか、提案してくれないだろうか。」


## （4）きき方が信頼関係を築く第一歩

### （i）先ず最初に

　信頼関係を築くには双方の安心感、納得感が基本となる。そのためには
誠実さで相手に接し、心が通じるように、相手の立場になって"きく"、
接する事である。　　別項で述べてあるように、このきくの漢字には３種類
ある（①聴く、②聞く、③訊く）。このうち"聴く"に心がけるように努
める必要がある。しかし多くの人は自分が話すのは得意でも、聴くのは非
常に難しくて、所謂 傾聴を苦手としている。そのために色々振り返ってみ
る事が必要である。　（P134,5、137 参照）

・色々話して具体的になったら、今度はまとめて抽象的な言葉にしてみる。
　　　　　　　　　　　　　　　…そうする事により整理される

・相手が苛立ったり、不安がったり、悩んでいたり、のってこなかったり
　した時等の対応を考える。

・心からしっかりと聴いている事が相手に判る/伝わるように"うなずいた
　り"（ええ、ああそうね、はいはい等）、相手が言った同じ言葉を繰返
　す、同感の意を表明する。それから相手が言った事の内容を要約したり、
　明確化する。 激励、頑張れよ、どうしたんだ、しっかりしろ等は初めに
　言わない。 どうしても言う必要があれば接穂をつけて後で言う方が良い。
　意思疎通（コミュニケーション）をはかるのは言葉（言語）だけでなく
　非言語（目、表情、体の動き、態度等）も重要である事の認識が必要で
　ある。言葉は必要条件だが、それだけでは十分条件とはならない。

・相手に言った事、怒鳴った事を自分に言ってみる。…別の側から見る
　（心理学での空の椅子/エンプティーチェアに類した事柄で、心の状態を
　そこに置き、そこにいると仮定して相手の気持ちになって話しかける。）

事例　（相手が言った事を繰り返す）

　部下：あそこの会社の人とは話しにくいのです。
　上司；；あそこの会社の人は話しにくいよね。（又はそうだよね。等）

　部下：あの会社を訪問するのは嫌なんです。
　上司；嫌なんだね。　（又はそうなんだよね。等）

　部下：最近　上手くいかず疲れているんです。
　上司；疲れているんだね。

・相槌ｱｲﾂﾁの大切さ　…きいてくれていると感じる。相槌で話す
　　　　　気にさせる。

・感じた事、気持ちを言葉にして話す/ 伝える。

・褒める時、

　　　①「あなたは〇〇だ。」（一種の評価になる）
　　　〇〇の言葉例として優秀だね。よくやったね。よかったね。等

　　　②「私は〇〇だ。」（自分の気持ち、感じた事を述べる）
　　　〇〇の言葉例として私は嬉しいよ。信頼していたよ。発表を安
　　　心して見て（聞いて）いたよ。等

　　②のように自分（私）が感じた事や気持ちを述べる表現にするの
　　がよい。相手の反応が違ってくる。それから（その後）①に関連
　　した事を述べるようにする。　先ずは ②に重点を置くように心掛
　　けるのがよく、必要に応じて①のような述べ方をする。

（ⅱ）相手への配慮

　人はプライドを持っている。これを傷つけられる事を一番嫌う。　苦情
を言う時は、事実に対して言う。人に対して言わない。

（ⅲ）先入観を持たない、思い込みに注意、自分の経験を押し付けない

　自分の経験から先入観を持ちがちだが、その先入観、思い込みはあてに
ならない。経験や学習などを積み重ねてくると自分の価値観ができてきて、
何かの局面/現象/事態にあうと、それが先入観となり、さらにはそれが固
定観念になる。だがその先入観/価値観/固定概念だけで判断してはいけな
い。　経験は非常に貴重で価値のあるものである。しかし取り巻く環境が
変わり、人が変わればその価値は変わってくる。

77

> 先入観、思い込み
> はあてにならない

事例1：自分の経験だけから人を判断すると、

　　自分は広範囲の業務（技術、生産管理、営業、主管者業務）を長年経験しているので、就職支援等で、ある程度話をし、聞くとこの人は大体こんな人 だと推測する（頭の中で位置づける）。

　　就職支援において、その人の経歴からこの人は早く就職するだろう、この人はなかなか就職できないだろうと頭に描く。しかししばしば予想は外れる。 この人なら早く就職するだろうと思っていた人が なかなか就職できない。逆にこの人の就職は難しいだろう、苦労するだろうと初めに感じた人が案外早く就職できたりもする。

　　自分の過去の経験だけから判断した事がしばしば狂う。思い込みというものはなかなか当たらない（あてにならない）。 見方を変えれば、これは人生で面白い事柄でもある。要するに過去の一端を聞いたり見たり経験したりの断片的な情報だけでは判らない。
人の気持ち/こころの状況というものは他の人にはなかなか判らないという事を認識する必要がある。


事例2 ：世の中には思い込みによる失敗事例は多数ある。記憶に残る事例として、20数年前の松本サリン事件の捜査がある。第一発見者のK氏を状況からみて犯人だと思い込み、本来被害者であるK氏一家を大変苦しめた。捜査当局だけでなく、マスコミも新たな加害者となった。
思い込み、先入観を戒めるのは一般の仕事時だけでなくあらゆる分野で言えることである。

事例3 ：研究の場においても先入観についての教訓がある。
アレクサンダー・フレミング（英 細菌学者、ペニシリン発見者）の言葉。
研究中にシャーレの中に青かびが繁殖しているのに気がついた。普通の場合だと（先入観として）、別の菌が混じったとしてシャーレを洗浄する所である。先入観を持たずに観察して、他の人が気づかない重要な事態/現象に気づき、顕微鏡をみて大発見に繋がった。

# 8. 別の観点から、職場つくりの注目したい5項目

逞しく明るい活力のある職場つくりのために今まで1項で述べた5つの要素を整える事だが、別の観点からまとめた（整理した）次の5項目も注視する必要がある。

① 環境は整っているか ： 明るい雰囲気と共に緊張感があるか、意見を言える（発言できる）雰囲気か

② 良好な人間関係になっているか ：人の話を十分聴いているか、信頼関係/意思疎通はできているか、コミュニケーションは良好か、人間味はあるか/人間性を尊重する（人を大切にする/個人としても成長できる）

③ 個々人に意欲があるか ： 人々のモチベーション、リーダーシップの状況はどうか、自主的/主体的に動くか、向上（学習）意欲はあるか

④ 三方よし（P109参照）の考え/精神が職場の人々にあるか（自分の事だけを考えない）

⑤ 不易流行、守破離（P108参照）を認識・理解し心得ているか

# Ⅱ. 働くこと、仕事について

働くことに人はどんな魅力を感じるか

仕事についての考え方

必要な能力

人財、人の育成

仕事/人生における心得等

# １．仕事についての考え方

## （１）働く事に人はどんな魅力を感じるのか

### 〜なぜ仕事をするか、なぜ働くか。その目的は 〜

　この命題に対しての答えは色々な表現でなされてるいるが、整理し分類して示す。よく認識し意識する必要がある。　大きく分けると外的要因（客観的要因）と内的要因（主観的要因）になる。その内容の意義は何を主体に考えるかであり、その人の状況（段階）によっても変わってくるが、後述しているようにバランスの取れた考えが大切である。
なお、人間関係の項でも漢字はよくできていると述べたが "働く" と言う字をみると、人が動くと書く。働くためには手足をはじめとした身体は無論のこと目、口そして頭も心も動かさなければならない事を示している。

●外的要因（客観的要因）：生計の維持/経済面等（お金、地位・昇進等）
　**（ⅰ）　経済面、地位・昇進面に関連して；**
　①：収入/お金を得る、自分や家族の生活のため/生きるため、より良い生活をするため。　組織での地位確保、昇進、名誉のため。

●内的要因（主観的要因）：精神面（心、気持ち）/社会面
　**（ⅱ）　自己面に関連して；**
　②：　自己実現、自分の考えや目標や夢を実現するため。幸せになるため。
　③：　職場/仕事は学ぶ場/機会でもあり、仕事を通じて常に刺激を受け自己を人として成長させたいため。　仕事/働くのが好きだから。
　④：　自分の人生のため、**生きがい**のため、やりがい/やったという喜び/感激を感じたい、"有り難う" の言葉を聞きたい/感謝されたい。
　この生きがいは "生きる喜び" である。

　**（ⅲ）　社会面に関連して；**
　⑤：　社会の中で居場所が欲しい（社会と "つながり" を持ち、社会の中で/一員として存在を認められ、自分も存在を認識すると共に社会からも承認されたい。安心感となる）。
　⑥：　人としての使命・役割（仕事や活動で社会・人に役に立つ/貢献するため。人に喜んでもらいたいため。少し硬い表現だが、天命を感じて素直に使命を果す）。
　（ⅱ、ⅲは相互に関係している）

ⅱ、ⅲ に比しⅰの意識が余りにも強いと心は寂しく将来への期待、満足は乏しくなる。自分の価値をお金だけに換算すべきでない。仕事自体に喜びを感じる事が出来ないようだとむなしい人生となる。人夫々にとって ⅰ、ⅱ、ⅲのバランスが必要である。　そしてⅱ、ⅲを維持・継続するためには別項で述べた心地よい人間関係の構築が重要である。

前述の"生きがい"とは人のため、世の中のためにする事を続けているうちに生きがいが生まれてくる。　なおこの「働く事に人はどんな魅力を感じるのか」が当然の事ながら別項で述べたモチベーション/動機づけに大きく関係している。

　注意しなければいけない事は自己実現（上述の②）を目指す考えである。下手をすると利己実現を目指すように化ける危険性がある。自己実現を目的とするだけでは物足りない。　特に若年者に対し注意しなければならない。自己実現という言葉を誤解して努力せずに不満を持ち放棄する可能性があるためである。　（マズローの人間欲求段階P169〜を参照。最後の段階「自己超越」を目指す事であって欲しい。）

　日本（東洋）での働く意義については昔から人間としての使命である、天命であるとの考えがある。　往々にして外国 特に米国ではお金のため、年収を増やすために一所懸命に働く考えが強い人が多いとも聞く。　でもドラッカーは著書マネージメントで企業/会社の社会への貢献の重要性を説いているし、働く人のそこへの役割、使命をも説いている。

　表題の「働く事にどんな魅力を感じるか、何故働くか」 は上述の通りだが、逆に仕事/企業/組織側から見ると、仕事を通して働く人々を生かす（意義/生きがいを感じさせるようにする）事が使命/役割という事である。同様の事をドラッガーも述べている。
これまで述べた事を勘案し別の観点から表現すると、仕事に従事する事は「営業とか製造とかサービスとか…等の仕事を選ぶのではなく、人生において営業とか製造とかサービスとか…という生き方を歩むという事である」 という考え、気持ちを持つ事だと思う。

なお当然の事だがここで述べた働く事/仕事は企業や組織に関与してだけの人生の意味ではなく、何らかの形で社会に関与する人生も含んでいる。


## （2）　働く意義を別の面から考える（別の役割）
### 〜世間で色々言われている事…そして心に留めたい事 〜

　仕事/職業/働くという事は人生の大きな役割の一つである。単なる生活のためでなく、人は仕事を通じて学び育ち成長する、自己概念も形成されていく。それ故仕事は学ぶ場/機会でもある。そして誇りともなり自尊心を育むし、自分自身の尊厳の元となるものである。
働く意義について以前から多くの方が色々述べられている。

・「働くことが人間性を深め、人格を高める。働くことは人間を磨くこと、
　魂を磨くことだ」　　　　　　　　　　　稲盛和夫（京セラ名誉会長）

・「…仕事は世のため人のため…」　　　　松永安左エ門（通称　電力王）

・内村鑑三は次のように言っている/ 若松英輔　「…必ずしも金銭を手に入れる事ではなく、それは何らかの意味において人と人、人と時代、人と自然、人と歴史をつなぐ働きの事である」、また「働く事は生活を成り立たせるだけでなく、生きる意味を感じ、それを日々新たにする営みに他ならない」

・人生を幸せに生きるという事は働く事に繋がっている。そこで幸せに働く事が必要であり、その事が幸せに生きる事になる。働く事は喜びや自己実現に繋がっていく。それは人々に繋がっていくからである、仕事、働く事、経験を通して仕事の意味・意義を知る（理解する）。

・仕事は自己の能力を伸ばし成長させる。そして人々、社会にも貢献し幸せをもたらすものである。

・仕事/職業といえるのは、①収入を得て生計をたてる　②継続性がある　③反社会的ことに関係していない　の３項目を満たす概念と考えられる。

・経験（行動でもある）は重要である。しかし経験だけでは伸びない、大きくなれない。理論（学習）との調和の中で生きてくる。仕事における経験と理論（学習）のバランス、そして考えることが重要である。

（参照）「学びて思わざればすなわちくらし、思いて学ばざればすなわちあやうし。　学而不思則罔、思而不学則殆　」（論語）
〔学ぶ（読書など）だけで考えることをしなければ道理は判らないし身につかない。また考えるだけで学習（読書など）しなければ、独断的になり危険である。〕

---

10　　　　　　　情けは人の為ならず

　「情けは人の為ならず」という言葉がある（人に情けをかける事はその人のためになるだけでなく、まわり巡って自分のためになる　の意味）。　「情け」を「思いやり」や「働く事（…会社の…）」に置き換えると良い。（人に思いやりを持って接したり、人・社会・企業のために働く事は人・社会・企業のためになるだけでなく、巡って自分のためになる）。
松下幸之助の言葉に"たらいの水の法則"がある。「たらいの水を手で引き寄せると水は向こう（反対側）へ行く。逆に向こうへおすと水は自分の方へかえってくる」

（続き）　　　　情けは人の為ならず

先ず相手への思いを持ち行動すると自分の方へ返ってくる。即ち先ず相手・お客の立場に立ってせよという事である。前述の事項に通じる。

　実語教（P25 参照）にも同様の主旨の言葉（既述）がある。「己が身を達せんと欲する者は　先ず他人を達せしめよ」、「我他人を敬えば　他人また我を敬う」。（自分が立派になりたければ、先ず他人/相手がそうなるようにしてあげる）

　後述の人間欲求の段階の項（P169〜）で記述した「自己超越」にも関連する事柄は仏教の教えにある　「忘己利他モウコリタ/　最澄」。他者の幸せを願う利他の心を持つ事は自分の人生を豊かにし、幸せに恵まれる事をいう。　即ち　自分だけがよければ良いという利己の心から離れて利他の心になれば、まわりまわって自己/自分の幸せに繋がって来るという事である。「情けは人の為ならず」に通じている。


## （3）働く意義とその大切さ

### （ⅰ）非正規社員に関連して

　最近 非正規社員の割合が残念ながら非常に高くなり 40%近い状態になっている。20,30 年位前は確か 15〜20%位だったように思う。非正規労働が全てよくないという事ではないが、問題はその程度/割合である。増加してきている理由をグローバル化のためであるとするのでは寂しい。

　特に若年者の場合、非正規社員が不利な点として ①給与が少ない、生涯の収入が正社員に比し非常に少なくなる　②雇用が不安定、いつ失職するか判らない　③キャリアの蓄積ができない、スキルレベルが上がらないと通常言われている。　　これは事実であるが、もっと大切な事は ④精神多感な、何に対しても吸収力がある時期に仕事を通じて十分学べない、十分な指導を受ける事が出来ない、生きがいを見出せない、心に栄養がいきわたらない、人間としての成長ができない、将来展望が描けない事等がもっと大きな問題である。　　生涯賃金の事がよく言われるが、視点としてお金より大切な事の認識が不足していないだろうか（特に④項の重要性）。

## 11　人が育つ/人を育てる

　人々、組織体/企業、社会は仕事を通じて人は磨かれるし成長する事を十分認識し人を育てなければならない。さもなくば人財とはならない。人を育てる、人が育つという事をよく理解する（哲学を持つ）必要があり、将来の事を考えると適切な施策が必要である。しかし現状ではグローバル化という理由付けをして非正規労働者の割合が増え続けている（将来が心配である）。
人が仕事をするとは責任を持つ事、やり遂げないといけないという覚悟を持つ事という認識が必要である（木村孝 致知 26.10）。そして本人がやりがいを感じ、成長する事である。人が育つ/育てる社会でなければいけないのに非正規労働者が 40%程に増加してきているのは、人間は進歩しているように見えるが実際は退化/劣化してきている面もあるのではないか。

（ⅱ）専門、プロについて

　専門の知識は見方を変えれば、それは限定的で断片的なものであり、それだけでは役に立たない場合がある。この知識は人々が持っている知識、考え、気持ち、心と結びつく事によって役に立つ価値あるものになる。社会に根づかなけれ（活用されなけれ）ば価値は大幅に減少する。
そのためには前章で述べた人間関係、コミュニケーション、モチベーションや人々への配慮等が必要である。そしてプロ/プロフェッショナルは現在持っている知識、経験だけに頼る事なく、常に変化していく環境/将来に向け絶えず挑戦していく必要がある。

（4）人が辞めたくなる時

　人が辞めたくなる（転職したくなる）のは、働く事にどんな魅力を感じるかの項（Ⅱ‐1. P81）で述べた事の逆やメンタルヘルス予防の項（Ⅳ‐1. P191）で述べた事の逆の場合であるが、別の観点で再度整理するとその理由（原因）となるのは次の6項目である。
① 職場での人間関係（上司や周りの人と心が通じ合わない、相互理解ができていない等。所謂 パワハラ、セクハラ等も含めて）
② 生きがい、やりがいを感じない、貢献できている実感が持てない、意義がわからない、価値観等に大きな不一致がある。もうここでは自分のさらなる成長に繋がらないと感じたり、自尊心が傷つけられていると感じる。

③ 処遇、評価についてどうしても納得できない
④ 過重な長労働時間が続き意義を感じられない、健康上不安を感じる
⑤ 将来展望が持てない（①～④の改善、緩和される見通しがたたない、長時間労働があってもその期限が判らない。今後の人生について見直したい）
⑥ 個人的な要因：（a）意欲、前向きな取り組み姿勢、努力、継続しようとする力/忍耐力、ポジティブな思考ができない等　（b）自分には別の考えがある。例えば独立したい考えがある。　（c）何となく不満を感じている

上述の①～⑥の一つ場合もあるし、複数の場合もある。逆にいくつかがが満たされたら退職に至らない場合がある。　企業/組織側は貴重な人財（材）を失わないためには職場 特に上司は心に強く認識する必要がある。　ラインの責任/使命は大きい。
この①～⑤は職場/組織（会社）、環境に関連している要因が大きいが、個人要因⑥も関連している場合もある。　個々の状況により異なるが、①～⑥を上司/ライン/管理者と本人（当人）は常に意識しておく必要がある。


## （5）仕事をしたい、継続したい思い（人ザイを活かす）

　上述事項の逆である。生きがい、やりがいを感じる仕事/業務であり、人のため、社会/会社/組織のために役立っていると感じている時である。

　継続して仕事をしたい職場は次のような職場である。
Ⅰ章で述べた５項目（モチベーション、自主性/主体性、人間関係、リーダーシップ、コミュニケーション）を満たした職場だが、別の視点で述べると自分の仕事について、　①仕事に多様性があり自分が選択できる余地がある。　②自分の位置づけが理解できている（全体/全体像が判る/認識、関与できる）。　③仕事の重要性を認識でき、有意義であると感じられる事、目的が理解でき自分が役に立っているという感覚と共に自分が成長できるという感覚が持てる。　④自律/自立性があり（主体性を発揮できる）、裁量や工夫の余地がある。　⑤フィードバックがなされている。　即ち結果、成果、反響が判り（知らされ、実感できる）、状況が認識できる、目標や将来への道筋が判る、正しく評価される事が認識できる。（ハックマン、オールダムの理論P51を参照/ベースにして）
これ等を満たした職場では人は育つ、意欲/やる気が出てくる、仕事を続けたいと願うようになる。　このような職場つくりに努めなければならない。企業、組織の上に立つ人の役目でもある。


## （6）仕事/働く事におけるメカニズム

　実際の仕事においてメカニズムなど考えずに自然に実施されるのが望ま

しいが、時には原点に返って意識し考え、振り返ってみるのも有用である。

　仕事をするという事は、ある状態A（例えば静止状態）から次の状態Bへ移る事（変わる事/変える事）である。しかしその間には何らかの判断と動き/行動/作用がある。そしてその判断に及ぶ伝達機能（要素）があり、判断の前には頭・心の中で諸々の伝達が行き来するわけである。　脳の3機能を付記しておく。

これ等の関連を図で示す。

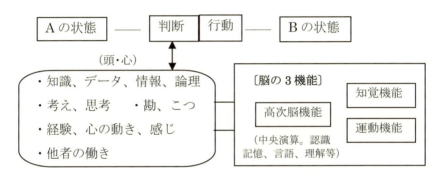

仕事の基本として、PDCAのサイクルをきちんと回す重要性が常に言われている。無論ここでもPDCAサイクルを回すと事である。

　　P/Plan;計画　　D/Do;実行・実施・行動　　C/Check;評価・点検・確認（S/Seeでもある/検証する・みる・振り返る）　　A/Action；改善・処置・対策


## （7）言葉/語句"仕事"周辺

　"仕事、働く"に近い（周辺、関連の）言葉に労働、業務、職業、職、職務、任務、生業、作業、…（専門職、適職、転職）…等がある。
英語にも多数の語句がある。（意味の違いはあるが）Job, Task, Work, Labor, Occupation, Business, Vocation, Calling, Profession, ……

狭義と広義の意味でのイメージとしての違いがあり、無意識に使い分けている。　語源、従来からの使われ方（慣習）や宗教に由来があったりもする。ここで整理/分類をしてみる、
狭義：仕事　Job, Task, Occupation
広義：労働　Work, Labor
Work の中には Job, Labor 等は含まれるし、ボランティア、文化・サークル活動や宗教活動なども含まれる。　これらの概念は後述（Ⅲ章）のキャリアの概念に関連してくるので認識しておきたい。

## 2．必要な能力とその構成

（1）人が社会で生きていくために必要な力… 人間力/生きる力

〔専門能力〕

・知識＆見識・理解力
・創造力　　・判断力
・秀でたもの・実力
・できる（技術がある）

〔基礎能力/学力〕

読む、書く、話す、計算、考え（哲学）を持つ、語学、IT スキル（パソコン）、一般知識、教養（読書等）コミュニケーション力等

〔人柄〕

人間関係、協調性、前向きチームワーク、プラス思考、聴く、明るい、　思いやり、誠実さ、　素直さ、　趣味等。色々な経験

基本

〔基本的な社会習慣、意欲、正しい生活習慣〕 基礎

| 考える力 | 志 | 実行力 | 倫理観 | 自己管理 |
|---|---|---|---|---|
| 洞察力 | 心、心意気 | 意欲、行動 | 正義感 | 健康管理 |
| 見識 | 感性/感受性 | 共同意識（チームワーク） | | |
| … | … | … | … | … |
| 向上心 学習 | 熱意 やる気 | 継続する力 | 公共心 | 自制心 |
| 自己研鑽 | 志気 積極性 | 努力 | 使命感 | 忍耐力 |
| 関心 | モチベーション | 責任感 | 他者への配慮 | 感受性 |

＊若年時、学生時に特に身につけるべき事項の説明（基礎/基本）

・自分で考える力：何が正しいか、真実は何か、本来どうあるべきか、論理的に正しいか、どうすればよいか、どういう意味か、何が重要かを見分ける力/思考力、判断力（情報収集なども含む）。 即ち課題/事態の本質、真実、善をみきわめる力を持つこと。

そのために重要な事は自分の考えを持つ、信条を持つ、哲学を持つ、そして創造する力、状況分析力、戦略を考える力がある事である。
昔から言われている事であるが、自分で考える事が重要である。
道元（13世紀、鎌倉時代の禅僧）が弟子に教えて欲しいと質問されて「教えてもよいが先ず自分で一所懸命真剣に考えよ」と言っている。

・洞察力 ：将来を見通す、将来どうなるか、将来の姿は、本質は 等を敏感に感じ取る力。判断力。正しいのか、正義か

・志 ：心に秘めた何かを/ 心にめざすものを持つ、思い/想い。社会、人々に役に立つ、貢献する。意欲

・感性を磨く：環境、世の中の諸事、人々、自然等の状況、動きや変化の兆し感じるこころ

・実行力 ：積極性、行動力（何事も実行しなければ意味がない）、継続力

・倫理観をきちんと持つ：社会正義、誠実性、正義感、責任感、法令遵守（コンプライアンス）

・共同意識 ：自分一人ではできない、チームワークの重要性の認識

・自己管理 ：心身ともに健康である事は無論の事、冷静に対応できる

● 留意事項：知識があるだけでは不十分で見識に発展させる必要がある。


（２）色々な機関が述べている社会において必要な能力

（ⅰ）人間力/生きる力：５つの力 （鳥取大学 教育グランドデザイン）

①実践力（行動力、経験力、リーダーシップ）
②知力（論理的分析力、総合的判断力、創造力、発想力）
③気力（バイタリティ、チャレンジ精神）
④体力（持続力、適応力、自己コントロール力）
⑤コミュニケーション力（共感的理解力、受容力、プレゼン力）

（ⅱ）「人間力」という言葉がしばしば言われている

簡単に言えば生きる力で自ら学び、自ら考え、行動し社会で正しく逞しく生きていくための力である。別の言い方をすれば自立/自律する/できる力/自立・自律して有意義に人生を歩んでいく力である（P119参照）。

・人間力について 〔内閣府の人間力戦略研究会 報告書（平成15年4月）、座長 東京大学大学院市川伸一教授 教育心理学〕；
「社会を構成し運営すると共に、自立した一人の人間として力強く生きていくための総合的力」

人間力を高めるためには、次の3要素を総合的にバランスよく高める事が肝要である。

①知的能力：基礎学力、専門的な知識・ノウハウ、論理的思考力、創造力

②社会・対人関係力：コミュニケーションスキル、リーダーシップ、公共心、規範意識、他者を尊重し切磋琢磨しながらお互いを高めあう力

③自己制御力：意欲、忍耐力、自分らしい生き方や成功を追求する力

## 12　人間力教育、キャリア教育と相応しい言葉

近年キャリア教育の必要性が色々述べられている。その意味について別項（P103,158～160）に記述してあるが、もう一つピンとこない人もいると思う。端的に言えば人間教育、人間力教育（人間力形成教育）に近いものでその主要な一部を占めているものと思っている。

人間力は生きる力であり、どのように生きるか、どのように有意義に少しでも満足できる人生を過ごすか、社会に如何に貢献するか、人生において人々に対してどのように思いやるか などである。　学校ではどのような社会人になるかや将来に向けての生き方を学ぶ教育である（職業についての考え方を含めて）。そして社会・組織では自律/自立して有益な人生を力強く生きていく力/心得である。
なお通常専門家等が言われているキャリア教育においては、自己中心の考えが少々強いような感じがする（自分の人生に視点がいき過ぎている）のが懸念事項で、別項（P170）で述べている自己超越の思いが不足気味の感がする。

何事も有効に効果を発揮するには、人々に理解され納得される事が大切である。それには相応しい**言葉**が必要である。
所謂 専門家といわれる人々が、近年は外国から新しいと思われる考え/思想/理論/言葉の導入において、安易に考えて（直訳的な）言葉にしていないだろうか。　今まで蓄積している知識・文化・智恵等との対比や融合/習合などの考え/配慮は十分なのかと思う。これらがないと自己満足になりやすく社会/人々への浸透/普及には難儀する。ここにおいては言葉が重要である。
その点 江戸末期から明治期に新しい考え/思想/言葉が入ってきた時に明治の人の苦労、努力、優秀性を感じている。

（ⅲ）　諸能力として 4 つの領域、8 つの能力（国立教育政策研究所）

| 4つの領域 | 8つの能力 | 説　　明 |
|---|---|---|
| **人間関係形成能力**<br><br>他者の個性を尊重し自己の個性を発揮しながら様々な人々とコミュニケーションを図り協力・共同してものごとに取組む | 自他の理解能力 | 自己理解を深め、他者の多様な個性を理解し互いに認め合う事を大切にして行動していく能力 |
| | コミュニケーション能力 | 多様な集団・組織の中でコミュニケーションや豊かな人間関係を築きながら自己の成長を果たしていく能力 |
| **情報活用能力**<br><br>学ぶ事・働く事の意義や役割及びその多様性を理解し幅広く情報を活用して自己の進路や行き方の選択に生かす | 情報収集・認識能力 | 進路や職業等に関する様々な情報を収集・探索すると共に必要な情報を選択・活用し自己の進路や行き方を考えていく能力 |
| | 職業理解能力 | 様々な体験等を通して学校で学ぶ事と社会・職業生活との関係やしなければならない事を理解していく能力 |
| **将来設計能力**<br><br>夢や希望を持って将来の行き方や生活を考え社会の現象を踏まえながら前向きに自己の将来を設計する | 役割把握・認識能力 | 生活・仕事上の多様な役割や意義及びその関連等を理解し自己の果たすべき役割等についての認識を深めていく能力 |
| | 計画実行能力 | 目標とすべき将来の生き方や進路を考えそれを実現するための進路計画を立て実際の選択行動等で実行していく能力 |
| **意思決定能力**<br><br>自らの意思と責任でよりよい選択・決定を行うと共にその課程での課題や葛藤に積極的に取組み克服する | 選択能力 | 様々な選択肢について比較検討したり葛藤を克服したりして主体的に判断し自らに相応しい選択・決定を行っていく能力 |
| | 課題解決能力 | 意思決定に伴う責任を受け入れ選択結果に適応すると共に希望する進路の実現に向け自ら課題を設定してその解決に取組む能力 |

（ⅳ）社会人基礎力（経済産業省「社会人基礎力に関する研究会」提唱）

　職場や地域社会で多用な人々と仕事をしていくために必要な基礎的な力として3つの能力、12の能力要素が言われている。

| 3 つ の 能 力 | 12 の 能力要素 |
|---|---|
| ① 前へ踏み出す力（アクション）<br>　〈失敗しても粘り強く取組む力〉 | ・主体的に　・働きかける力<br>・実行力 |
| ② 考え抜く力（シンキング）<br>　〈どうあるべきかを考える力、<br>　疑問を持ち考え抜く力 〉 | ・課題発見力・計画力<br>・創造力 |
| ③ チームで働く力（チームワーク）<br>　〈多様な人々と共に 目標に向け<br>て協力する力 〉 | ・発信力　　　・傾聴力<br>・柔軟性　　　・状況把握力<br>・規律性（社会ルールを守る）<br><br>・ストレスコントロール力 |

---

### 13　　　　　人と仕事のかかわり

　今まで述べてきた能力は、どちらかと云えば焦点を仕事においているように思われる。

人と仕事のかかわりについて日本と西洋・外国とでは考えに違いがある。

西洋・外国では"仕事に人をつける"、 日本では"人に仕事をつける"（田中博秀/労働省 労働研修所 1980年刊行現代雇用論）。

この事は仕事・働く事についての考え方、キャリアを集積していく考え方に違いが出てくる。　自ずと人の育成や必要とする能力の優先順序に違いが出てくるものと思われる。

　日本のキャリアの蓄積の仕方のよい事も忘れないようにする必要がある。

14 　　　つぶやき 〜大切なこと〜

　当然の事だが自分で考える力の重要性を認識しなければならない。この事は自主性/主体性にも繋がっていく事である。

　新人採用時に企業が求める基礎能力として、経済界の調査では（経団連、平成26年3月卒業者採用時）第1位はコミュンケーション能力、2位主体性、3位チャレンジ精神、4位協調性、5位誠実性、6位責任感、7位論理性．8位潜在的可能性（ポテンシャル）、9位リーダーシップ、10位柔軟性……であり、5位までをみると前年25年、次年27年も同項目、同順位であった。　何年もの間コミュニケーションが第1位である　。これらを念頭におき大学での指導が実施されていると聞く。

　若年者、企業、日本の将来にとってこれで良いのかと懸念する。コミュニケーションの重要性についてはⅠ－1及び6で述べたが、コミュニケーションは目的ではなく方法/手段である。人を採用する時の人物評価において何年も第1位と考えていてよいのか、ほかにも重要な項目があるのではないのか、これでは企業も大学も情けないし寂しい気がする。　重要なのは自分で考える力、感じる力/感性と行動だと思う。言うなれば自助力である。そして人々の支持・協力を得る“徳”を身に付けている事である。コミュニケーションもこの中に含まれている。さらに言えば、大学は人をどう育てるか、そして学生に大学では何を学ぶかを意識させる必要があると思う（Ⅱ－2　参照）。人間の特徴として、17世紀に仏の哲学者パスカルの「人間は考える葦だ」という有名な言葉がある。この時代より人間の劣化/退化が進まない事を願っている。


# 3．仕事についての考え方

## （1）働くにあたっての心がけ　〜3要素〜

　仕事においては下記の①、②、③が一致するのが望ましい、一致する（出来るだけ重なる）ように努力する必要がある。

①Must（仕事はしなければならない/ 会社、組織、社会が求める）

②Can　（できる事）…　（できなければ　…どうするか）

③Want（したい事）…　（したくなければ…どうするか）

- 出来るだけ重なるように。
- 上記の①、②、③が一致するのが望ましい、一致するように努力する。
- Want は Will でもある。

・Want（したい事、③）があまりにも前面に強調され（第1に考え）過ぎると重なるのが難しくなるので、先ずは自分ができる事（②）、しなければならない事（①）を行い、実績（実力）を蓄積する必要がある。 一方現実にはしたい仕事に就けない人は多数いる。この場合どうしたらよいか。…出来るように努力する/ 学習、訓練 等

（2）適職、天職とは

（ⅰ）どのようにして見つけるか

　適職と天職は似た面もあるが当然異なる。広辞苑には「天職」は天から命ぜられた職、その人の天性に最も合った職業（天性；天から受けた性質。生まれつきそなわっている性質）、「適職」はその人に適した職 と載っている。
通常の人にとって天職は遠く先の事のようで、先ずは一所懸命に打ち込むことで適性を意識するようになり、適職を意識し、適職だ、生きがいだと感じてその感じが継続されて、これ（この仕事/職業）しかないのだと信じることにより天職だと感じるものではなかろうか。 天職は最初から判るのではなく 後になって判るものである。

　繰り返しになるが、Must、Can、Want の3つが合致する事が適職だと思いがちだが、これが十分条件ではない。継続されねばならない。 多くの場合初めから適職/天職など見つけられない（見つける事が可能の人も少数はいるだろうけれど）。少しやってみるだけの好き嫌いで適職かどうかを判断してはいけないし、できない。 何事も先ず素直に受け入れる事が大切である。 そして努力し、続けて、苦労して、その結果としてその仕事に誇り、生きがいを持てるようになって、これが適職/天職なのだと 自分で気がつくものである。

　特に若年者（～学生）の場合はこの事をよく認識しておく必要がある。時には我慢をする必要もあるだろうけれど、継続し、一所懸命に頑張っているうちに愛着もわき、価値を感じていく。適職と感じるまでにはな

らなくてもそれに近い状態になるもので、継続は力なりという事である。無論 ベクトル/方向が一致していなければいけない。本人の特性と仕事の特性のベクトルが一致していないと継続する事はできない。
　絵が、音楽が好きだからと言ってそれを専攻した人が将来とも全員が絵描きとして、音楽家として生活しているわけではないのではなかろうか。

(ⅱ) 変化するのも自然

　　人の関心、興味は経験、環境等と共にしばしば変化する。経験を重ね、努力を継続する事により能力、スキルは広がり、伸び、深まっていく。それに伴い適職に関する考えは変わってくる場合もしばしばある。　経験を経て納得/満足を得た段階を振り返るとマズローの人の欲求段階説（Ⅲ-9 P169,170 参照）のどの段階にいるかを知り、次の欲求段階を目指すようになる。ここで適職についての考えが変わる場合もある。
適職の職業選択においては選ぶという事だけでなく、育てる考えを持つ事も重要である。でも育てやすい職業とそうでない職業があるので考えとしては選ぶ適職と育てる適職のバランスが大切である。　　　（川崎友嗣）

(ⅲ) 参考： キャリアに関してエドガーH.シャインは自己概念/自己理解への生き方の3つの問いを提唱している。（大久保幸夫 日本型キャリアデザインの方法。大学におけるキャリア教育のあり方、国立大学協会平成17年）

　　a) 何が得意か（能力・才能）、できることは何か（キャリア実績/職務特性/能力・専門性）
　　b) 何に意義を感じるか（社会に役に立っているか）、すべき事は何か（使命感/社会の期待/社会の課題）。関心、興味
　　c) 何をしたいか（動機、要求。価値観、心のうずき/ 夢/ 願い）

このa,b,cを図示すると次のようになる。

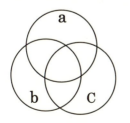

「出来るだけ重なるようになるのが望ましい。
このa.b.c.の3つが満たされているような仕事が適職である。」
とも言われているが、それだけだろうか。

　生きがい、歓びを感じこれだと思う仕事が適職/天職である。これを見つけるためには先ずは目の前の仕事に真剣に一生懸命に取り組み継続する事である。継続できなければ本来の意味の適職/天職ではない。前述の如く一所懸命頑張って続けているうちに気づく（見つける）のである。

95

## （3）仕事における5つの資源

　仕事における資源として 人、もの、資金（かね）としばしば/通常言われている。実際にはこれらに加えて情報と時間の5つである。これ等の資源をどのように活用するか常に考えておかなければならない。
これ等のうち一番重要なのは言うまでもなく"人"である。
松下幸之助は「事業は人なり」、後藤新平も「人が最も大切である」（高橋昭　名大名誉教授）と言っている。外国でもP.F.ドラッカーは「企業は人であり、…」と言っている。（別項/P99にも同様な事を記述した）　この人に関連してこれまで述べた諸事項の延長線上として人との縁エン、人のつながりは大切な資源である。このつながりは絆となり生き方を強くする。

## （4）仕事に対する感じ方/心がけ及び仕事観/人間観

### （ⅰ）感じ方/心がけ

　昔から言われている有名な言葉に「これを知る者はこれを好む者に如シかず。これを好む者はこれを楽しむ者に如かず。」（論語）がある。　この言葉を仕事に関連して述べると「知識があったり知っている人よりも自分の仕事を好きな人が良い仕事をする。この仕事を好きな人より仕事を楽しんでする人はもっと良い仕事をする。楽しんで仕事をするとは 生きがい、やりがいを感じる、人のため社会のためになると感じる事である。」と言う事である。　この事は別項〔Ⅲ-9 P169〜〕にも関係した感じ方である。

### （ⅱ）仕事観（感）/人間観

　日本人の仕事観/人間観は昔から引き継がれている。この事に関連し7世紀の聖徳太子の十七条憲法に記載されている和（1条）と勤勉（8条）の大切さは現在の人々の心の中に脈打っている。　そして江戸時代の石田梅岩バイガンの石門心学（明治初期まで盛ん）の教えは人の道を心（生き方）して大切にする事である。そこでは正直（信頼しうる）、勤労、倹約（ケチるのでなく省資源、省エネ）を主軸として人の平等、道徳を重んじた。そしてこれらを商人の生き方の原点とした（顧客志向）。この時代 自助の人生を歩むのを当たり前の事と考えた。　「三方よし」（P109参照）の精神に通じる。（外国の利益/損得第一主義が現在日本で幅をきかせているのは懸念事項である）　これ等に関連して思い出すのは平成23年発生の東日本大震災・津波時の人々に対する外国人の称賛がある。それは略奪等がなかった事もそうだが、支援の申し出に対して困っている人々が自分等よりももっと困り苦しみ支援が必要な人々がいるので、そちらを先に支援してあげてほしい。と言う人々がいた。　これらは上述事項が現在の人々の心に引き継がれている事の表れでもある。

# 4．仕事における心得 〜原点に返って〜

「働く事に人はどんな魅力を感じるのか 〜なぜ仕事をするか、な
ぜ働くのか。その目的は〜」の原点を考える。　（P81 参照）

　仕事とはどのような事なのかを考えると、世の中では、一つ一つは当た
り前の事、判りきった事の積み重ねである。この積み重ねによって価値の
ある事、素晴しい立派な事になる。
識者が述べている次のようないくつかの言葉を心したい。
外から見えるもの（仕事等も含め）は、表面的には見えないもの（人の働
き等も含めて）によって支えられている。見えないもの（仕事等）の価値
が大きく大切である事に気づく必要がある（米沢藩主の上杉鷹山が同様の
事を述べている）。　　またあたりまえの（平凡な）事をあたりまえにで
きる事が非凡である（元京大総長 平澤興）。　先ず目の前の事を確実に
しっかりやっていく事、行動が大切である。

① 「新聞や TV のニュースにならない事をしている人が社会をつくり、支
　 えている」　この事を認識しなけばならない。

　 《 SW（スイッチ）を ON にすれば電気がつく、水道はひねれば水が出る、
　 時間になれば電車が来る、店には商品がある 等々 》…見えない所で仕
　 事はなされていて、きちんとする人がいるから社会が成り立つ。

② 「凡事徹底」 ！　（鍵山秀三郎/致知出版 ）
　 大切な事は平凡な事を非凡に努める、当たり前のことを一生懸命/徹底
　 的に取組む。　例えば、規則正しい生活、明るく大きな声で自分から元
　 気よく挨拶する、時間は守る（余裕を持って）、言行一致、メモをとる、
　 何が正しいか/本来どうあるべきか考える、感謝の意を伝える等々。

③ 「積小為大セキショウイダイ」　　（二宮尊徳）
　 小を積み上げて大を為す。即ち世の中では小さな事をこつこつと積み上
　 げて大きな事、立派なことができる。小さな事を大切にしなければなら
　 ない。　小さな努力の積み重ねが大きな力/実力となる。
　 なお次ぎの言葉もある。
　 「積小致大」、「小事を軽んずなかれ」
　 これらの言葉に通じるような意味の語句/言葉が貞観政要ジョウガンセイヨ
　 ウ（7 世紀唐）にも書れている「大事は皆小事より起る」。

　 「針小棒大」 ：大げさに言う/ 針のような小さい事を棒の様に大き
　 く言う。という意味だが、成立ちの経緯は別として見方を変えれば（少
　 し不適切な言い方かもしれないが）、大きな事をなすには小さな事にも

注意を払わなければならない/ 小さな事をなすにも大きな努力がいると
も解釈できる。何事も見方を変えれば別の有益な教えとなる。

④「小事が大事を生む」
些細な事も疎かにしてはならない。この些細な事を感じる（気づく）事
が変化を生み大きな進歩に繋がり、大きな事をなしとげる事になる。

⑤ 西洋でも同様の趣旨の言葉がある。
「大人タイジンは小事ショウジを軽忽ケイコツせず」　自助論
（自助論；英人サミュエル・スマイルズ著、中村正直訳/邦著西国立志
編）　軽忽はケイコツまたはキョウコツでおろそか、軽視する、軽蔑の
意味。西洋でも東洋でも同じ様な気持、考えの言葉がある。

（ちょっと観点の違いはあるが）「今 目の前の仕事を一所懸命に勤める事
によって今より高い地位が与えられる。……」デール・カーネギー、「人
生で最も大切な事ははるか彼方にあるものを見ようとする事ではなく、
目の前にはっきり見えるものをきちんと実行することだ」トーマス・カ
ーライル（スコットランドの歴史家、評論家）/水野敬也、永沼直樹

# 5．人財（材）育成に関連して　～組織、上司の役割～

## （1）人財（材）育成での基本的なみかた

### （ⅰ）人ザイ育成

社会、企業、組織、団体、グループ等は人が動かすし、活性化し維持発
展させうるのは人である。また仕事/ビジネスを生み出し、社会を発展させ
る。人こそ最大の資産・財産である。　即ち人ザイは最も重要な財産であ
り人材ではなく人財である。人財育成は社会、企業、組織、リーダーの重
要な役割のひとつである。　人財育成という事は単に教える事ではなく、
自分で考え行動できるようにする（自助力を高める）事である。社会、企
業、組織、リーダーは部下を磨くと共に自分も磨く必要がある。　組織、
上司、キャリアカウンセラーなどの役割は人々、部下、相談への来方者、
クライアント等が自分自身についての気づき、組織や社会での自分の役割
についての気づきにより、その意義/意味を理解・認識して本人自身が積
極的に変化していくように支援していくことである。　即ち人を育成する、
人ザイ開発をする、能力開発をする事は非常に重要な事である。

なお人ザイには４種類あると言われている事も意識しておく必要がある。　即ち ①人財、 ②人材（普通の人）、 ③人在（いるだけの人）、④人罪（マイナスの人、給料泥棒）である。　当然 必要な人ザイで育成が目指すのは人財であり、人材等ではない。〔「Ⅰ－３リーダーシップ（上司）」、「Ⅰ－４自主性・自発的行動（部下）」及び「Ⅱ－２必要な能力とその構成」を参照〕

（ⅱ）人財育成の視点

　人財育成での視点には２つある。①組織〔企業〕側からと ②個人（従業員）側からの視点がある。　通常は①を考えがちだが、②の視点は重要である。業務に従事しながら経験を積み、学習し考えて成長していき有益な人生を歩む事である。個人の成長なくして人の育成とはならない。　キャリアデベロップメントの項（P153）で述べた視点と同様である。

〔参考〕人ザイ育成の英語/英字はいくつもあるが興味深い。
human resource development (HRD)　man power development
development of human resource　　nurturing of human
cultivation of human resource　　 man resource cultivation

（ⅲ）多くの人が述べている人ザイの大切さ
　人財の大切さは前述の通りだが、昔から多くの人が言っている。

　西郷隆盛が言っている言葉として「方法や制度について如何に論じようとも、それらを動かす人がいなければならない。先ず人だ。方法は次だ。人こそ宝」代表的日本人/内村鑑三/訳石井寛。

　徳川家康は、豊臣秀吉が所有している財宝について述べ 家臣にどのような財宝を所有しているかを問うた時、「…自分の財宝は家臣である。…」（即ち人財/材である）と答えた。

　武田信玄は 「人は城、人は石垣、人は堀、 情けは味方、仇は敵」と言っている。いくら強固なお城などの防御施設をつくっても人が一番大切である。誠実に情理を尽くし人に背くような事ではいけない、人の力や人の繋がりを大切にしなければいけないと言っている。

　ドラッカーも「組織は、明日のリーダーを内部から調達できなければならない。」と述べている（マネージメント/前述）。 またドラッカーは「企業は人であり…」、「人こそ財産である」、「仕事を通じて人を生かす」と言っている。さらに人と人の絆の大切さも述べている（日本の影響？）。

　松下幸之助は 商品を作る前に人をつくる、事業は人なり と言っている。また 旧財閥の住友の経営精神/理念の中でも伝統的に事業は人なりと言われているし、各企業で人財の大切さ、育成の大切さを強調している。

永守重信（日本電産㈱の創業者）は人を動かす人になれ、人の育成には手塩をかけよ。と言っている。

　社会で、組織で何かをするにあたって、古今東西で人の大切さを強調している。　別項でも述べた能力を身につけさすと共に人柄、人間的魅力等を磨く事が重要である。この事は人の育成〜教育は知識を与える（身につける）事ではないことを意味している。　コンピュータ・ITが発達した現在の仕事、職場でも必要な心得である。
組織にとって人が大切という事は当然の事だが、経営/組織は人を育てる事であり、育てなければならない事でもある。　最近は人の育成への力/エネルギー（投資）が減じていないか　懸念する（企業、国についても同様）。


## （2）原点に返って、教育の意味/意義とその重要性

　教育の重要性については誰もが認めるところだが、原点に戻って振り返ってみたい。そのためには言葉の意味と東西の著名人が述べている言葉をしっかりこころに留めたい。

### （i）原点に返って、教育の言葉の意味/意義

　教育と言う字は、「教」と「育」から成り立っており教え育てる事を意味している。<u>教</u>は先生、親、上司、指導者、社会/環境がおしえる（知識、経験、考え方、意欲付け/心構え等を示し伝える）事により学習者が学び、成長する事である。　<u>育</u>はそだてる事、成長を支援する事、そして本人が努力して育つ事を意味している。　気付かせ、心の中を掘り起こし、心に思いを生じさせ、考えさせ、動か（行動）させる。人間力（学）教育に通じる。　即ち　教育は単に知識を持たせるようにする事だけではなく、人々/学習者に生き方を考えさせ、人間力を高めて自立/自律して有意義に生きていけるように、そして社会に役立つような人に育つように支援する事である。最近は知識を与える事に重点をおき、"育"が不足していないか。なお本人自身が自己向上の意識を持って取組む/学習する事で教育の効果が上がるので、本人の意識の重要性は無論である。

### （ii）教育/学習の重要性

　福澤諭吉は　「天は人の上に人をつくらず、人の下に人をつくらず」と言った。そして続けて「しかし世間を見ると現実には賢い人、愚かな人がいる、貧富の差はある、貴賤の差がある…」と言い、このような格差はなぜか。「それは学習/教育の差による、学習/教育が大切である」　という主旨を述べている。　留意すべき言動である。

「あらゆる職業の中で教育という仕事ほど、その意義の重かつ大なるものはないとも言える」（森信三、「教授録」）、またＡアドラー（心理学者、精神科医）は「人類の未来は教師の手に握られている。教師のなしうる仕事は計り知れない」と述べている（人生の意味の心理学）。

教育は常に重要であり学校の教師のみならず、上に立つ人/ 仲間/職場/ 社会/ 家庭で行なわれる人々の大切な役目の一つである。

　故事/逸話「米百俵」がある。困窮した長岡藩に支藩の三根藩が米百俵を贈った。人々は配られると期待したが、それに対して長岡藩はこの米を売って将来のための教育資金にした。米は食べたら無くなるが、国が興るのも町が栄えるのも人による。それは教育によるのだ。

　同様の事は大昔から東洋で言われている。論語に次の言葉がある。人間は生まれた時点では大差ないが、その後の学習/教育によって差が生じてくる。教育が大切である　「性セイ、相ァい近し。習えば、相い遠し」（性相近也、習相遠也）。　人間は教育によって変わる。初めから将来が決まっている訳ではない。「教えありて類ルィなし」（有教無類）。

> ## 15　　　　　言葉（1）〜人ザイ〜
>
> 　昔から言葉は"言霊"、"名は体を表わす"と言われている。明治期には西洋の言葉/思想を上手く日本文字に表現した。一方現在普通に使われている言葉で意外に感じる言葉がある。
>
> 　最近は個人を尊重するとか、個性/個の価値観を重視するとよく言う（この事は大切である）。本文でも述べた事と重複するが人ザイは財産/宝であり人の育成が大切ある。しかし 何故"人材"と書くのであろうか。材料/もの扱いである。　"人財"と書くのが本来の主旨に合致するのではなかろうか（最近たまに人財の字も見るが）。　また以前はコスト計算において通常人件費は固定費であった。しかしこの頃はものつくり業だけでなくサービス業等で変動費扱いが多くなった。これはグローバル化に伴う合理化のために必要な事だと言われている。しかし"もの扱い"感が強くなったように感じるのだが。　もっと人を大切にする考え/ 扱いが出来ないだろうか。

（ⅲ）教育において忘れてはいけない事柄

　教育といえば知識教育を先ず頭に浮かべがちになるが、別項で述べた意

識教育、人間力教育が重要である。さらに自由―責任、権利―義務の夫々が常に対になっている事を忘れない教育である。特に若年者、幼年者に必要である。　さらによく言われている事として、樹木に例えた言葉がある。教育は木において、根をしっかり成長させると共に幹を大きくする事である。そうする事により枝は伸び、葉が茂り、花が咲きよい実が実る。


## （3）教育、研修、訓練、学ぶ事の分類

　組織の側から見ると教育、研修、訓練であり、個人の側から見ると学習、勉強である。これらの継続は間違いなく効果がある。人財（材）育成の基本は教育、学習、訓練、実務/経験、話/会話、読書等である。そしてどのような内容、目的なのかを認識/意識しておく事が望ましいので、視点（位置付け）を整理（分類）して下記に示した。

　これ等の中で見逃されがちになるのが意識教育（人間力育成/向上），自分に自らが与える教育と学習意欲/意識を持たせるようにする事（雰囲気つくり）の重要性である。　人の育成においては経験が非常に重要であるが、教育としてはどのような位置づけで行うかを下記の分類を意識して各種のバランスを考える事である。そこで効果的な教育訓練を実施するためにバランスを考える(組み合わせる)事と共に別項で述べた事前の動機づけと事後のフォローを十分に実施する事である（が大切である）。

### （i）形態、方法による分類

①OJT（on the job training）：仕事の現場で実務に携りながら業務に必要な知識・技術、心構え等をその都度指導を受け身につける。

②OFF JT（off the job training）：職場を離れて研修所、諸機関などで必要な知識・技術などを身につけるための研修・訓練。企業内や他組織（機関）で実施、多くは集合教育。　階層別（ex.新入社員、管理職新任、管理職等）や専門別/職能別（ex.営業、技術、生産、IT、マナー等）、課題別の教育。主に集合教育として行われる。

③自己研鑽/自己啓発：自分で学び、理解を深める。自分で学習し知識や技術を深め身につける。自己研鑽する意識が重要である。書籍/読書、通信教育、講座受講・学校、IT/Web 等の活用。資格取得等。

④IT/Web 活用による：e ラーニング等。場所に関係なく多人数に実施できる。しばしば自己啓発のためにも行われている。

### （ii）内容による分類

①意識教育（人間力育成/向上教育/人間教育）： 目の前のスキル/技能・技術ではなく、意欲や取組み姿勢、こころの持ち方、考え方、企業文化、企業方針・状況等についての教育。人間として正しく意義ある人生を歩むための教育。良質な意識教育は意欲、モチベーション等の向上や目標への取組み姿勢に効果がある。潜在力を引揚げる。自主性を育成する。（吉田茂元首相の逸話 P43 参照）

②実務能力（スキルアップ）の教育： 知識、技術、技能、スキル、新情報取得等について当面及び今後（将来、新技術）に関連してのスキルアップ/向上のための教育、専門教育も含む。

③キャリア教育： （Ⅲ-7-(6) ,(7) P158、160 参照）
学校教育での職業/働き方/生き方の教育や社会/企業でのスキル、生き方の教育である。さらに色々の仕事〔仕事群/キャリア・パス（キャリア・ルート）〕の経験を通じての学習もその一つである。人財開発に大きく貢献する。また CDP（＊）を活用したりするのは効果的な推進に寄与する。〔キャリアという言葉を使うと何となく判り難いが、判りやすい言葉で言えば、人間教育（人間力を高める教育）である。〕
（＊注記：CDP は Career Development Program）

（ⅲ）教育・学ぶ時の基本に返っての分類（①,②,③のバランスが重要）

①人から学ぶ（教師、親、先輩、社会の人々等から）：教えられる
②自分で考えて学び学習する（書物、IT 活用、講座等）：自らに与える
③経験/体験から学ぶ


# （4）人が育つ、人を育てる事において

## （ⅰ）人の育成について

　個人としては、人が育つ基盤としては学校での国語と社会科/歴史の教育が重要で、これらの教科は人間力育成の基本となる。そこでは論理的な考え方、文章や物事の正しい理解力、長期にわたり蓄積された人々の考え方/思想/文化/生き方を身に付ける。　さらに社会人になってからは、所属する組織体/企業、団体等にとって要となる人財育成が重要な課題である。即ち人の能力、人間力を伸ばし発展させて社会環境の変化に対応しうるようにする必要がある。　そこでキャリアデベロップメントの必要性が言われ、さらに近年は個人だけでなく組織全体の変革の必要性が話題になっている。これが組織開発である。　〔これらについてはⅢ　7 (1)、(2) P153, 154 を参照〕

103

（ⅱ）日常のコミュニケーション（気持ちを相互理解）

　人を育てるには教育が大切である。この教育に当たっては知識、スキルアップ教育が主体になりがちである。しかし大切なのは常に（日常の）コミュニケーションに努め、夫々の人が素直な気持ちで、意識をしっかり持ち、自分で考え行動する人を育てる教育／意識教育である（人間力を高める教育）。OJTにとっても重要な事項で、上司は個別把握を確実にする事である。この場合もラインがその事についてしっかり意識しなければならないし、その役割が大きい。　次のような事例をどう感じるだろうか。

---

## 不出勤事例

　社員が出勤して来なくなる事がある。　前述のように職場や人との適応不適応やうつ病　特に新型うつなどで不出勤となり、まわりは理由が判らなくなる場合がある。

　次のような不出勤の事例もある。以前は独身寮が多数あり、ある寮で一人の独身者の無断欠勤があった。そこで職場の人が寮へ電話してもいないし、寮の先輩に部屋を見てもらったがやはりいなかった。あくる日も同様であった。このような事があり心配していたが、同先輩が真夜中に個室にいる本人を確認する事ができた。　原因として判った事は、最初朝寝をしてしまい躊躇している間に時間が経過し連絡しづらくなり無断欠席となった。そのため翌日も同様の事を繰り返してしまった。人に知られるのがいやで、皆がいる時間帯は外に出て皆が寝静まった時間に帰ってきていた。

　本人の心掛け、意識の問題だが、教訓として常日頃のコミュニケーション、指導、教育等と共にしっかりとした個人把握の大切さである。また思いもよらない理由でトラブルが発生する事を留意しておかなければならない。　無論　最悪の事態を避けるように考えておく事と早急に対応する事が必要である。

---

（ⅲ）人の位置づけと印象／認識、その背景

　世間は人に対して夫々に印象／認識を持ち、ある種の評価を　そして位置づけをしている。そのため人の育成においてどのような人物なのかの把握、言い換えればどのような位置付けの人物であるかという事である。　この位置づけを一つの視点として整理してみる。

先ずは、謙虚、謙遜している人がいる。その対極にあるのが傲慢、横柄ォゥヘィな人である。　そしてこれらに関連して背後にあるのは真面目／誠実、丁

寧、従順―卑屈、自分本位、功利私欲・打算等である。 人財（材）育成において人の位置付け/基本的特性を認識/把握する必要がある。 図示すると、

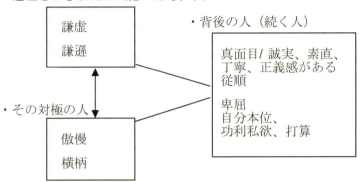

- 道理をわきまえた（徳のある）人
- 背後の人（続く人）
- その対極の人

## 16　つぶやき ～長所は長所、3大変革の時期は ～

　近年は何事についてもグローバル化を理由にする傾向があるが、安易過ぎると感じる場合もある。例えば、通常日本企業の発展に日本型雇用慣行/経営が大きく貢献し、その特徴/理由として次項をあげている。　①終身雇用、年功制、企業別組合　②活発なローテーション　③集団的意思決定（合意/コンセンサス）。さらに④強みとして長期視点での経営　⑤人を大切にする経営が柱である（あった）。ついこの間まで大きく評価されていた。

　しかしグローバル化を理由にしてこれ等を軽視する傾向の状況になっている。 これでは外国に負けてしまう。長所をさらに改善しながら伸ばすようにする事により発展もするし、短所は直し軽減していく事である。 もう一つ。現在はITの関係で今まで経験をした事のない大変革の時代だと言われている。確かに大きな変革の時代だが、日本の過去をみると、大きな変化の時代は戦国時代から江戸時代にかけての時期（16世紀から17世紀にかけて）、江戸時代から明治時代にかけて、そして昭和20年の終戦後の時期の3つが大変革の時期であった。 それに較べると現在の変化を必要以上に心配する（騒ぎ立てる)必要はないものと思われる。何時の時代も自分の過ごしている時が大変と思い心配するものである。 そこで大切な事は原理原則念頭におき、過去に蓄積している智恵を忘れず活用しながら発展させていく事である。

## 17　　　　　気がかりなこと～ラインの責務～

　人の育成は日常接しているラインの重要な責務/仕事であるという感覚/認識が必要である。最近は多忙だ、人の意識が変化している、グローバル化時代の合理化等という理由で人の育成が疎かにされてきていないか懸念している。　ラインとスタッフの役割を間違えないようにしなければならない。常日頃接している人（上司等）は人を"育てる"気持ち/接し方/実践が必要である。目先の利益だけでなく長期的な視野に立っての人の育成の大切さである。日常直接関係して（接っして）いる人（ライン）がしっかりと関わり、本来業務だという意思/気持ちを持ち実行する事が重要であり、そうする風土/経営方針が必要である。　〇〇室、〇〇センター等スタッフ部門が過度に強化され肥大化し過ぎる事により人の育成/教育はそこでするものだとラインの人が思い込むようになりかねない。無論スタッフ部門がしなければならない（しかできない）育成/教育があるのは当然で、スタッフの役割/責任は大きい。

　この事は企業/会社の中だけの事柄ではない。　数年前に厚労省事業として「大学等におけるキャリア教育実践講座」があった。そこでのグループワーク後の発表で某大学の関係者が次のような事を述べた。当大学のキャリアセンターの規模/陣営は現在〇で不足なので人員を増して強化する。しかし△年後には減少させる。というのは、教官は教育の"教"の授業（知識を与える）だけでなく"育"（所謂人の育成/人間教育、触れあいが必要）に関心を持ち担い実践してもらうようにこの△年間に取組んでもらう。スタッフ部門があまりにも大きく/強くなり過ぎると、常に接している教官が自分の責務と思わなくなる危険性があるからだ。　無論スタッフ部門がしなければならない事は強化していく。という発表であった。同感である。　又「地域中小企業の人材確保・定着支援事業」（厚労省事業）があった。その時若年者と企業責任者との面談（カウンセリング）を行ったが、複数の企業責任者から次のような発言あった。　学校の〇〇室/センター等があまりに強くなり過ぎると教師の学生への関心（育成感覚）が減少するのと共に表面的なスキルだけを身に着ける傾向がある（所謂　厚化粧になる）。採用においては気を　付けねばならない。

（ⅳ）（追記）今後共人財育成が大切 ～コンピューター時代でも～

　近年ITが大きく発展し多方面で今までの人間の領域に入り込んできて、人の活躍/働き/価値が軽く見られる傾向が出てきた。しかしコンピューターを創るのは人だし設定した人以上の事は出来ない。人間の技術・技能・スキルを更に上げなければ次の進展はない。ものつくりの場だけでなく、意識面も含めて人財育成は益々重要になっている。


（5）認識しておきたい最近の事柄/語句/言葉

　以前は聞かなかったが近年しばしば聞き、見かけ、職場人として心しておきたい言葉を記述する。

（ⅰ）背景

　企業/組織/社会に入った若年者はとても良い面を持っているのも事実だが、一部の若年者についてはマイナス評価の言葉もある。職場でしばしば耳にする言葉もあり、これ等を意識し対応する必要がある。ここでの対応とは コミュニケーションについて常に留意し、ⅠやⅡ‐1,2で述べられている事項を心がけて(関心を持ち)若年者を人財として育てる事は重要な事項である。そのために最近社会でよく聞く語句を認識しておく必要がある。

（ⅱ）職場で知っておきたい最近の語句、認識しておきたい事柄

①ニート　：元々は英国の労働政策において用いられた用語(1999年)で、日本へ導入された（ 日本での定義と少し違う）。
ニートはNEETで NOT in Education ,Employmennt or Training である。即ち就学していない、就労していない、職業訓練を受けていない者で、16～18歳の若者である（英国）。

日本では「15～34歳の非労働人口のうち求職活動を行ってない者（学生等や専業主婦、家事手伝いを含まない）/若年無業者」厚生労働省。　但し内閣府では家事手伝いを含めている。
そして働かない/働きたくないのではなく、働けない若者との見方がある事を留意する必要がある。又ニートが出ない社会/環境つくりが大切である。
　（注記）非労働人口：　満15才以上の人口のうち病気などの理由で就労できない者と就業能力があるにも関わらず働く意欲のない者を合計した人口。

② 7・5・3現象 ： 就職しても3年以内に離職する人の割合で、中卒者は7割、高卒者は5割、大卒者は3割である事を言っている。　早期離職

はニートになったり、非正規労働が続く傾向もあり大きな課題である。

③ 新型うつ ： Ⅲ - 3 (5) (P201, 2) 参照

④ ダイバーシティ diversity ： 多様性(を受け入れる)の意味。多様な人財が活躍し、能力を発揮するようにする。諸々の人の立場や属性や考え方の違いを活かす。ここでの多様なとは性別、年令/高齢者、人種、宗教/信仰、障害者、ライフスタイル、価値観等である。これ等の人に対する差別がないように、そして能力が発揮できるように心掛ける必要がある。

⑤ ファシリテーター、ファシリテーション、ファシリテート ：
　(ファシリテーターは facilitator。名詞、動詞を混同するがご容赦願う)
辞書に記載の意味は促進する、容易にする、手助けする、手伝う、支援する等の意味である。　会議、ミーティング、グループワーク、プロジェクト等においての促進者、推進者、進行役、運営する人である。
司会者、議長、指導者、リーダー等ではないし、指示したりはしない。
促進、進行、司会の要素/役割もあるが、メンバーの気持ち、思い、意見、考え、知恵、やる気等を引き出す、アイディアが出るように、意見を言わない人がいないように、積極的になるように、認識が同じ様になり納得するようにしていく（ベクトルが同じになるように）等々を支援していく人である。　途中で方向付けのまとめをしたりもする。また雰囲気つくり/環境整備も必要になってくる。無論 時間管理もしていく。　これ等により一種のコミュニケーションの推進となり職場、人々の活性化になる。

# 6．仕事、生活において心がけたい言葉

身近なところに心掛けたい言葉が多数ある。いくつか挙げたい。

① 不易流行 ： (前述、Ⅰ - 3 - (2) P31 参照)
　現在・過去 (実施し始めた理由、状況、仕方等) を全て否定したり、逆に固持して (拘って) はいけない。　何を堅持し、何を変えねばならないかの選択が重要である。　日本には外国に比し老舗が非常に多いのはこの言葉を胸においた経営者が多かったためだと思われる。

② 守 破 離 ：日本で昔から茶道、芸術、武道等で言われている言葉で、師から学んで発展、進化して新しく創造してく過程を表現している。
　先ず師の言われる型/基本を身につけて守る。　次の段階としてこれまで

に身につけた事を基礎としてさらに自分の考え、新しい知識、個性の発揮等で今までの型/枠を**破**る。　そしてさらに磨き、高めてこれ等から離れ、新しい独自の境地/世界を切り開く（創造する）/**離**。　進めるにあたって段階/レベル（次元）があるわけである。

身近な仕事の場合について言えば、仕事をするに当たって段階/ステップがある。
ⅰ　最初は上司、先輩に言われた事を素直に受け入れて業務に従事する。即ち基礎/基本を学び（今までのやり方を理解する、現状把握する、身につける）。　（守）
ⅱ　次の段階はそこに留まる事なく言われた（期待された）事以上の事を自分の工夫も加えて実施する。自分で考えて自分らしく、さらに必要と思われた事項は言われる前に、言われなくても実施する。　（破）
ⅲ　指示、指導されたり学んだ事から離れ別れて、それらの枠を越えて新しい事を取り組む。他の分野/世界の事を学び、自分の考えを持ち創造/提案して、独自の世界をつくって行く。　（離）

技術関連でも次項のような段階で進んでいく事がしばしば行なわれている。　先ずは、真似る、模倣 imitation/技術導入　（守）、次は改善 improvement/改革 revolution　（破）、そして革新イノベーション innovation/創造 creation　（離）。

③　「三方よし」　＝ Win－Win－Win の精神
通常一般にはよく Win－Win　（自分も相手の両方が Win）を心得ろと言われているが、これでは不十分である（Win－Win は汚職の構図）。

昔から近江商人の活動理念（商人の哲学）として「三方よし」がある。即ち買い手よし、売り手よし、世間よし　の三者がよしでなければならない（目指す必要がある）。自分だけが良ければいいという事ではない。この事は商人だけの事ではなくどのような分野でも言える事である。この「三方よし」の精神を別の表現をすれば Win－Win－Win である。

　営業/諸々の仕事においても、文学・芸術・演劇等においても制作側/提供側と鑑賞側/受け側の２者の他に社会/人々にとってどうかを考える必要がある。スポーツにおいても同様である。
近年企業の社会的責任が言われているのはこの事である。　PE ドラッカーのマネージメントには「企業にとって社会との関係は自らの存在に関わる問題である。企業は社会と経済のなかに存在する」と書かれているのも同じ主旨であろう。

④「無駄な経験はない」、「無駄なキャリアはない」、「意味のない人生はない」　（世の中で起こる事には全て無駄はない、それなりの

109

意味を持っている）。 よく言われている言葉である。見る（考える）視点を変える事により様子/意味が変わってくる。 この事を有効/有益にするかどうかは本人の考え方や行動による、本人次第である。

　なお仏教の教えの中にも似たような感じが伝わる話/言葉がある。"老若男女どんな職業の人も全ての人の人生には学びや教えが含まれている"（「入法界品ニュウホッカイポン」/佐々木閑/要約）。求道者が旅に出て色々の人から学び悟りを導いてくれたという話しである。色々な人の経験、人生の歩みの中から学べると言う事である。

⑤ その他 「凡事徹底」、「積小為大」、「小事が大事を生む」も参照の事（P97 に記載）

# 7．教訓

## ～先生、上司、先輩、仲間から、社会で学び、感じている事～

　仕事を通じて非常に多くの事を指導され、教えられたし、言われて学んだ。それらのうちメモ帳から特に参考になる思われる 15 項目を記載する。

① 「問題がおきた時、トラブルが生じた時に難しく考え過ぎないように。案外単純なことが原因であり、解決策、解答に気づく事が多い。理屈ばかりを考え過ぎないように。身近な所に解決策がある。」と上司が言われていたのが印象強い。

　入社し配属された製造現場で 1 年目の時課長が言われた言葉である。その後の経験でもその通りだと感じている。 これは製造現場での事だけではないと実感している。 無論複雑で難しい場合や原因/ 理屈/ 理論をしっかり究明しなければならない事も多々あるのは当然の事である。

② 「問題、トラブルが生じた時や改善等を行う時は現場をよく見よ。自分の目で確かめよ。また現場の人、直接業務に携わっている人の意見をよく聞け。現場に答がある。」 ①と同様に製造業務に従事していた時上司や先輩に言われていた。 後に営業や主管者業務に従事していた時全く同様に感じた。お客様との接点での感じた事の大切さ、実際に業務に従事している人が感じている事の大切さである。
後年カウンセリングに関与するようになって言われたのは課題（悩みなども）についての答え（解決策、対策等）は本人（クライエント）が持

110

っている、またコーチングにおいても同様の事が言われている。これ等も上述事項と同様であり、従事している人の"今ここで"の気持ちを十分に解する事が必要性であると言う事に類似している。

③ 製造現場でしばしば言われた事は、「異常、変化が起こる前に<u>兆候</u>をキャッチせよ（装置、機械そして人に関連して）」という事である。その時の一点を見るだけでなく、変化の動きなど これからを含めた動向を見て判断をしなければならない。 即ち常に微分値を見る必要がある。この事を別の表現で言えば、目に見えないもの（事態、状況）を敏感に感じ、みて認識するという事である。

　　人を見る場合においても変化（微分をして）感じ取るという事は、人々は許容されうるある範囲の中で変化するが、ある範囲を超える前に（微分の考えを入れて）キャッチして異常の線を越えないようにして、異常を事前に防ぐ事である。 言い換えれば、微分値を見て（傾向をみる、予想、環境等の変化、感性等でキャッチして）対応する事が必要である。そのためにはⅠ章で述べた事項を心得る事である。 無論積分値も同時に考慮する必要がある。

　　後年関るようになったカウンセリングにおいて、メンタルヘルスに関連して人々が通常とは変わっていないかをよく観察するようにと言われている。 上述のように観察ししっかり感じる必要がある（予防する事が必要/重要）。

③ 「自分の考え・意思を持て。哲学・思想が必要だ。自分ならどうするかを考えよ。 〇〇〇らしい（自分らしい）仕事をしろ。」

④ 常に学ぶ、読書を、関心を持ち常に学ぶこころ、向上心を持つように（自己研鑽、学習の必要性）。 学校で学んだ事は基礎である。仕事を通して多くを学ぶ。そして社会は進歩している。常に読書して人間性を高めなければならない。読書は自分の仕事に直接関係する分野、専門分野だけの書籍の事ではない。一般の小説、歴史小説、歴史書、評論等に学ぶ事は多い。関心は物事の出発点であり、何事にも関心を持つ事である。

⑥ 考える時、ものの見方には次の項目を念頭に置く事：
基本、根本はどうなのか、本当に正しいのか。
長期的にみたらどうか。将来はどうなるのか。
多面的に考える、別の角度/視点からみるとどうかを考える。
案/方策はそれだけか、別の視点からみるとほかによい方法はないか。
少し条件が違ったら別の案、結果、状況が考えられないか。

⑦ 「仕事は一人ではできない。多くの人達の関係/協力の中で成し遂げられるものである。仲間を引き込むように、賛同者をつくる努力が必要であ

る。」　そうなるためには自分の徳/人格を磨く事である。

⑧「一所懸命 続けていれば愛着もでるし、その道の専門家になる。初めから適職・天職に就ける人はほとんどいない。先ず続ける心が大切」

渡辺和子氏（ノートルダム清心学園理事長）が最近の著書「置かれた場所で咲きなさい」で「置かれたところで咲きなさい。人間として生まれたからには おかれた環境の主人となり、自分の花を咲かせることである。それは自分が変わる事によってのみ可能である。"咲く"という事は無理と諦める事なく、自分が幸せに生き、周囲の人々も幸せにする事である」（要旨）と述べている。上述の事にも通じる。

⑨ 何事においても事前の準備、段取り・検討が大切であり、十分にせよ。そうすれば7割～8割はできた事になる。　そして後の反省（振り返り）を十分にしてまとめておく事である（人間はすぐ忘れる）。
この反省（振り返り）なくしては完了した事にはならない。さらに事後の事を考えておく。このようにするのが PDCA をまわす事になる。
即ちメンテナンスをする事、はじめからメンテナンスし易い様に配慮しておく事（設計、システム、ものづくり、建築等も含めて何事にも）。

PF. ドラッカーの著書「マネージメント」の中にも同様に述べられている。「…成長には戦略が必要であり、準備が必要である。なりたいと思う事に焦点を合わせた行動が必要である。…」　（ちょっと背景の違いがあるかもしれないが、何事においても準備の重要性は同じである）

⑩ 動機付けとフォローの大切さ
新しい業務に従事する時、転勤の時や部下が会議、教育等に参加する時の意義等をしっかり認識させる事（意義の理解、動機付け、納得感）が重要である。
その事と共にこれ等の後や意見の対立、叱責したりした後ではフォローをする事が大切である。フォローを十分する事により理解が深まると共に人間関係、信頼関係の壊れ（不信）を防ぐ事ができる。
業務外での教育(OFF-JT等)などの有益な機会を経験してもフォローをしていないとその効果は長続きせず、急速に薄れていく。

人に関わる場合これらの動機づけやフォローは、製造業務でも営業業務でも、その他の多くの一般業務でも、カウンセリングでも同じである。

⑪「本当の仕事は見えない所で行われる。そしてその結果は様子/形を変えて人々に接してくる。」　別項に記載した SW−ON で電気がつく、ひねると水が出る、商店には商品が常にある等々当たり前のように思いがちだが、見えないところで他の人の働き/働きがある。

⑫ 実践、実行/行動と理論
何と言っても実践/行動しないと意味がない、先ず実践する事。しかし動くだけでは永続性、発展、進歩はないし、その内人はついて来なくなる。関連する理屈、理論を常に考え対比し考えなければならない。理論は人が納得/理解するにおいて有効（必要）である。 同様の事柄は一般的な仕事関係だけでなく研究、スポーツ等でも言われている。

昔から実行の大切さが言われている。論語「先ず其の言を行うと、而シゥして後にこれに従う」（先行其言、而後従之）/先ず実行して主張する。
「君子は言に訥トツにして、行コウに敏ビンならんと欲ホッす」（君子/立派な教養を備えた人は言葉はへたでも、実行はすばやくないといけない）

⑬ 人を単なるメッセンジャーとして使ってはいけない。意義/意味、目的、理由、注意事項等があるはずだ。これ等を説明する（必ず加える）ように。 人は勘違いしたり、途中で事故、トラブルが起こる場合がある。意義、目的等を認識させておく必要がある。

⑭ 混同してはいけない事として、「目的と手段/方法」 や「結果と過程/プロセス」。 この事は目的のためには、望む結果を得るためにはどのようにしてもよい という事ではない。目的のためには手段を選ばないという事は不適だし、プロセスが大切である事を意味している。
これ等の事項は別項で述べている「三方よし」の理念/考えにも通じる。二者だけでなく第三者（社会、人々）にとっても正しいかの要素（目/視点）が必要である事を言っている。

⑮ 「人それぞれ考え方や受け取り方が違う。自分と同じだと勘違いしないように。」、「人や事柄/事態/状況をみる時は一面だけをみるのではなく、色々な面がある（含まれている）事を意識してみなければ（対処しなければ）ならない。」

## 人生の応援歌 / 人生を教える歌

　職場の中で明るさや活力がない場合がある。特に若い人達を元気づける人生の応援歌を心に浮かべるようにしたい。その中にも人生を学ぶ多くの歌、人生の応援歌がある。星野哲郎氏の多くの歌もその一つ。星野さんも苦労を重ねた人生をおくった人。　歌詞のには世間の厳しさが表現されている。

　　　　＊＊＊　その例　「三百六十五歩のマーチ」　＊＊＊
　　　　（星野哲郎　作詞　米山正夫　作曲　水前寺清子　歌）
　しあわせは　歩いてこない　　　＊　腕を振って　足をあげ
　だから歩いて　ゆくんだね　　　　　ワン・ツー・ワン・ツー
　一日一歩　三日で三歩　　　　　　　休まないで　歩け
　三歩進んで　二歩さがる　　　　　　ソレ・ワン・ツー・ワン・ツー
　人生は　ワン・ツー・パンチ　　　　ワン・ツー・ワン・ツー
　汗かき　べそかき　歩こうよ　　　　　　　（以下　略）
　あなたのつけた　足あとにゃ　＊

# 現在に通じる山本五十六の心したい教育訓

　リーダーシップ、モチベーション、人財育成、上司、教育等について色々と述べた。　これらの意とする事を山本五十六が述べている。　この言葉/教育訓は短い言葉ながらよく表現されているし理解でき、心に残る。

「やってみて、言ってみて、聞かせてみて、ほめてやらねば人は動かじ」
「話し合い、耳を傾け、承認し、任せてやらねば人は育たず」
「やっている　姿を感謝で見守って、信頼せねば人は実らず」
「苦しいこともあろう、言いたいこともあろう、不満なこともあろう、腹の立つこともあろう、泣きたいこともあろう。これをじっとこらえてゆくのが男（人）の修行である」
「実年者は、今どきの若い者などという言葉を絶対言うな。なぜならわれわれの実年者が若かった時に同じ事を言われたはずだ。今どきの若者は全くしょうがない、年長者に対して礼儀を知らぬ、道で会っても挨拶もしない。いったい日本はどうなるのだ。など言われたものだ。その若者がこうして実年者になった。だから実年者が若者が何をしたかなど言うな。　何ができるか、その可能性を発見してやってくれ。」

これらの言葉に共通の心は人/相手への尊重、信頼である。そして仕事や教育の場だけでなく日常の生活や子育て等にも当てはまる。

　なお上杉鷹山（米沢藩主、1751〜1822）も「してみせて、言って聞かせて、させてみる」と言っている。　また有名な名言がある「為せば成る、為さねば成らぬ何事も、成らぬは人の為さぬなりけり」。　武田信玄（1521~1573）の同じような歌がある「為せば成る為せねば成らぬ　成る業を　成るぬと捨つる　人の儚ハカナさ」
　（為し遂げようとする強い意思があれば達成する事ができる。努力/頑張りもせず何もしないのは愚かだ、人の儚さ/弱い人だ。簡単に諦めてはいけない）。
近年のリーダーシップ論やモチベーション論や教育論等と共に、昔先人/先達が言っている言葉を一緒に頭に浮かべると理解が深かまると共にいつまでも心に残る。

# Ⅲ. 職場でのキャリア
## カウンセリング

人の心 / 考え方の理解

職場で持ちたい必要なキャリア　＆

　　　　キャリアカウンセリングの基礎的な知識

カウンセリングの周辺の理解、考え

"きく"ことの大切さと難しさ

何事も自己理解がもとになる


〔注記〕　カウンセリング云々というと特別の人向け、特別な事
柄と感じる人がいるかもしれないが、ここで意図している事
は人と接する時に人々が心得ておくとよい事項を記載した。

# 1. 人の気持ちが判るように
## ～心のかよい・カウンセリング～

カウンセリングと言えば特別のように考えられがちだが、職場（会社、学校/教育現場、医療・介護の現場等々での人との関わりがある所）では常に人との間に相互に心が通う事（心の交流）が必要であり、カウンセリングの精神/心（別項で述べたカウンセリングマインド参照）を自然と身につけておく必要がある。このような視点で本項をみて欲しい。
なお本文中にカウンセリングの時 とあるのは、場合によっては職場での会話時と置き換えてみるとよい。

## （1）カウンセリングの意義、目的、目標、実施の仕方等

カウンセリングの意義、目的、目標、実施の仕方等について諸先生方が述べておられるので少し要約して記載する。

・「カウンセリングとは言語的及び非言語的コミュニケーションをとおして健常者の行動変容を試みる人間関係である」　カウンセリング辞典（國分康孝）

・「何らかの適応上の問題に出会い、その解決や対応に困難を感じた時、その解決に支援を必要とする個人（クライエント）とカウンセラーが面接を行い、対話を通して言語的、非言語的コミュニケーションによって互いに影響を与え合い、問題の解決をはかる過程である」　キャリアカウンセリング（宮城まり子）

・日本では「心理的不適合とか深刻な葛藤を対象とし、クライエントの意思を尊重し自分で気づくのを待つ支援方法。カウンセラーは傾聴と受容を主な手段とし、悩む人に寄り添う」と言われている。　キャリアカウンセリング入門（渡辺三枝子）

・「心理的な専門的な支援過程で言語を主な手段としてカウンセラーと支援を求めているクライエントがダイナミックに相互作用し、クライエントが自己理解を深めて望ましい意思決定という形で行動できるように支援することである。そして成長し社会で自発的に独立した人生を歩むようになること。　キャリア カウンセリング再考（渡辺三枝子編）

・「カウンセリングの目標は来談者が望み、カウンセラーが同意する、殊別（区別する）な行動の変化の形で記述されなければならないという事である」（Krumboltz/下村英雄　成人キャリア発達とキャリアガイダンス）

・「カウンセリングは心理的な問題や悩み、症状などを解決するための援助方法であり、同時に心の健康を維持し、推進するための知恵を提供する。つまりカウンセリングは自己理解、他者理解、対人間関係理解を深め、自分と人間一般の問題をより深く考え問題を解決しようとすることを取組む場でもある」（平木典子 カウンセリングとは何か）

・「カウンセリングは個人の一生涯にわたる発達を援助することを目的とする。そしてその援助活動の実践にあたり成長と適応という個人の積極的側面を特に強調する」（日本産業カウンセラー協会 養成講座テキスト）

・「心理学的な専門的支援過程である。それは大部分が言語を通して行われるプロセスで、カウンセラーとクライエントがダイナミックに相互作用し、協力的な関係のなかで目標を明確にしての支援活動を通じてクライエントが自己理解を深め行動に責任を持ち、意思決定して行動するように支援することである。 即ち独立した人として自分の人生を歩むことが出来るようになることを目的とするプロセスである」 Herr,EL& CramerS.の定義（要約）

　これ等をも勘案し、そして経験から端的に言うと、「カウンセリングの意義（目的/役割）は相手/人々/クライエントが、前向きな思い/気持ちで<u>自律/自立</u>するのを支援する/促す事である」と実感して（考えて）いる。もう少し具体的に言えば、カウンセリングは本人が自分自身を知り、成長すると共に自分が望む人生を歩んでいくように、そして人々/クライエントが人生において出会う困難をその人なりに克服しその人らしく生きていけるように支援するプロセスである。 簡単に言えば幸せな、有益な人生をおくれるように支援する事だが、さらにそれが周りの人/ 世間/ 社会に良い影響を与える事である。

　そのためには支援者にはそれに相応しい人間観（マグレガーが言うY理論/人間信頼の精神/徳）を持っていることが必要である。これらの事はあらたまってカウンセリングと言わなくても日常の職場（生活）の中でも必要だと言える事だし心得る必要がある事項である。


（2）自律/自立するとは

　自律/自立するという事を具体的な言葉で表現すると、「前向きな思いを持って自分で考え、行動し、反省する。その過程で自分自身が成長する」という事である。 もう少し言葉を加えて述べると「自らを理解し（自己理解を深め）、学び、自ら考え、課題/問題を整理し、自ら計画し、自ら選択し、自ら決断（決意）し、自分らしさを発揮して、自ら実行/行動し、自ら責任を負う事である。そこには振り返り/反省が必要である。そして将来へ

の展望を持つ/示唆する事である」。 さらに自律/自立する事で忘れてはいけないことは正しいと信じる事、役に立つ/有益な事、間違っている事を上司（諫言する）やまわり、社会に言える事である。

そうする事により自分が成長し、良い人生を過ごしていけるし、自分で自分の道を歩むのだと認識する事が自分の存在価値であると判る事でもある。この場合複数の課題/問題、不安や悩みが絡まっている場合もある。これ等を完全に極（究）める事は難しいが、これ等を認識しこの方向に進めていける事である。 それから自立/自律するという事は上述の事柄を全て自分だけで実施しなければならない訳ではなく、協力や助言、適宜支援を受けたりする事も含んでいる。 （P39参照）

カウンセリングでは当然 傾聴し、信頼を得る事（ラポール）/ 良い関係を得て維持する事等が出発点である。 そして心の底にある思いを引き出したりする事、ある場合には話しかけ、アドバイスや問いかけ/質問、確認、念押し、行動の促し、ある場合には情報提供、ある場合には自分の考え/意見/経験を述べる事等も必要だし、また相互にキャッチボールも必要である。これ等によって成長し自律/自立するようにする。 別の観点での言い方をすれば、相手が素直にはっきりと自分の経験や考え、気持ち、悩み等を話す（自己開示する）事であり、そのようになるように支援していく事である。 実際にどのようにしていくかの選択は相手/クライエントの自律/自立に繋がるかどうかによる事であり、その結果が良否の評価となる。


## （3）失敗事例

就職支援をしていて苦い経験をした。 支援において大切な事は本人が自律/自立する事/自分でやっていけるようになる事である。即ち自律/自立のための支援であり、それらを促す事である。この大切さに気づき、反省し多々学んだ事例である。

この体験事例から気づき、学んだ事/反省した事は、支援/カウンセリングの目的は単に就職させる（指導する）事ではなく本人/クライエントが自分で考えて出来るようにする事である。無理して運よく就職してもすぐに離職をせざるを得なくなるのでは意味がない。 即ち自立・自律するように支援することである。特に若年者に対しては自分で考え判断し行動できるようにする事（自律/自立…有益な人生を過ごせるように）が重要である。

無論この事は教育現場でも必要な事で学生・生徒等が自分で考え行動できるように（自律/自立）するのが教育(教え育てる/…育が不足していないか)である。又新人を育てる場合やメンタルヘルス等でも同様である。 その時々の役割を果たし、次の役割に向う事が出来るようにならなければなら

120

ない。自立・自律していなければスーパー（参照 P146）の言う人生のそれ
ぞれの役割を果たせない。学習や書物で自立・自律の言葉は知ってはいた
がカウンセリングは自立・自律を促す事だと実際に気付いた訳である。

---

- ・来 訪 者：A氏。30歳、男性、大学卒、経験業務は営業。

- ・支援状況：職務経験の棚卸しはあまり書けていないのでヒアリング。
  職務経歴書の記載も上手く出来ないので本人と話し合い、当方で
  作成しこのようにするようにと指導して完成。面接についてもい
  ろいろ話し合い、具体的に細かく指導した。　結果は本人希望の
  某社の営業職に就職決定。A氏との昼食会を開き2人で祝う。

- ・4, 5ヵ月程して来訪：A氏は再就職した会社を辞めざるを得なくなっ
  たと言う。　上司に次のように言われた。「お前の応募書類はと
  ても良かった。職務経験にしろ、応募動機もとても魅力的だった。
  面接時の答、応対も非常に優れていた。　しかし実際に仕事を始
  めてみると全然出来ないではないか。いろいろな事の説明も上手
  く出来ないし報告書も十分に書けない。どうしたのだ。」

- ・結局、後日A氏は退職した。

---

　本件においては、本人と今回の事を振り返り今までの取り組みや今回の
経験をどう役立てるか、そしてエンプロイアビリティ（雇用されうる能力）
について話合い失敗から学ぶ事の<u>重要性</u>などについて理解しあった。
なおこの事例について言えば、本人はとても勉強になったと言っていたの
が慰めになった。　失敗から学んだ事柄である。
　〔P214 (7)の田中久重氏の言葉も参考の事。また失敗体験から学ぶ事項が多
い事を最近多くの方が言われている〕


（4）別の視点でみると

　カウンセリングでは、答えは相手（クライエント）が持っていると言う。
よく似た事はビジネスの世界でも言われている。「仕事のことを一番よく
わかっているのは現場である。彼等の考えを経営に取り入れるべきである」
（ドラッカー、「企業とは何か」）。　無論日本でもしばしば言われてい
る事であるが、失念しがちになるので注意しなければならない。
要するに他の人よりも当事者が課題の答え/応えを本来（潜在的に）判って
いるものであり当事者の事を知らなければならない。　（P110 7-②参照）

コミュニケーションにおいても同様のことが言える。即ちコミュニケーションが上手くいくかどうかは相手（受けて）にあるのだから、相手が関心を持つように、考えて（思って）いる事や期待している事は何かを知り、相手が理解できるように表現（言葉、心）する事が重要である。

## 18　　　　迷い、悩み、苦しみ……、自律/自立

　本文でカウンセラーは自立/自律するのを支援する事であると述べた。カウンセリングはキリスト教文化国である（欧）米で主に創られ、発展した。この一神教文化国の人々は、どちらかと云えば、自分中心/強い自己主張の考えが基盤/ベースにあると思っている。　このような背景がある中でカウンセリングが人間世界/生活の中で必要になってきて発展してきたのではなかろうか（喜ばしい事ではある）。

　日本人に馴染んでいる日本仏教の本質は生きるのに迷い、悩み、苦しんでいる人の心をやわらげ救い、自分の人生を歩んでいけるようにする事である（佐々木閑/要約）。
この事はカウンセリングが目指す事と同様である。　近年日本にカウンセリングが紹介/導入されてきたが、全く新しい概念/支援の仕方ではなく長年日本人の心に根ざしている事である。それ故カウンセリングが全く新しく導入された事だという認識では根づかない。長年にわたり引き継がれてきた心/精神（日本仏教の心）を基盤（ベース）に/意識・認識しないと本当のカウンセリングは私達日本人には馴染まない。

　河合隼雄は日本文化を考慮せずに西洋思想をそのまま導入しても上手くいかない。またサビカスも自分の提唱した理論は西洋と東洋の文化の違いを考慮せずにはそのまま当てはまらない という主旨の事を言っている。　認識すべき事項である。

## （5）カウンセリング マインド

　カウンセリング マインドという言葉は、カウンセリングの心/精神を持とうという意味でしばしば使われている。日本人の造語（和製英語）で学術

用語ではないが、日本人には愛用されている言葉であり、なかなか良い言葉だと思う（一部の専門家は学術用語でないと言う理由等であまり評価していないとも聞くが）。　この言葉は理論、方法、技法の多様性を越えた最大公約数として「カウンセリングの心/精神」を持つ/心得るという意味で使われていて、温かい信頼関係がある人間関係をつくる心構え、姿勢、態度である。
これは人間関係（リレーション）を大事にする姿勢、相手の気持ちや立場に立って理解しようという事であり、相手を人としてかけがえのない存在として認める事である。　相手の存在を尊重する事、相手の立場に立って理解しようとする事である。そこには自分と相手との良い人間関係（信頼関係）を形成しようとする事が含まれる。（國分康孝、カウンセリング辞典。沢崎達夫、産業カウンセリング辞典）　即ち自分の価値観を入れず、先入観を持たず相手を判ろうとする態度である。

　このカウンセリング マインドは単に特定の人（所謂 専門家/カウンセラー）だけが持つという事ではなく、皆んなが持つ必要な事柄（精神/気持ち）である。特に複数の人の集まり（組織、チーム等）でのリーダー格の人は必須の心得である。　なお、以前は言葉としてはなかったけれど、カウンセリング マインドは職場の人々は自然な形で（当然の事として）心得ていたように思われるが、現在では残念ながら心得るように意識しなければならない。

## 19　　　カウンセリング余談

　カウンセリングは案外"落語"に似ている面があると私は感じている。

　それはカウンセラーも落語家も修業が必要である（学習だけでなく直接実技を指導してもらう必要がある）、カウンセリングも落語も実施する時は多くの場合一人でするしその時は誰も直接には助けてくれない、先ず最初に相手の心を掴まなければならないし（信頼関係）、注目される（落語でも先ずお客の心を掴む）、言葉だけでなく表情や身振り等非言語でも表現する、カウンセリングでも落語でも"間"（待つ時間、沈黙）が大切である、終われば相手はそれなりに心が晴れ晴れとなるようになるのが望ましい（必要）。落語は日常の生活の中で笑い、安らぎを提供する。そして振り返りが重要である。　今後の事を考え、実力向上に努めなければならない（スーパービジョン等）等々。　そして落語では「舌で話すな、心で話せ」〔三遊亭円朝（明治33年没/戒名・無舌居士）/ 山岡鉄舟の教え〕と言われている。

　さらにもう少し広い視野でみると、所謂通常の仕事の場でも同じである。新人は先輩、上司に個別に指導してもらう、ある程度力がつくと個々に自分で考え、行動し、関係者に納得してもらうように行動し、それなりの結果を出し、そして振り返る必要がある。スポーツ、芸能等の世界でも同様である。

　カウンセリングの精神は特定の人だけのものではない。組織体では（複数の人が集まれば）皆がカウンセリングマインドを持ち、心が通い合い、気持ちを分かち合い、組織が明るく活性化してくるような相互の関係にしたいものである。　カウンセリングマインドも日常/通常の生活の中で普通の人が持つ心でこそ価値が高まる。

　類似の事は色々な場面（事象）について言える。限られた特定の人だけが持つのでは意味/価値はない。一般(普通)の人々の生活の中に根付いてこそ本当の価値がある。
小泉八雲が「…本当の良さは普通の人々の中にこそある。…」（日本の面影）と述べている。この事は多方面の事項について言えることで、普遍性があるのではなかろうか。

## 20　　　　　カウンセリングのこころ

　カウンセリング マインドについて本文で述べ、コラム 19 でもふれた。重複するが、カウンセリングは特別の事で特別な専門家が身に付けている事のように感じる人も多々いると思う。しかし必ずしもそうではなく複数の人がいれば〔職場、会社、組織体の人（＊）〕、夫々の人（特に上司）はカウンセリングの精神/心 即ちカウンセリング マインドを身につけるのは必然的な事柄である。　　（＊）企業のみでなく教育、病院、福祉介護の領域等々

　カウンセリングが目指す精神/目的/役割は大昔から洋の東西をとわず人々に受け継がれている事柄である。時代が変わった、複雑になったという理由をつけて所謂 専門家と称する人だけに委ね過ぎてはいけない。　現在パソコンは殆んどの人々の必須のスキルとなっているが（無論 別途専門家は必要）、カウンセリングマインド/精神を身につける事も同様である。　そうする事により人間関係、メンタルヘルスケア関連の課題/問題なども大幅に減じるものと思われる。　一人ひとりが心がける（身につける）事により問題発生の予防になる。予防こそが重要である。そのためには身近にある昔から言葉、事柄（教訓、心得、心、智/知恵等）に留意し、日常生活の中で活かされてはじめて有意義となる。

# 2．キャリア、カウンセリング周辺語句の概要

## （1）カウンセリング及びその周辺

### （ⅰ）カウンセリング周辺語句の概要

　カウンセリングに関連しての周辺の言葉にはカウンセリング、キャリアカウンセリング、コーチング、コンサルティング、ティーチングなど一見すると類似と思われる言葉（語句）がある。簡単に整理してみると次のようになる。

125

カウンセリング　：（前節でも述べてあるので整理して要点のみ）
　　　主に傾聴し相手の課題や解決策を気づかせ自立/自律するように促す/
　　　支援する。気持ち、感情を理解/認識したり、心理状態の原因を引き出
　　　す（気づかす）ことである。即ち心理 社会的な支援であると言える。

キャリア カウンセリング　：一口で言えば、自律/自立への支援である。
　　　言葉の成り立ちから言って、仕事に関係しての色合いは強いが人生をど
　　　う生きるか、生き方のカウンセリング/支援である。　もう少し具体的に
　　　言えば、キャリアの課題を主な対象としてのカウンセリングの一領域で、
　　　カウンセリングの視点に立って支援する。メンタル関連のカウンセリン
　　　グよりも具体性があり、カウンセラーの考え、思い、情報等をも話し、
　　　提供、助言する場合がある。　人生における生き方の支援とも言える。
　　　（渡辺三枝子「キャリアカウンセリング再考」）　傾聴は基本となるが、
　　　来訪者（クライエント）への働きかけも行い、気づかせたり、自己理解
　　　を深め選択可能な行動について把握し自分でキャリアを考え得るよう
　　　にし、情報も適宜提供して意思決定していけるように支援する事を目指
　　　して、カウンセラーが様々な支援行動を取るプロセスである。　また必
　　　要があれば、組織体（例えば企業等）への働き掛けもその範疇の一部で
　　　ある。　　対象は人生において迷ったり、悩んだり、課題を抱えたり、よ
　　　り良い今後の人生を過ごしたい人等全ての人である。

　　　　サビカスは著書に次のように述べている。「人は仕事の世界における
　　　自己と自分の役割について統合した適切な姿を発展させ受けいれるの
　　　を支援する過程であり、この概念を現実に対して試行し、それを現実へ
　　　と変化させる過程であり、その結果、その人自身には満足を、社会には
　　　利益をもたらす」（サビカス キャリア・カウンセリング理論）

コーチング　：相手の気づきを促したり、考えや活力を引き出したりして
　　　行動させたり、成長させたりする。本人が気づいていない問題点等を
　　　指摘し考えさせる。また意欲を刺激し活性化して成長させる。　本人
　　　に直接働きかけるが、一緒に歩み、進めていくという感じで、より計
　　　画的な支援である。　カウンセリングとの類似点で言うと、よく聴く
　　　事（傾聴）と答え/応えは本人が持っているという考えである。
　　　注意すべき事項は、問いかけ、質問の仕方が大切である事、相手が新
　　　入社員等未熟な人（知識や経験の乏しい人等）には不向きである。こ
　　　れ等の人には先ずティーチングが必要となる。

アドバイジング　：こう考えた方がよい、こうした方がよい、〜した方が
　　　よい、〜は間違っている 等の助言の要素が強い。

コンサルティング　：提案する、指導する。データ、ゴール、実施の仕方
　　　（やり方）等を示す。人よりも事柄、状況に関心、意識がいく（カウ

ンセリングは事柄よりも人に関心、意識がいく）。

ティーチング　：知識、方法、ルール、マナー、考え方等を教える（修得させる）。

トレーニング　：訓練、練習、鍛錬で行動、技術及びその基本を教えたり、行動させる。

指導　：目的に向って教え導くこと。（広辞苑）

指示、命令　：指図すること、示すこと。上位の者が下位の者に言いつけること、その内容。（広辞苑）

〔カウンセリング周辺語句の位置づけ〕

＊教える、指導する、指示　が主体（自分に軸足を置く）

・指導、指示
・ティーチング（教育）→
・コンサルティング
・アドバイジング
・コーチング　（主にこれからに焦点）←
・キャリアカウンセリング
・カウンセリング（先ず主に過去に焦点）
・サイコセラピー

＊聴くが主体（相手に軸足を置く）

前述のカウンセリング周辺のよく似た感じの言葉を並べると左記のようになる。

聴くが主体とは相手側に軸足を置いていることであり、良好な人間関係構築のためには留意する必要がある。

（ⅱ）現実の職場では、

①日常の職場でカウンセリングとかカウンセラー/クライエントとか言えば、少々仰々しく感じるが、上司と部下の関係、仲間との関係、教師と生徒の関係と考えてみれば判りやすい。この場合カウンセリング、キャリアカウンセリング、コーチングのベースは先ず相互の信頼関係を構築した後、よく聴く事と何らかの答えや将来への方向性は相手が自分の心に持っている（潜在的に認識している）という事が共通している。無論その後の展開は違ってくるが。また状況、関係や環境によりコンサルテ

ィング、ティーチング、指導・指示、場合（緊急時等）によっては命令が必要な場合もあるが、明るく活性化する職場つくりのためにはカウンセリング精神での対応になるように努力する必要がある。

②「人を見て法を説け」と言うように人（相手）や状況によりどのようにするかは変わってくる。　傾聴がベースになるが、上述のように常にこうでなければならないという意味ではない。相手尊重という事で所謂カウンセリングだけの対応ではいけない場合もある。

例えば、言葉を間違った場合は指摘し（教え）なければいけない（ティーチング）。　上司に対して“ご苦労様でした”ではなく言うのであれば、せめて“お疲れ様でした”と言う、　仕事を与えられた時“役不足ですが…”ではなく“力不足（器量不足）ですが…”と言うのだと指摘する。また一般常識でない事、間違った事や法令違反などならそれなりに指摘しなければならないし、緊急時の対応もある。

基本的には相手を尊重する気持が必要であるが、状況や緊急状況によって当然の事ながら言い方は変わってくる(本人が考え、納得が必要)。

---

## 21　　　言葉（2）〜名称 / 呼称は相応しいか〜

今までキャリアカウンセリング、キャリアカウンセラーの呼称で述べてきた。最近はキャリアコンサルティング、キャリアコンサルタントという言葉が出ている。これらは厚生労働省が使い始めたのである。　カウンセリングというのは別項で述べてあるが、そのベースは相手の意向、考え、気持ち等を尊重する、よく聴く事 及び相手は心の中（奥）にはっきりしていないかもしれないが持って（感じて）いる答を引き出すようにする事、自立/自律するように支援する意味合いが強い言葉である。

一方コンサルティングは提案する、指導する。データ、ゴール、実施の仕方（やり方）等を示すようにする。人よりも事柄、状況に関心、意識がいく意味合いが強い。　本来ならば前者の方が適している言葉と思うのだが。　さらには後者の言葉は占有にして誰にでもは使わせないようにするようになってきている。　よく判らない事柄である。

さらに最近気になる言葉として、キャリアアップである（別項でも述べた）。この道の権威者（サビカス、渡辺三枝子ら）は「アップがあるのならダウンもある。しかしキャリアにはアップもダウンもない。それ故 キャリアアップという言葉は不適切である」と言われている。　確かにその通りである。

〔続き〕　言葉（2）〜名称 / 呼称は相応しいか〜

　麻生さんは以前総理をされていたが現在副総理兼財務大臣であり、谷垣さんは自民党の総裁をされていてがその後可なりの期間幹事長をされた。また民進党（当時）の野田さんは以前総理をされていたが、幹事長をされている（29年春現在）。このご三方はキャリアダウンされたと言うのだろうか。　又正社員であった人が何かの事情で退職したが、後年可能になり派遣で働き始めた人の場合、あなたはキャリアダウンしたと失礼な言い方をしていいのだろうか。　厚労省はキャリアアップ〇〇という施策を出したり、政治家、官僚が言ったりしている。名は体を表すと言うが、相応しい語句/言葉だろうか。気になる名称/呼称/言葉である。

## （2）キャリア Career について

### （ⅰ）意味

　キャリアの語は語源的にはラテン語の馬車の通り道で轍ワダチの意味で、16世紀以降の英国における車道の事である〔という事は先ずは自分が通って（生きて）きた経歴/自己理解がベースで現在、将来に繋がっていく〕。語源について追記すると、ラテン語 carrus/車輪のついた乗り物、carraria/馬車などの乗り物の通り道 ➡ 伊語 carriera 、仏語 carriere/キャリエール（競馬の馬場/馬がゴールに向って走る事/東から太陽が昇り西へ沈む軌道を意味）➡ 自分の歩んだ道、歩む道/人生の目標に向って進み続ける状況/行程/姿、生き方 ➡ キャリア という具合になっている。

　日本では以前主として官庁などではキャリア組、ノンキャリア組等においてキャリアという言葉での使われ方がなされていた（不適切であったと思われるが）。　現在は職業、経歴、歩んできた路/道・進む路/人生（過去、現在、未来）をいう意味の使われ方をしている。　整理すると意味には狭義と広義があり要約を示す。そして識者の定義を（ⅲ）に記す。

　「狭義のキャリア」は職業（ワーク）キャリアである。職業、職務、職位、履歴、経験、進路、地位、学歴、資格等である。これから進むべき進路、方向性であると捉える。　「広義のキャリア」はライフキャリア（ヒューマンキャリア）の概念であり、人生・生き方・個人の生活である。職業の

事だけでなく人生における諸経験、生き方、人生、役割である。そして自分が生きてきた足跡でもあり今後の人生の生き方でもある。

（ⅱ）認識すべきこと

　人生には過去、現在そして未来/将来がある。自分の過去は変わらない、戻れない、消えない。現在は過去の繋がりの中で存在しているし、将来/未来に繋がっていく。未来は設計しつくっていくのが望ましい。別の表現をすれば、自分のキャリアを見据えながら自分の意志と責任で生き方を創造していく事である。　ただ全て自分でとなると多くの人は負担にもなるし難しい。人、諸機関に相談したり支援を受ける事は有益である。

（ⅲ）キャリアについての識者の説明

　　キャリアについて識者により色々説明がなされているのでそのいくつかについて記述する（抜粋・要約）。（関連 P129、P145～151 参考）

・ドナルド E.スーパー：　生涯において個人が果たす一連の役割及びその役割の組み合わせである。生涯・個人の人生、生き方とその表現法である。そしてキャリアは青年期に決まるものではなく、生涯にわたって発達し変化する。ここで言っている役割とは子供、生徒/学生、余暇人、市民、労働者、配偶者、家庭人、親、年金生活者など多くの人が生涯のなかで経験する役割、立場である。　なおキャリアの概念としてライフ・キャリアレインボー（虹）の形で示した。　後年さらにキャリアアーチモデルを提唱した。（P146 参照）

・サニー L.ハンセン：　相互に作用しあい影響しあう人生の様々な役割を包含する概念である。　ハンセンは全体としてどのような生き方をしたいのかが重要な課題であるといい、「意味ある人生 Life"」を提唱した。それは人生の 4 つの要素 "L abor"仕事、"L eisure"余暇、"L earning"学習、"L ove"愛の 4 つのエル L が統合されて意味ある人生になると提唱した。

・シャイン Edgar H.Shein：　生涯を通しての人間の生き方、表現である。

・木村周：　何らかの意味で上昇的な職業異動を含む、個人の生涯にわたって継続するもの、その個人にふさわしい人間的成長や自己実現（生き方、働き方を通して）を含む。

・文部科学省 中央教育審議会答申（平成 23 年）「今後の学校におけるキャリア教育・職業教育のあり方について」：　人が生涯の中で様々な役割を果す過程で、自らの役割の価値や自分と役割との関係を見いだしていく連なりや積み重ねが「キャリア」の意味するところである。　このキ

ャリアは、ある年令に達すると自然に獲得されるものではなく、子供・若年者の発達の段階や発達課題の達成と深くかかわりながら段階を追って発達していくものである。またその発達を促すには、外部からの組織的・体系的な働きかけは不可欠であり、学校教育では社会人・職業人として自立していくために必要な基盤となる能力や態度を育成することを通じて、一人ひとりの発達を促していくことが必要である。

・（社）国立大学協会 「大学におけるキャリア教育のあり方～キャリア教育科目を中心にして～」（平成17年）： 現代的には人生行路（ライフキャリア）あるいは職歴（職業キャリア）という意味。学術的には人間の将来にわたる社会的役割、職業、職位、それに関する価値観などの変化の総体プロセスと定義。一般的には人の進路、職業、生き方である。キャリアという使われ方では、職業を含みながら生涯にわたる社会的活動や個人の人間形成の変化のプロセスが重視される。

（iv）キャリアについて振り返ってみると、

　端的に言えば、キャリアとは自分が歩んできた道/足跡であり、これから歩んでいく道であると言える。それ故 今まで歩んできた道/足跡（自分の過去）そのものは変える事はできないが、これから歩んでいく道（将来）は変えうるものである。　さらに言えば、過去はその見方を変えればその意義/意味は変わってくる。

　そしてキャリア形成において今までは組織体/企業等に依存する要素が大きかったが、今後（21世紀）のキャリア形成は個人に委ねられる要素が大きくなってくると思われるので留意しておく必要がある。これは社会が変化（流動化）している事や組織に対する考え方も変化（柔軟化）してきている事による。　ただ全てを個人の責任に委ねるのには少なからず難点がある。組織/企業、社会にとっての人財育成、人間力育成の観点が重要であり、目先の事だけでなく従来以上に人々のキャリア形成に力を入れないと日本の将来は寂しくなる。

## （3）キャリアを学ぶ、理解するとは（論語、他での語り）

　今まで述べてきた事から理解され得ると思うが、キャリアを学び、理解するには、自分の歩んできた道、歩んで行く道を十分認識する必要がある。そして過去・現在さらに将来についての自分の立ち居振る舞いをよく認識するという事でもある。　そしてこのキャリアについて学び、理解することは"人間学を学び、理解すること"であり、人間力を磨き高める事に通じる事だと認識する必要がある。
それ故グループ、チーム、組織の人々/構成員、そして特にその長（責任

者）の思い/思想/哲学、言動、行動にはキャリアカウンセリングの精神を実践する心がけ/表現が必要である。

　私共には2500年前の孔子や色々の方が以前から言われている言葉がある。夫々の年代に相応しい生き方がある。心したい事である。これらはキャリアを学ぶ事に通じる事でもあり、生涯（人生）の長さは違ってきたが現在の心理学(キャリア学)にも通じる言葉がある。　先ずは**論語**、

　　吾れ十有五にして学に志す。（立志、志学）

　　三十にして立つ。（而志、自立）　；自分の生き方、生きていく方
　　　向を見つける。自分の考えを持ちまとめていける。

　　四十にして惑わず。（不惑/不或）　；迷うことなく自分の生き方、
　　　行動に自信を持ち人生を歩んでいく。　現状の自分に自信を持っ
　　　て新しいことにも挑戦していかなければならない。

　　五十にして天命を知る。（知命）　；与えられた天命、使命を知り人
　　　生を歩む。そして世のため人のため努力する/尽くす。

　　六十にして耳順う。（耳順）　；人のいう事を素直に聴けるように
　　　なった。

　　七十にして心の欲する所に従って、矩ノリを踰コえず。（従心）　；
　　　心のおもむくままに自由に行動しても道理に違う事はなくなっ
　　　た。

　　（注記）50歳の項で天命とあるが、天命とは天が与えた使命と運命・
　　　宿命の2つある。ここでは前者であろう。人間としてしなければ
　　　ならない事、それにより人のためにする（考える）事と解するの
　　　が適切である。そうする事が自分の生きがいとなる。

佐藤一斎/1772～1859（言志四録/言志耋録テツロク）：人生で20～30歳
までではまさに日の出の太陽のようだ。40～60歳までは日中の太陽のようで徳を磨き大業を成すはこの時である。70歳、80歳は身体が衰えまさに沈もうとしている太陽のようだ。…（武士道の名著/山本博文）

ＣＧユング：40歳は人生の正午（午後）である。（P184参照）


（４）キャリア カウンセリング、キャリア カウンセラー
　　　　　　の意味　　　（別項（P125～131）参照）

（ⅰ）意味すること

カウンセリングは何らかの適応上の問題に出会い、その解決や対応に困難を感じた時その解決に支援を必要とする個人（クライエント）とカウンセラーが面接/面談を行い、対話を通して言語や非言語的コミュニケーションによって互いに影響を与え合い、問題の解決をはかる過程である。　言い換えれば行動変容を試みる人間関係である　と言われている。　とはいえ、基本/精神は前述（P119、P129〜）したように自立/自律して人生を歩めるように支援する（促す）事である。
ここに諸先生方/機関が述べているキャリアカウンセリング/キャリアカウンセラーについての意味/概要を記述する。

・米のNCDA（全米キャリア開発協会）：個人がキャリアに関して持つ問題やコンフリクト（葛藤）の解決と共にライフキャリア上の役割と責任の明確化、キャリア計画、決定その他のキャリア開発行動に関する問題解決を個人またはグループカウンセリングによって支援する事。
　①個人と仕事をマッチングさせる　②精神的ケア、心理的な問題解決のサポート　③今後のライフキャリアの方向性へ目を向ける事。

・ＥＬハー：クライエントとカウンセラーとのダイナミックで協力的な関係の中で生じる言語的プロセスである。カウンセラーは多様な技法やプロセスのレパートリーを用いてクライエントが自己理解や可能な選択肢に対する理解を深め自らの責任のもと、よく考えた上でライフキャリアに関する意思決定が出来るように援助する事である。

・木村周：個人が進路や職業の選択、キャリア形成に関して自己理解、情報の提供、職業紹介、キャリア形成などについて援助を受けることによって、より適切な選択の可能性を自ら開発するようにするための個別または集団によるカウンセリング。

・進路指導学会：キャリアカウンセラーとは生徒学生、成人のキャリアの方向付けや進路の選択、決定を援助しキャリア発達を促進する事を専門領域とするカウンセラーである。
　そして職業人の生涯にわたるキャリア計画や転退職に伴う職業的適応問題を助け、さらに職業以外の役割行動との調和、生涯学習や余暇活動などを含む全人的な役割を統合し、真に有意義な人生を送れるようなライフキャリア全体にわたる援助活動を行う。

（ⅱ）職場での会話においても

　一口で述べれば、「人生をどう生きるか」を支援する事である。このために日常の職場で具体的にどうするかについて基本事項を記述する。
重要な事は、「聴く」−「受け止める」−「伝え返す」などを行うコミュニ

ケーションであり、これを基本としたプロセスである（三川俊樹/要約）。カウンセリングの流れの基本を示している。　この事は単にカウンセリングについてのみに言う事ではなく、職場での会話（上司〜部下）においても同様であり、留意すべき事項である。

---

### 22　大切なこと〜振り返り/自反、自己理解/自得〜

　カウンセリングに限らないが、何事においても発言と行動の後に反省する事/振り返る事が大切である。単に個人の事だけでなく仕事、行事、事件、事故、トラブル等の後においての振り返り/反省は人間にとって基本事項/必須である。そしてその事により、自分についてよく理解する（自己理解を深める）事になる。

　この事は大昔から言われている。　論語に「吾れ日に三たび吾が身を省みる」とある。自反ジハンという事である。また自得ジトクという言葉が通常使用されている/いた。

（注記）**自反**：自らの行い、考えをかえりみること
　　　　**自得**：自らさとる、自ら会得する（P166,7 、P178 参照）

---

# 3．「キク」ということ

## （1）キクという 3 つの言葉とその違い（内容）

　「キク」の漢字には ①聴く、②聞く、③訊く（質問する、答えてもらう）の 3 種類ある（P76 にも記述）。　それぞれの意味を理解しなければならない。　会話/意思の疎通においては、その中でも特に"聴"に心がける必要がある。この言葉/字/キクの意味するところは、

① 聴く(listen) …傾聴（P135 参照）。耳に入る言葉は無論のこと言葉でない非言語（目、しぐさ、体の動き、表情、口調等）は気持ち、感情、心などを表現し語っている。何を言わんとしているかを"きく"ように心掛ける事である。この場合耳＋目＋心で十分きくのであるが、

別の表現をすると耳と十分に目を開いて（目を皿のようにして）心で
きく、十四（沢山）の心で（心を添えて）きく と言う事である。

② 聞く(hear) …耳に音が自然に入ってくる（聞き流す、漠然と音が入
ってくる）、自分に必要な事、関心がある事だけが門を通って耳に入
ってくる事を（選択して）きく。

③ 訊く(ask) …尋ねる、問いただす、質問する、尋問（訊問）する。


## （２）聴く/傾聴の重要性とカウンセリングの基本

### （ⅰ）傾聴

　人間関係においては心の接し方が大きく影響してくる。この場合相手の
話の“きき方”が非常に大切な役目を果たしている。心理学やカウンセリ
ングの学習のはじめに出てくる、所謂 傾聴である。

傾聴において きく方法は　①言語による方法　②非言語による方法（顔、
表情、声の調子、目/視線、姿勢/態度、身振り/手足等体の動き等…P56 参
照）である。　心は表現された言葉とは違う事がしばしばあるので、心得
として何を言っているのかを‘きく’よりも、何を言おうとしているか、
相手の気持、感情、心を理解する事である。そこでは受けとめる、共感す
る、気づかせる、問いかける、自問自答させる等が必要である。

　そのための基本/ 第一歩は、先ず信頼関係（ラポール）を構築する事で
あり、そして基本となる考え方としては、米国心理学者のカール・ロジャ
ース提唱の来談者中心療法のカウンセリングにおける接し方である。
ロジャースの考え方は人の内部（心）にある（潜在的にある）可能性を信
じ、適切な心理的支援を提供する事により相手（クライエント）が現実の
社会へ踏み出していけるという事である。　いうなれば非指示的に接して
相手/来訪者クライエントの成長力を信じその力と決断力を中心に進める
カウンセリングである。ここではカウンセラーの人間観と態度が重視され
ると共に来談者の適応・成長能力を信じる考えである。

　この事はカウンセリングにおいてだけでなく、通常の仕事の場での人々
（特に上司と部下）の接し方においても同様に必要な心がけである（相手
を基本/主体に考えての対応である）。

以下に所謂 カウンセリングにおける基本要素について述べるが、カウン
セラーという語句を上司、クライエントという語句を部下と置きかえると身
近な事柄（対応の仕方）となってくる。

（ⅱ）傾聴のための３つの基本要素

・共感的理解：クライエントの気持ちや感情をあたかも自分自身のもの
　　　　　であるかのように共感する。あたかも相手の気持ちになったように
　　　　　理解、相手の内側から相手をとらえようとする。　この共感という
　　　　　のは自分と相手の間に垣根がなく区別がないという事である。

・無条件の肯定的配慮（受容）：端的に言えば相手を否定しない（受け
　　　　　入れる）事である。　カウンセラーは先ずありのままのクライエント
　　　　　を無条件に暖かく受容し、誠実に接しクライエントを心から尊重す
　　　　　る。ありのままの自分を受容される事により、クライエントは自己
　　　　　に対する価値、自己感を取り戻し、自分自身を次第に受容できるよ
　　　　　うになる。そうする事により、自らを見つめ直す事が可能になる。

・自己一致（純粋さ、ジェニュイン）：感じた事をそのまま、ありのま
　　　　　ま受け入れる事である。　クライエントとの関係においてカウンセ
　　　　　ラーのなかで相互に生き生きとした人間関係を結ぶ事が大切であ
　　　　　る。理想と現実の自己が一致するように近づけるのが望ましいが、
　　　　　一致していない事をありのまま認め受入れる事。自分の姿を理想に
　　　　　近づけようとする一方で現実に理想を引き戻してみる。

---

### 23　　　共感という心情を述べている実語教

　　共感と言う語句が何時頃から使われるようになったかは別と
して、ロジャース提唱のカウンセリング概念が導入されてから一
般にも広まったと思われる。　しかし共感が意味する事柄は非常
に古くから私達にもあった。「実語教」に書かれている言葉：

　「他人の愁いウレイを見ては、即ち自ら共に患うウレゥベし。
　　他人の喜びョロコビを聞いては、即ち共に悦ぶョロコブベし。」

　〔人が悲しみ嘆いていたら、自分も一緒に悲しみ嘆こう。
　　人が喜んでいるのを聞けば、自分も一緒に喜ぼう。〕

　　（見他人之愁　即自共可患　聞他人之喜　即自共可悦）

　　相手に寄り添うという事であり、共感の心である。　実語教は
平安時代の末期に書かれたという（作者は弘法大師/空海との説
もあるが不明）。鎌倉時代～江戸時代に広まり寺子屋の教科書と
しても使われ、本来は日本人の心に根付いている言葉である。
　（実語教 P25 参照）

（注記）本項で感じた事をそのまま、ありのまま受け入れる事であると記述したが、よく理解するためには仏教の教えに似た言葉を思い浮かべる事である。「… 世界はいまあるがまま、そのままの存在です。私達が世界をあるがままに認識できたとき…」（道元 現成公案/正法眼蔵・増原良彦/ひろさちや）

（ⅲ）きく時の状況（整理/分類/種類）

　相手が話をしている時の対応（きき方）としてどのようにしているだろうか。整理すると次の5ケースある。
①相手（話し手）を無視する　　　　②きくふりをする
③適当にきく（選択をしてきく）　　④注意してきく
⑤心して聴く（傾聴、相手の立場で、相手の気持ちを感じて聴く）

心がけるのは当然⑤である。　理論脳、言語脳とも言われている左脳を働かせてよく聴く事である。　そして五感を通じてイメージ脳とも言われてる右脳が司る感性（感覚）も働かせて相手をよく理解するように努めなければならない。　この場合当然の事ながら、先ず相互の信頼関係（ラポール）の構築がベースである。信頼関係がなければ相手は真実を話さない。

　注意する事は繰り返しになるが、何を言っているのかを「きく」よりも、何を言おうとしているか、相手の気持、感情、心を理解する必要性がある（”こころ”/本音は表現された言葉とは違う事がしばしばある）。
そのためには次項を意識しての心掛け/態度/活用が必要である。
①素直に聞く　②アイコンタクトを心掛ける　　③相づちを打つ（頷く）
④共感する　　⑤聴く環境/雰囲気をつくる　　　⑥声のトーン・リズムを合わせる　　⑦言葉以外のメッセージ（非言語/ボディランゲージ等）
⑧相手が話している時に口を出さず最後まできく

　この心得/心掛け/態度は昔から言われている。良寛和尚は江戸期に配慮がない事項の一つとして　「人のもの言ひきらぬうちにもの言ふ」（人の話が終わらないうちに割り込んで喋る事）　と言っている。きちんと人の話をきく事の必要性を言っている。

　きく時の状況を主体に整理する（これらを意識する）　P140 参照
①事実、状況をキク ②理由、原因をキク ③相手の考え、意見、言いたい事をキク ④今後についてキク ⑤感情、気持ちをキク ⑥音/声をキク

（ⅳ）きく時の心得、留意事項　（関連事項；上述項事項及びP76）

　人が話をしていたり、報告を聞いている時、事実だけを話しているのか、自分の気持ち、考え（意見）や感情を交えているのか、何を言おうとしているのかを意識しなければならない。

137

自分の気持ち、思い、考え等を判ってもらえるには十分"きい"てもらえる事であり、この事が信頼に繋がる。そのためには前項で述べた"聴く"を心がける必要がある（所謂 傾聴）。 そしてその時には留意事項として相槌、相手が言った同じ言葉を繰返す、適宜要約する、同感の意を表明する等。 初めに激励、頑張れよ、どうしたんだ、しっかりしろ等は言わない。どうしても言う必要があるのなら後で言う。（P142～145 参照）

（ⅴ）日常生活の中で活かす（身の周り、どこでも）

　傾聴や別項で述べたカウンセリング/カウンセリングマインドと言うと特別な事、特別な人（専門家）がする事、特別の環境の中での事のように感じるかもしれないが、相手の気持ちを汲んで、相手の立場で対応する事なので日常の生活の中で心がけるたい事項である。 例えば仕事/会社での会話や企業活動におけるマーケットインの思想は顧客（相手）の立場で対応する事だから同じ基盤であり、職場で人と人の関係（例えば上司と部下）の中でもカウンセリングマインドや傾聴の精神は心掛ける必要な事柄である。言い換えれば、日常の中での必要事項である。


（３）きき方(質問の仕方)・種類

　本項で記した事項はある意味では判りきった事かもしれないが、整理し意識する事は有益である。
きく時、質問をする時に何に焦点を置くかによって分類するが、全体を把握するために きき方について視点別に整理をしてみる( TPO によってどのようなのがあるかを分類する)。ここにおいてその場に応じて対応するように留意すると共に意識しておかなければならない。

　"質問"と言う字をみると、"質シツを問トウ"ことである。この事を考えて使わなければならない。　質問に似た言葉に問いかけがあるが、"問いかけ" は"質問をする"とは違う面がある。 相手を促す（考えさせる、思いを引き出す、前向きにする、新しい視点に気づき心/ 頭の中が整理される。自問自答を促す）という効用がある用法である（カウンセリングやコーチングなどでしばしば使われる）。心得るとよい言葉である。

（ⅰ）相手の答え方から質問を分類/種類（整理する）

①開かれた質問（オープンクエッション）：気持ち、考え、事実、状況、内容、理由、原因、意見等をきく質問（多くの情報、内容がある）。5W1H/7W3H1I1S を考慮しての質問/答

②閉ざされた質問（クローズドクエッション）：答えが"はい"、"いいえ"(Yes ,No )になる質問。答える方は言葉を探さなくてよい。

③更に敢えて言えば ：複数の事項から選択させたり、Yes（No）を引き出させる質問、確認や念押しする質問。 諸条件を外した質問〔もし○○ならどうか（例えば、お金や時間などの制限がないとして…）〕

（ⅱ）どのように質問するか（①、②を説明すると、）

　①の開かれた質問は 5W1H（When、Who、What、Where、Why & How）での質問をする。例えば「M社を訪問したのはいつだったか、どうだった？状況を話してくれ」。気持ち、考え、事実、状況、理由、原因、意見等をきく。多くの情報が得られるしコミュニケーションが深まる、話が続く。 但し相手によっては応答（回答）が出にくい場合がある。

何時 When、誰 Who、何 What（相手に関する事実、事柄に関する情報を得る事ができる）、どこ Where、なぜ Why（相手を防衛的にする、窮屈にすることがある）、どのように How（相手の個人的、主観的な感情、行動、意味などが判る）。

　②の閉ざされた質問は はい、いいえ（Yes、No）で答が出る質問。 例えば食事はしましたか？ 仕事は上手くいっていますか？ 今日は天気がいいですね。暑い（寒い）ですね。 答は明快だが話は続かない、情報量は少ない。 でも回答はされやすい。会話のきっかけつくりには有効な場合もある。また自己表現が苦手（難しい、下手）な人、寡黙な人やとっつき難い人、よく知らない人の場合の話のとっかかりにはしばしば有効。

　基本は先ず相手が答え（応え）やすい質問をする事が必要あり、どのような問いの仕方をすると相手をよりよく理解できるか、情報を多く得られるか、こころの状況を知りうるか大切である。 また話の初めに承認を得る場合などに使う場合もある（例えば、「今日は○○のテーマですが、いいですね」で Yes を確認するようになる）。
相手をよく理解し、相互理解のためには ①の質問を心掛ける。話のキッカケつくりや上述のように相手の状況によっては 先ず②の質問がしばしば行なわれる。 又状況（場合）によっては①と②を組み合わせる。質問の仕方に種類があり夫々特徴がある事を意識/認識しておく事である。

（注意）カウンセリングではカウンセラー自身の興味や関心ごとの質問にならないように、またカウンセラーの枠組みに入れるような質問にならないように、追求や教示にならないように留意しなければならない。

（ⅲ）5W1H から 7W3H 1I1S を念頭に

　前述のように通常 5W1H と言われているが、さらに 7W3H 1I1S を意識し心がけるのが望ましい。 When, Who, Where, What , Why, Which（どれを）, Whom（誰に）、 How, How much（いくら）, How many （どれだけ/

量/定量的に）、 Information（情報の授受）、 Skill(技術、技能、実力でその難しさの程度）。

# ４．表現と心の状況

## （１）表現（言う/訊く/質問の時）について

原点に返って要素を分類してよく認識/理解するように努めたい。

## （ⅰ）３つの表現の方法/きく方法（手段）
（参照：P52～ コミュニケーション、P137 等）

①言語/言葉による方法

②非言語による方法（ボディランゲッジ/ 顔、表情、声の調子、沈黙、目/視線、姿勢/態度、身振り/手足等体の動き、場の空気等）

③ 文字、図/絵/写真による方法（メール等も含めて）

・「言語は非言語に乗って運ばれる」と言われている。（参照 P58）

## （ⅱ）内容に関連してのきき方（質問）の種類

きき方、質問の仕方には次の５つあり、会話、話す時に現状（実態）把握のためや意見・考え等をきくが、良好な人間関係確立のためには相手の気持ちをきくように努めるのが大切である。（P137 参照）

①事実をきく、状況をきく（質問する）　　…現状把握
②理由をきく、原因等をきく（質問する）　　…現状把握
③意見をきく、考えや要求/欲求をきく（質問する）、推論/推定事項、決定事項、断定事項など
④今後の見通し、将来の事、予定、計画、予想をきく（質問する）
⑤気持ち、感情、思いをきく、価値観をきく（聴く、質問する）

通常①、②、③、④のきき方、質問の仕方が多いと思う（必要な場合も多々あるが）。でも人を理解するためには ⑤ を意識し心掛ける必要がある。この場合、前述もしたように、何を言おうとしているかに注目する必要がある。信頼を構築、維持するにはこの⑤が重要である。
なお他に音をきく（所謂 聞く）があるがここでのきくではない。

相手の話しは①～⑤のどれなのかを意識して聴く必要がある。 そして

140

注意する事は、その質問に対しての相手の反応（答え/応え）をそのまま
にするのではなく応対し、要約したり繰り返したり（例えば ……という
事なのですね）してお互いの思い/考えを確認していく事が大切である。

## （2）心の反応の様子 〜防衛機制〜

　会話での対応、きき方によっては相手は心を閉ざし、否定的な方向に
向かい、人の意見に対して否定したがる事がしばしばある。この事に関
連して心理学の用語に防衛機制(P62)がある。外からの批判/非難、攻撃、
脅威等に対してその不安な/不快な感情、気持ち、経験/体験等をその程度
を弱めたり避けたり戦略を立てたりして心理的に安定した状態を保つ
（防御する）ために発生する心理的な作用である。 即ち欲求不満や葛藤
による危機を事前に避けるように、自分を守るようにして心理的に安定
した状態になるように無意識のうちに発生する気持ち、表現、行動であ
る。例えば ある情報、自分の思いと異なる意見や提案、事態に対して責
められているように、抑圧されているように感じたり、今後問題になりそ
うな事や困難が予想される事を事前に避けようという心理が自然に働く。

例えば新しい提案や意見が出ると、予想される今後の対処の事や責めら
れて（非難されて）いるのではないかと思い、**NO** という答・理由を探す
ようになるのもその一種である。また言い訳等もこの部類に入る。

・状況により多くの種類があるので代表的な項目を挙げる（心理学用語で
　ある。詳細は書物、インターネットの検索等で調べて欲しい）。

　　抑圧：不快な気落ち、考えや危険な欲求を意識として出てこないよう
　　　　　にする（押さえ込む）。その結果ストレスが蓄積する。

　　逃避：不安を感じさせる場面や状況から逃げる、避けること。例えば
　　　　　他の事に熱中/夢中になる、入院したりする等。

　　投射（投影）：自分に原因があっても相手・他人のせいにする、押し付
　　　　　ける（被害妄想などもこの範疇）。

　　合理化：出来なかった事、したくない事、不賛成な事に理屈（理由）
　　　　　をつけ（考え）て正当化し否定的感情を当然と思う。

　　補償：劣等感、不満、不快を他の方法で補う、表現したり行動する。

　　昇華：抑圧された欲求や行動が社会的、文化的に評価された行動（例
　　　　　えばスポーツ、学問、芸術など）で表現する。

　　その他 反動形式、置き換え、同一視、退行、転移、摂取、打消し、分
　　　　　裂等多数の項目がある。

・考え方/状況によっては所謂ポジティブシンキングに通じる。絶望的な状況の時、他の事に熱中して成功し救われる（幸せになる）事にもなる。

> ### 24　　雑 感 ～鳥かご・動物園の檻 論法～
>
> 　心理学的な説明ではないが、防衛機制の語句を卑近でわかり易い例/言葉で言えば、言い訳や一部のごまかし（うそ）なども広義の意味でこの範疇に入る言葉であると思う。
>
> 　また会話等においてしばしば初めに言う語句として、「…若いから、年寄りだから、女だから、男だから、左翼だから、右翼だから、新入だから、無知だから、…」などがある。
>
> 　これらの表現（言葉）はあなたは別世界の人、特別の人だからと阻害して別の枠組みに入れる事、動物園の檻の中への閉じ込め論法、鳥かご論法、ラベリング論法である。　即ちこれらも自分の立場を強く主張するために防衛機制を働かした結果と言える。可能な限り避ける必要がある表現である。

# 5．会話の事例

## （1）心得 ～傾聴、気持ち、感情、心を聴く～

　傾聴の重要性については頭では理解できるが実行は意外と難しい。通常言われている次項を留意する事である。　（P134,5 参照）

a.きき手（上司、カウンセラー）は話し手（部下、クライエント）の話をじっくり聴き、話し手の気持ちや考えを鏡となって映し返す。　話し手は鏡に映った自分自身を見つめなおして自分が抱えている問題が整理できて解決の方向に気づき、成長する方向へ動き出す事ができる。

b.傾聴は是認でも否認でもない。評価的態度は避ける、相手の言う事を否定しない。先ず受けとめる、相手の気持ちを引き出す。

c.相手が言った事の内 判った事と判らなかった事を類別する。相手の言った事を繰り返す。判らない事は 7W3H 1I 1S できいたりする。

142

## （2）会話事例 ～きく、聴く、きき出す方法として～

　相手の話を聴くとは所謂 傾聴である。相手に関心を持つこと、気持を聴き、そして相手にその事が感じられなければならない。 その仕方は、繰返しになるが、相手が言っている時に適宜 相づちを打つ（うなずく等も含む）、言っている事を繰返す（オウム返し）、明確化する、適宜 要約して明確にしたりする事である。先ずは相手の気持ちを理解する（気持ちを引き出す）ようにする。話し手は聞き手の適切な相づち等で聴いてくれていると感じる。但し形だけで心がこもっていないと意味がないし逆効果にもなる。

（ⅰ）会話例-1（CL はクライエント/部下、C はカウンセラー/上司 or 他の人）

| イ．多くのケース（拙い会話） | ロ．望ましい会話 |
|---|---|
| CL もう会社はいやで、行きたくないのです。 | CL もう会社はいやで、行きたくないのです。 |
| C どうしたんだ。何を考えているのだ。 | C そうか、会社に行きたくないんだね。　　　　　　　　（繰返し） |
| CL しょうもない事ばかりで行っても意味ないし、役に立たないのです。辞めたいんです。 | CL そうなんです。しょうもない事ばかりで行っても意味ないし、役に立たないのです。辞めたいのです。 |
| C 辞めたいんだって。辞めてどうするのだ。 | C 行っても意味がなく、役にも立たないのだね。それでイライラしているのだね。　（繰返し、明確化、気持ち/心を聴く） |
| CL まだ決めてないのですが、何か腕に技能を付けて仕事をしたいと思っています。 | CL そうなのです。どうしていいか判らないのです。 |
| C 世の中そんなに甘くないよ。仕事は簡単にはみつからないよ。もっと我慢をする必要があるのではないか。　　（説教、説得） | C どうしていいか判らないのだね。どんな気持ちで悩んでいるのかな。話してくれないかな。（明確化。気持ち/心を聴く） |
| CL もう辞めさせていただきます。 | CL 実は、…　　〈話の展開が変わってくる〉 |

143

（ⅱ）会話例-2　（例えば CL はクライエント/部下/子供/生徒、C はカウン
　　　　　　　　セラー/人事の人、上司 or 他の人/ 親/先生）

| イ．多くのケース（拙い会話） | ロ．望ましい会話 |
|---|---|
| CL 大切な話があるのですが。 | CL 大切な話があるのですが。 |
| C　何の話しだね。 | C　そう〜（はい…）　　　（相づち） |
| CL 会社を辞めたいのです。 | CL 会社を辞めたいのです。 |
| C　どうしてなのか. | C　エッ、会社を辞めたいの。<br>　　　　　　　　　（繰返し、反射） |
| CL M 氏が嫌なのです。M 氏と上手くいかず、一緒にいるのも嫌で会社を辞めたいのです。 | CL M 氏が嫌いなのです。M 氏と上手くいかず、一緒にいるのも嫌で会社を辞めたいのです。 |
| C M 氏が嫌いで上手くいかないと言って退職するのなら、他の会社へ行ってもすぐ辞めるようになるのではないか。我慢をしないとだめではではないか。もっと頑張りなさい。　　　（説得、説教） | C M 氏との人間関係が原因で辞めたいのですね。　　　　　（自分の言葉に置換え、明確化） |
| CL えぇ… | CL それもあるのですが、実は会社に不信があるのです。（本音） |
| | C　そう 不信があるの、（繰返し）具体的にはどうなの。 |
| | CL 実は人事から 3 年経てば私が得意な○○の部署の仕事になるとの約束があったのです。もう 3 年以上になるのですが、何も話がなく人事に聞くと何も引き継いでないと言うのです. . |
| | C　約束していたのに引き継がされていないと言うのですか。（要約） |
| | Cl えぇ、そして……　（以下略） |

144

職場での会話事例を示した。　実際には **イ.** のケースが多いのではないだろうか。ここでは相手の気持ち、本心を引き出していない。自分の考えを一方的に言ったり、説得している。Ｃが自分の考え、価値観を押しつけている。　**ロ.** のケースはＣが相手（CL／部下、クライエント）の心の底ある気持ち、感情、本音を引き出している。

〔注記〕：先ずは気持ちを聴き、相手の気持ちを理解するように努める。会話（カウンセリング）において、あまりにも単純に（機械的に）うなずき、繰り返し（オウムの返し）を技法（テクニック）として実施するのは場合によっては逆効果になる場合があるので注意が必要である。　と言う事は、そこに誠実さ、真心、人格が相手に感じられてはじめて有効／効果的になるからである。

　人との関りにおいて誠実さは当然の事ながら非常に重要である。上述の誠実さは武士道でも重視されたし、菅原道真の歌にも詠まれている。「誠実は最良の策」／誠実であれば報われる、「心だに 誠の道にかなひなば 祈らずとても 神や守らむ」／心さえ誠実ならば、特別神様に祈らなくとも神様は守ってくださるだろう（武士道／新渡戸稲造著／倉田眉貴子訳）。

# 6. 身近なキャリアの関連諸理論の概要

　理論はその時の環境（諸条件）の中で諸事象を体系的に整理されたものであり、事実や人々の認識を統一的に説明したり将来の諸事象への示唆をするものである。　現実の場において現場で出あった状況、事象への対応時に理論に立ち返って振り返り、考える事は有益な事である。そして理論と対比する事により今後への対処の仕方のヒント（示唆）を得る事ができる。また理論に合っている事柄は人／相手が理解しやすい共通の言語、基盤となる。そこで代表的なキャリア関連の理論についての概要を記載する。

## （1）F.パーソンズの特性因子理論

　職業選択において提唱された理論である。個人が持つ諸特性（性格、興味、能力、考え方、価値観等）と職業／仕事が求める／持つ要件（因子）をどのように合致させるかに関連した理論である（マッチング理論）。

145

背景は20世紀初頭の失業、貧困等の社会問題に対する青少年等への職業指導を中心とした支援活動がカウンセリングの第一の源流である。


（2）ドナルドE.スーパー　　（P130参照）

　人の生涯でどのようなキャリアを積んでいくか、どう役割を果していくか、また節目においてどのように選択していくかなどを研究し、キャリア関連で大きな影響を与え幅広い功績を残した発達理論である。生涯のキャリアデベロップメントのプロセスを理論化したものである。

・ライフステージ（＊1）においてそれぞれどのような役割（＊2）が求められ、役割を果していくかを虹の形で判りやすく説明した〔スーパーの「ライフ・キャリア・レインボー　モデル」（虹）として示した〕。

　（＊1）ライフステージを　成長期　0〜15歳、探索期16〜25歳、確立期26〜45歳、維持期46〜65歳、下降期（衰退期、開放期）66歳以降の期に分けて示した。

　（＊2）　役割として、子供、学生、余暇人、市民、労働者/職業人、家庭人、ホームメーカー、親、年金生活者　など様々な役割

・後年キャリア形成の要因の説明として「キャリアのアーチモデル」を提唱した。アーチの2本の柱は個人的要因（＊3）と社会環境的要因（＊4）であり、これらを繋ぐ（固定する）要カナメが自己概念であるとした。

　（＊3）人の性格/特性；欲求、価値観、興味、知性、適性、特殊な才能

　（＊4）社会情勢・政策/対外要因/環境；経済、社会、労働市場、コミュニティ/地域社会、学校、家庭、仲間（所属）集団


（3）ジョン L.ホランドの理論

　ホランド John L Holland（米　心理学者）は、職業（仕事）選択は性格特性と仕事の環境特性との相互作用により職業選択が行われる事を提唱した。　それらの特性は6つのタイプに整理され、六角形で示される。

　①現実的タイプ　R（対象が物、技術・技能）
　②研究的タイプ　I
　③芸術的タイプ　A
　④社会的タイプ　S（人に関心がある）、
　⑤企業的タイプ　E（管理的な業務など）、
　⑥慣習的タイプ　C（事務職等ルーティーンワークなど）

R・I・A・S・E・Cの6つのタイプは次図のように表される。（六角形モデル）。そして設問に答えて該当するR・I・A・S・E・Cの数を図にプロットして線で結んだ形状で自分のタイプを認識する。とのような特徴があるかの見える化となる。

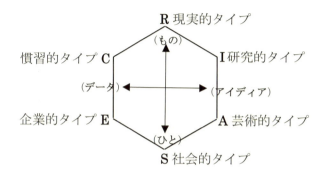

なお上図に記してある（もの）—（ひと）と（データ）—（アイディア）の2軸はD.J.ブレディガーが仕事に結びつけて提唱したものである。
2軸の間の各次元にそれぞれの軸に関連する職種を入れる。この図をWorld of Work Mapという。


（4）エドガーH.シャインのキャリア・アンカーの概念

　シャインは、人には人として生きる拠り所になるものがあるとして、それをキャリア・アンカーと称して提唱した。これは心にしまってあるものを剥がしていっても最後に残るもの（譲れないもの）、心の支えになるものである。特に選択をせざるを得なくなった時放棄したくないものである。シャインはその具体的な構成要因として次の3項目を挙げた。
即ち ①才能、能力　　②動機、欲求　　③価値、態度　である。

　キャリア・アンカーは夫々の個人の生活、経験、学習及び社会、仕事環境の変化などを通じて発展（発達、進歩等）してくるものであり、場合によっては育てていくものでもある。と言う事は最初から判っていたり、あらかじめテスト/検査で測定できるものではない（若年時に決まっているわけではない）。　言い換えれば、予測、予言できるものではない。また自分の成長や環境の変化に伴って変わる場合もある。

　キャリア・アンカーとして8項目を提唱した（当初は5つで後年⑥〜⑧を追加）。ただこれらは絶対的なものではなく、自己認識をはっきりさせるのに役に立つ。

①専門的コンピテンス（特定分野で能力を発揮する）
②経営管理的コンピテンス（組織の中で能力を発揮する）
③自律/自立/独立/自由
④安定/保障/安全性（生活の経済的安定、一つの組織にいて努力する）
⑤企業家的創造性（新しい何かを、新しいビジネス、サービスを創り出す）
⑥生活様式、調和（仕事と生活のバランスなど）
⑦奉仕/社会献身（暮らしやすい社会の実現、役に立ちたい）
⑧チャレンジ/挑戦

　なおシャインは、キャリア・アンカーは個人に関連した事だが、個人のキャリア発達のためには個人と組織のニーズが一致する必要があるとして、職務と役割のプランニングを実施する必要がある事をキャリア・サバイバルと称し提唱した（環境/職務や役割が変化する中でキャリアンカーに気づき、尊重しながら調和させ対応して生き残っていかなければならない）。


## （５）ジョン D. クルンボルツの理論〔社会（的）学習理論〕

「計画された偶然性理論（Planned Happenstance Theory：PHT ）」or/and
「偶然性学習理論（Happenstance Learning Theory：HLT ）」

　計画された偶然性（Planned Happenstance ）を提唱。偶然に起きる予期せぬ出来事（＊）を上手く取り込み、積極的に自分のキャリアに生かす事や活かし得るように準備（心構えや実力をつける）をしておく事の大切さを強調した。そしてそのようにする事がキャリアの形成になっていく。　チャンスは待つのではなく自分から行動して招き寄せる事である。
（＊）例えば人との出会い、環境や状況の変化、新しい事態の出現等々。

　この偶然の出来事をプランド・ハプススタンスに変えるには次の５項目を心得る事の重要さを強調した。

①好奇心（好奇心をもって取組む）
②持続性（粘り強く続けていく、失敗しても継続する努力）
③柔軟性（思った事、想定した事と違っていても、柔軟に対応する）
④楽観性（何事にもプラス思考、ポジティブに考える）
⑤冒険心、リスク・テイキング（行動する、挑戦する。失敗と思える事から学ぶ）


## （６）ナンシー K. シュロスバーグの理論

　"人生は転機（転換）の連続であり、その転機に対処できるように焦点をあてる"と提唱した 。

転機は ①「ある出来事が起こる事（イベント）」
（①-1 予期した事が起こる、①-2 予期していない事が起こる）、
②「予期した事が起こらない事（ノンイベント）」、
③「その結果として人生や生活の変化」 の３要素で構成される。

- イベント event の例：大学を４年で卒業する、希望する会社に就職する、転勤する、定年をむかえる、結婚する、会社が倒産する、事故に遭う等。

- ノンイベント non-event の例：卒業できない、希望する就職口がない、昇進できない、望ましい結婚相手が見つからない、災害で行けない等。

　人生においては転機がおとずれる。そしてこれ等の転機により変化が生じるが、適切に対処しなければならない。そこには２段階ある。
第１段階は先ず次の４Ｓのリソース（自分が持っている資源/能力・考え等）を点検する事である。そして不足/不十分さを感じたら強化する。

　状況 Situation 　（予期されていたか、原因は何か、タイミングはよいか、プラスかマイナスか、どのようにしたら良いか等）

　自己 Self 　（重要性、バランスはどうか、どう対処するか、考えや自信、能力/スキルはどうか/不足なら補強する 等）

　支援 Supports 　（家族、友達、諸機関等の支援、人間関係はどうか）

　戦略 Strategies 　（戦略はどうか、戦略を変えられるか、捉え方等）

第２段階は変化を受け止める事である。どの様にこの転機/機会を乗り越えるかが大切である。そのためには 戦略をたて、リソース（４Ｓ）を強化する（例えば不十分な能力強化/スキルアップ/学習/訓練など）。そして行動計画を作成し実行する。

　この転機はある意味では機会である。この機会に出会う（恵まれる）かどうかであり、この転機をどのように乗り切るかどうかが重要なので常日頃から心がけておく事が必要となる。

## 25　セレンディピティー（Serendipity）と
### クルンボルツ理論、シュロスバーグ理論

　セレンディピティーは科学の研究分野では以前からよく言われている言葉（姿勢）である。
偶然の事、思わぬ事、予想していなかった事、失敗した事等の出逢いから新しい発見に結びついたケースが非常に多い。

　ノーベル賞受賞者も新発見・発明に至る経緯でしばしば述べている。　ある事態（現象）に遭遇した時、どう観てどう考えるか、どう対処するか、どう乗り越えるか、心構え、好奇心、洞察力、苦境をチャンスの転機と考えるか、柔軟に考える事、挫けずに継続する事　等が大切である。

　語源になっているのはセレンディップ（セイロン/スリランカの旧名）での小説（童話/The Three Princes of Serendip）である（英人ウオルポールが広めた、18世紀後半頃）。

　クルンボルツの計画された偶然性理論（偶然性学習理論）やシュロスバーグの理論に通じる感じがする。新しい事態をどう考えどのように対処（対応）するかである。　キャリア、カウンセリング、心理学、研究等の世界だけでなくどのような分野でも心がける必要がある事柄である。
参考書籍例；セレンディピティー　R.M.ロバーツ著、安藤喬志訳


## （7）M.L.サビカスのキャリアカウンセリング構築理論
### 　　（ナラティブ）

　変化が多く激しい不安な流動的社会状況/職業環境の中での職業人生を如何に乗り越えていくかという認識のもとで、MLサビカスはキャリア構築理論を提唱した。この理論は新しい視点である構成主義（ナラティブアプローチ、個人の出来事や経験の重視等）をキャリア理論に取り入れていき、今までのマッチングや発達という観点でなく構築していくという考えである。

　主観的なキャリア/経験を客観的キャリアより重視しそこに焦点を当てた。即ち自分個人の経験と職業/仕事での行動に意味をおいた。
そこで過去や現在の経験、記憶に意味を見出し今後（将来）の人生への光

を見出すようにした。即ち人生をその人の一連のストーリーであると認識/解釈する。

（注記）主観的キャリアは自己概念の表現、働き方、感じ方等であり、客観的キャリアは地位とか、○○で△△業務に従事等　である。

　具体的に述べると、過去に経験した事が　特に幼少期に経験した事、思い出となっている事、出来事等で、常には意識をしていないが無意識のうちに支配していたり、小さな事かもしれないが身にしみついている事（ナラティブ/物語、ストーリー）がある。　これらを思い出すために問いかけてみる。この時まだ語られていないストーリーを聴き取る（listen）ようにする。そしてこれらを総合/統合し、視点を変えて見直したり、再構成/再構築するとより良い新しい将来が開けてくる。　即ち　小さいストーリー（マイクロナラティブ）を集めて総合/統合してマクロナラティブにして、それらを再構築するのである。

まとめると、①小さいストーリー（マイクロナラティブ）をキャリアとして構成し、意味を付与し価値を見出す。　②このマイクロストーリーを総合、統合して大きなストーリー（マクロナラティブ）へと再構築する。③こうして出来たストーリーを今後（次）のエピソードに構築する。

この過程において相手への対応、工夫された問いかけ/質問、コミュニケーション等によって本人の心の中にある答（対応策、考え等）に気づかせるようにする。人生を物語とみて、よりよい人生（今後の物語）にしていくという考えである。

　これ等に関連してのキャリアカウンセリングの質問においては、次の5項目をきく事を薦めている。　①ロールモデルを探る（6歳位時に憧れた人物、3人位）　②いつも見る雑誌やTV（どんなところが好きか）　③お気に入りの本、映画　④お気に入りの格言、モットー　⑤幼少時の思い出（3つ位）

　注意すべき事で、サビカスが示唆している事として、幼児期の教育、人との触れあいの大切さを述べているように感じる。（コラム26 P152 参照）なお幼児時のマイクロストーリーの影響については、交流分析の項の追記に記した人生脚本分析にも通じる概念である。　（P66 iv 参照）

151

## 26　　　　　三つ子の魂百まで

　幼児期に経験/体験した事が成人した後も意識、無意識は別と
して影響している。コミュニケーションの項での交流分析の脚本
分析のところでも少し触れたし、サビカスも類似の事を述べてい
る。　過去のイメージを場合によってはどのように修正、再構築
していくかが、有益な人生を過ごすためには重要である。
言うなれば、昔から言われている「三つ子の魂百まで」を心すべ
き事を意味している。　　西洋でも同じ様な言葉がある。”The
child is the father of the man “　（子供は大人の父である）

　この事は乳児、幼児時の教育、経験/体験、親や人々（社会）
との触れあいの重要性を意味している。　知識としてだけでなく
実際にこの事を認識（意識）して取り組んでいるだろうか。
なお人・個人の事だけでなく、国の歴史についても言える事柄で
もある。歴史を一つひとつ積み上げて現在があり、それらを考慮
しながらよりよい未来へ再構築していく事である。

## 27　　　　削り/剥がしと統合/再構築

### （キャリアアンカーとキャリアベクトル）

　前述のシャイン提唱のキャリアアンカーは心の中にある諸々
のものを剥がして最後に残る譲れない心の支えになっているも
のを言う。　一方サビカス提唱の理論は逆で今までの諸々の記憶
（潜在、顕在共）や経験の語り（ストーリー等）を積み上げ、意
味付けし統合・再構築して今後の生き方の方向性を示していくも
のである。　別の表現ではマイクロナラティブをつなげたり、つ
ながりを見つけたりして、新しい解釈を組み込んだりしてマクロ
ナラティブにしていき（即ち 統合・再構築である）、方向を明
確にする事である。（キャリア構成構築理論とも言える）

　そういう意味では、自分のこれからの人生の方向付けである。
即ち 自分らしい人生のベクトルをはっきり明確にしていく事で
ある。　言うなればキャリアのベクトルを見出してはっきり明確
にしていく事を意味している。この事は方角（方向）を示す自分
の北極星を見つけそちらへ向う事である。

# 7. キャリア、カウンセリング関連語句の整理と理解

　組織体（企業等）において逞しく明るく活力のある職場/組織をつくるために諸々の施策がなされている。それに伴いキャリアに関連する色々な語句/言葉（カタカナ語等）が使われている。参考までにこれ等を整理し概要を記載する。

## （1）キャリア デベロップメント(Career Development/CD)

　人の能力、人間力を伸ばし発展させて社会環境の変化に対応しうるようにする必要があり、近年キャリア デベロップメントの必要性が強調されている。 人財育成の言葉を発展させた言葉だが、キャリア デベロップメントは潜在的 及び顕在化した能力、資質を生涯において伸ばし成長させて人生を有意義に過ごす事である。 そこにおいては組織と個人との共生の概念/理念が必要である。 組織としては計画的に、長期的な視野に立っての教育・研修制度、ジョブローテーション（異動）等を実施したり、自己申告制度、面談等をしての CDP (CD プログラム) 施策等を実施したりする。

　キャリア デベロップメントの意味を理解（認識）する視点は企業（組織）側/サイドからみた場合と従業員（個人）側/サイドからのと２つある。即ち 企業が今後企業を発展させうる（望む/ニーズに合う）能力を持つ人財の育成（計画的な能力形成/職務形成）、言うなればキャリアのマネージメントという事である。そして 個人として今後の人生を有意義に過ごすための能力の形成、人間力を伸ばし強化発展させる事である。

　キャリアデベロップメントの日本語としてキャリア開発、キャリア発達であり、さらにキャリア形成がある。これらは似たよな意味もあるが、視点に違いがある。 キャリア形成はキャリアを身につけ充実、発展させていく事である。即ち キャリアを開発、発達してキャリア形成するのである。

　development の日本語訳は開発、発達、成長、発展、進展等である。ここにある発達の意味は「進歩して優れた段階になること、規模が大きくなること。発育して完全な形態に近づくこと。」（広辞苑）である。英語圏の人は development の言葉についてこれら意味を頭に描いて英語の career development の意味をイメージしているものと思う。

　上述とちょっと重複する面もあるが、人によっては視点により訳語を区別している。キャリア開発は組織、企業側からの視点で個々人（例えば従業員）のキャリアを如何に伸ばすか、持っている能力・資質を伸ばし（引き出し）組織、企業に有効に活用するようにする意味である。 キャリア発達は個人に視点を置いて（個人の側から）キャリアを捉えて個人の潜在的能力・資質を伸ばし成長させていく意味に使われている。（下村英雄 「成

153

人キャリア発達とガイダンス」要旨）
なお近年はさらに発展させた組織開発（後述）の必要性が言われている。

---

### 28　　　Career Development　の日本語訳

　キャリアデベロップメントの通常の意味は本文に記述した通り
である。一般/普通の日本人の "開発" という言葉/語句のイメージ
は土地開発（生活に役立つようにする）や技術開発（実用化、新し
い技術の創生）のような使われ方からのイメージとなっている。そ
れ故英語圏の人に比べ、一般の日本人にとって開発という言葉のイ
メージに影響されてキャリアデベロップメントについて、しっくり
した（十分な）理解をし難くしているように思われる。

　このような観点から本文で述べたように career development
の訳語はキャリア開発に拘ると本来の意味を十分表現されず真意
が根づかない可能性かあると思われる。　組織からの視点と個人の
視点から分けての訳語も提唱されたりしている。
キャリア発達、特にキャリア形成の語句にもっと注目する必要があ
ると思われる。

---

## （2）組織開発（Orgnization Development / OD）

　近年は人々の意識の変化や社会環境の変化、企業を取り巻く環境が変化
し厳しくなり、組織全体の挑戦する企業風土つくりや人々の価値観を活か
す組織つくり、活性化した逞しい組織つくりが要求されている。個々の人
間についてだけの人財（材）開発では限界があるという事で組織開発の推
進の必要性が言われている。
組織開発は組織の効率及び効果を高めるための計画的な変革の理論や実行
方法（手段）の体系であると言われている。組織（集団）全体を変革する
と共に個人（従業員）の意識改革、取組み姿勢の改革、能力向上の推進で
ある。人財開発も含んでいて能力や意欲を引き出しやすい環境（組織）つ
くりでもある。　そこでは人と人との関係性や人々の相互作用が重要であ
る。そして実のあるものにするためにはビジョンと人間教育が必要である。

　繰り返しになるがもう少し述べると、組織開発では焦点を個人（従業員）
に当てるだけでなく（例えば個人の育成）、全体（組織）やプロセスに焦

点を置き、組織全体を活性化していくための仕組みをつくっていく事である。 別の表現をすればある目的/意図を持って（望ましい結果、将来像を意識して）機会/場/環境をつくり、さらには技術、知見や諸情報を共有したり協同/協力するようにして全体として目的（意図）を達成するようにしていくプロセス、仕組みと言える。 プロセス（進め方など）によっては結果の質/次元が変わってくる。 先に効率、効果を高めると述べたが、結果として組織が元気になると共に人が元気になる必要がある。 人が元気なるとはやりがいを感じ成長に繋がる事である。

進め方（ステップ）としては、望ましい形（目標、目指す姿等）を描き、現実を解析し目標との対比をして計画（具体策、行動計画）を立て、長期的な視野に立ち、人間（従業員）の成長・変化を信じて推進する。この人間教育は重要であり、意志/認識統一等は欠かせない事項である。

身近な具体例で言えば、効果的な組織への変革、人事諸制度の改革、活力の出る望ましい就業規則、新しい人事評価制度の導入、活力ある風土つくり、諸施策を導入したり、効果的な組織に変革したり人財育成/人間教育をしたりする。 人の面では個人やグループの考え方や価値観を前向きにしたり、関係部署や職場の人々（部下）と上司との関係において目的を持って（目指す目標に沿う）ミーティング/会議をしたり面談したりする。同じ面談でもキャリアカウンセリング、コーチング、ファシリテーションなどを理解し活用したりして進めていく（これらは OD のツールともなる）。本書の Ⅰ 章、Ⅱ 章、Ⅲ 章で述べた諸事項もこの OD のベースになっている。

以前はこの組織開発という言葉はなかったが、日本では実質的にはその一部は実施されていた面もあるし、日本の強みでもある所謂 日本型経営と言われているものを別の角度から見て、組み替えたり改善したような意味合いもあると感じる。
誤解してはいけなのは、キャリアデベロップメント（キャリア開発/発達/形成）を別のものとみるのではなく、両者は深く関連している。


## （3）キャアプランニングとキャリアマネージメント
### ～キャリアデベロップメントとの関連において～

前述したように、キャリアデベロップメントの日本語訳はキャリア開発やキャリア発達になっている。前者はキャリアについて主に組織/企業/団体等に視点（焦点）をあてて発展させ（行動する、働く）、後者は主に個人に視点（焦点）をあて、キャリア形成等を促進する事である。
同様にキャリアプランニングはどちらかと云えば個人に、キャリアマネージメントは組織/団体に視点（焦点、主体）をあてている。 前者は職業・

職務選択、自分の人生について今後の取組み、行動やキャリア発達へのプランニングである。　後者は企業・組織等での人の採用、配置、異動、昇進/昇格、教育訓練、育成など人の管理、育成等がマネージメントの一貫として行われる事である。

---

### 29　　　　　　つぶやき　〜今までも〜

　人事部門等で最近注目されている組織開発について前述したが、そこでは関係性、相互作用について記述した。だがこれらの多くは日本での職場では20〜40年位前までは普通の事として大事にしていた面もあるようにも思われる（例えば教育等も）。

　目先の効率化や個人の成果が強調されるようになり（自分中心の考え）、また何でも他国の事を気にするようになり、長期的な視点が軽視されるような傾向が出てきたきらいもあるように感じる。

　例えば、資料などは個人ではなるべく持たないでグループ（チーム、課等）で皆が共通して整備する考えであった。その当時米国などでは個人が集めた資料等は自分の持ち物として、異動、退職等の時には持って行くと聞いて変だなぁと話していたように思う。ところが近年日本でもそのような事が起こっているとも聞く。

　新しい語句に注目するだけでなく、本質をよく考えて本来良い事（人間として当然な事）は維持していかなければならない。

---

## （4）キャリアデザイン

　近年よく耳・目にする用語である。この語はこれからの人生においてどのように生きるか/生き方、働き方等を明確にする事である。　そのためには自分を理解し（＊）、社会の状況を理解し、将来をもよく考えて自分の将来の姿を描き今後の働き方、生き方を明確にする事である。どういう具合に進め（生き）ていくかの自分の将来設計である。

　即ち自分の過去、現状を振り返って理解し（＊）、自分の特徴（性格/パーソナリティ、考え方、能力等）、何をしたいのか、人より優れている事や欠けていると思われる事、何をしている時にやりがい（楽しさ/夢中になるか/生きがい）を感じるかなどの自己理解を深めると共に価値観、考え方、

思い、"本当にやりたい事は何か"、"こうありたい自分"、"なりたい自分" 等を認識して実現していくように、今後〜将来の生き方、生活の仕方、働き方を**描く**事である。

〔注記（＊）：自己理解を深める、自分を知る。性格/パーソナリティ、特徴、考え方、したい事、どうなりたいか、能力、何ができるか、生きがい、価値観、諸々に対する取り組み姿勢、状況、将来像等を理解する〕

　表現を変えて整理をすれば、「自分の希望や期待を大切にしながら、将来の人生を積極的に設計し、その夢や希望を実現するための方法を提案しながら、そのために必要な知恵と力を身に付ける事。」（三川俊樹）
常に精密に計画を作成しなくても、人生における節目においてはキャリアデザインを描き、実施したいものである。（節目例：卒業、就職、異動、転勤、人との出会い、結婚、家族の変化、経験、転機、離職、移転等の他　年末年始や季節の変わり目等）
そして別項でも述べてある JD クルンボルツ提唱の「計画された偶然性 Planned Happenstance」を認識し、予期せぬ出来事が起きた場合積極的に活用できるように、乗り越えうるようにする事が大切である。

　なお日野原重明聖路加国際病院（前/故）理事長は「運命は与えられたものでなく、自分から動いてデザインしていくもの」と言われているが、キャリアデザインの思想に通じる事である思われる。

---

## 30　悩みは深まる？

　自分がやりたい事、どんな事に生きがいを感じるか、人より優れている事等を整理し将来のキャリアデザインを描くようにと言われても、特にはないので困る/悩む人も　特に若年者には多いかもしれない。
このような人は先ずは目の前の事を一所懸命に取り組むことである。この場合別項述べた　仕事についての考え方（P81）、欲求の５＋１段階（P169）等を頭に浮かべるように（特に節目において）。

　プラス思考、ポジティブ思考で行動する事が必要。　働くとは人が動くと書く。先ず動く/ 行動する事である。大昔は人は動いて食べ物を獲得し体を鍛え健康を維持するようにしてきた。

157

## （5）キャリアガイダンス

　このキャリアガイダンスという用語は職業に関連した支援やキャリア支援/人生について主体的に考えて自らの生き方ができるように支援する意味で使われている。　この用語が使われているのは、主に学校等で学生、生徒への職業選択・進路指導や今後の社会生活/職業生活での取組み方、考え方等を支援/説明/指導したり、情報を提供したりして今後の人生を考えさせたり、自分の生き方/人生を有意義に過ごせるように支援/指導する時である。　また近年では若年者を対象にしただけでなく、成人・社会人・一般人に対してのキャリア形成支援についても使われている。

　なおこの用語/言葉の概念（内容）は戦後長らく　特に学習/教育活動の場で進路指導、就職活動等において、そして職業行政（職業紹介等）で使われてきた（ただ職業、就職という直接的な要素が強かった）。
付言すると、当初は米で職業ガイダンスと言われていたが、発展的にキャリアガイダンスと言われるようになった。


## （6）キャリア教育

　近年キャリア教育についての重要性が言われている。前述したキャリアについての理解と今後の人生を如何にするかに関連して、学校生活をどうするか、就職をどのようにして社会人になるか、そして人生をどう生きるかを人間形成の視点から学ぶ事である。単に進路指導（進学、職業/就職）ではなくもっと広く今後の生き方の教育であると言える。　さらには学校教育だけでなく、社会人は自分をどのように成長させるか、どのような人生を有意義に過ごすかの教育である。　諸機関等が説明しているが、要約的に述べると「社会の中で自分の役割を果たしながら、自律/自立して生きる力を育てる教育であり、キャリア発達/形成を促す教育である」。
繰返すが学校教育だけでなく、企業や社会の中での教育も無論の事含んでいる。　ここでは先ずは、主に学校教育に関連して述べるが、企業・社会でのキャリア教育についてはこれ等とⅡ‐1、2やⅢ‐2も参考にして欲しい。
諸機関等が説明、定義しているのでそのいくつかの要旨を記述する。

・「学校教育と職業生活の円滑な接続を図るため、望ましい職業観・勤労観及び職業に関する知識や技能を身につけさせると共に自己の個性を理解し、主体的に進路を選択する能力・態度を育てる教育」　（中央教育審議会平成 11 年 12 月）

・「一人ひとりの社会的・職業的自立に向け、必要な基盤となる能力や態度を育てる事を通して、キャリア発達を促す教育」（中央教育審議会　平成23年1月）

・「一人ひとりのキャリア発達を支援し、それぞれにふさわしいキャリアを形成していくために必要な意欲・態度や能力を育てる教育」（文部科学省　平成16年1月）

・「一人ひとりの社会的自立を実現すると共に、社会の活力の維持・向上の観点から、教育と職業や産業社会との相互のかかわりを一層強化し人材育成を行う。あわせてグローバル化に対応できる人材の養成を推進する」（文部科学省　平成20年7月）

・「個人や集団を、職業上の差し迫った課題やその対処上に向けて指導する教育学的方法を用いたキャリア支援。このサービスはワークショップやコンピューター・アシステッド・ガイダンス・プログラムなどの自分で進められる形式で提供される場合もある。　（M.L.Savickas　「サビカス キャリア・カウンセリング理論」）

---

31　　　　キャリア デベロップメント、
　　　　　キャリア教育等の概念の表現

　本文にて説明したが、世間一般の人はもう一つ判り難い感じがするのではなかと思う。それは既に日本人の中にある概念に、近年新しい意味づけをした事（専門的な日本語訳の概念を入れた事）にも関連すると思う（一般の人には真意が判り難い）。

　もとの英字(単語)の直訳的な意味とは異なるが、昔から使われている判りやすい言葉（意訳）で表現するならキャリア・デベロップメントの概念（意味/内容）を表わす言葉としては人間力を磨き発展させていく事だから"人間力形成/発達/開発"であり、キャリア教育は"人間力教育"または"人間学教育"という事（概念）になるのではないかと思う。　要するに自立/自律し真っ当な人生を有意義に過ごしていくための教育をする言葉/概念である。

## （7）キャリア支援関連語句について

キャリア…（云々）という語句があるが、サビカスはそれらの関連/体系について下記のように述べている。　（サビカス キャリア・カウンセリング理論 ML サビカス著 /&追記）

キャリア支援

— 職業ガイダンス（職業指導）：　人を適したポジションにマッチングするために目録と情報を使って行われるキャリア支援。個人、集団に提供。職業のマッチングの要素が主体。職業適性を知りたい人/ 学生・生徒への進路指導、求職者への職業指導・支援、従業員への教育訓練等〔職業選択のための支援〕

— キャリア教育：　個人や集団を職業的発達上の差し迫った課題やその対処法に向けて指導する教育学的方法を用いたキャリア支援。個人の発達という主観的視点からの支援の要素が主体。職業発達を強化したい人　（別項記載 P103、158 参照）

— キャリア・カウンセリング：　自己分析・自己理解を促進させる心理学的方法を用いたキャリア支援。個人の計画的なデザインという視点の要素が主体。仕事生活を設計したい人/ 職業、職務、進路等も含めて人生や生き方をより有益に過ごすようにする支援、キャリア構築支援　（P126、133 参照）

注記(1)：これらは相互に関係しておりはっきり分かれているのではない。互いに可なり重なりあっている面がある。キャリア支援は相手の状況/要望により主な視点をどこに置くかである。

注記(2)：：同書（訳本）には介入という語句が使用されているが、カウンセリングに関連しては、その精神から言って個人的には不適切な訳語と思い支援という言葉を使用した。　各項の後半に説明追記。

## （8）意識し、心得たいキャリア/カウンセリング関連語句

### （i）自己効力感（self-efficacy）

困難な課題に遭遇した時、上手くいくように適切な行動がとれるし良い結果が得られるという確信、自信が自己効力感である(バンデュラが提唱)。自分がやれば出来るのだ（可能である）と感じる感情、目標達成す

る能力があるという感覚、そして自分自身の成功体験の積み重ねにより育成される。それに他の人の成功経験（代理経験）も参考にする事は自己効力感育成に寄与する。

そしてバンデュラは個人が持っている信念や自己効力感の重要性を強調した。即ちこれは上手くいく、出来る、成功するという自信/信念、信じる事、気持ち、考えであり自己評価でもある。

（注記）バンデュラ/A.Bandura はカナダ人で米の心理学者。代表的研究として社会的学習理論や自己効力感などがある。

　自己効力感を持つ事は個人の意識レベルだけでなく行動の変化に繋がり（行動変容をもたらし）重要な行動決定要因となる。自己効力感は積極的に課題に取り組むという認識を意図的に働かせる、そしてこの事が行動の開発や学習意欲、自信を促す。

キャリア、カウンセリング関係で自己効力感の重要性について言われているが、初めに述べたように自信を持って対処するという意味/感覚である。この感覚を持つ事が挑戦していく基となる。　また別分野の例になるがスポーツにおいても同様の事が多々言われている。例「自分自身を信じる心をもって戦う選手と戦わない選手では大きな差が出てくる」（柔道家の井上康生）/（自信とは<u>自分</u>を<u>信</u>じる事である）。

しかし過度に自己効力感を肯定し（自信過剰になり）過ぎると利己/自己中心になる傾向が出やすくなる。　常に自分が正しいのだと勘違いしてくるきらいがあり、傲慢になり人は離れていくので注意が必要である。
自己効力感を持つようになるためには、経験を積むと同時に反省と常により良くする努力、学習が必要である。望ましくない結果に対してはその原因は全て自分に帰着（自分の努力、配慮や勉強不足等）の考えが必要である。これは東洋哲学/思想でもある。別の言葉で言えば自責の考えを常に持つ事であり。他責（上司/人が悪い、教えてもらってない、協力してくれない、環境/社会が悪い、…）にしない事である（注：自責は自分を責める事とは違う）。

　この言葉と感じがよく似た言葉に<u>自己肯定感</u>（self-esteem）がある。自己肯定感を持っているという事はありのままの自分を、存在を認める/受け入れる、存在そのものに意義がある、自分を肯定する、自分は自分である、今のままの自分でいいのだと考え/感じるという意味であり、自尊感情である。　自己肯定感があるとゆとりも出き、自信も持ててくる。高めると眠っている力が目を覚まし潜在的に持っていた力を発揮するようになり自分の成長に繋がる。
逆に自己肯定感が低いと本来持っている自分の力を発揮できない、自分

ができるという事に気がついていない事である。決断力、行動力、挑戦力、コミュニケーション力等を出せない。また自分はダメな人間だと思うようになり、自責の念が強く出て心の問題が生じたりする。
なお英字 esteem の意味は辞書には、尊重する、尊敬する、高く評価する、…と思う (verb&noun)等が記載されている。

（ⅱ）コンピテンシー　（competency）
　　　（高い業績をあげる人の行動特性/ 行動能力）

　優れた結果/成果（高い実績、業績）を出す人は特徴的な共通の行動特性がある。高業績をあげる人の行動プロセスに注目する。例えば高い専門性があるだけではなくその知識をどのように使うか、行動の仕方、どのように考えて行動するか、人間関係を尊重する、傾聴する、感受性が優れている、環境対応力が高い、人的ネットワークの構築が上手い　等。無論 職種/分野によって異なる。　卑近な具体例で言えば、成績の良い営業マンの会話や質問の仕方、行動、事前にどのような準備をしているか、話（商談）をする時の話題、顧客への態度や視線、行動等はどのようか という事である。

　別の表現では、業務を行う人の行動、思考に関連しての知識、スキル、動機、性格、態度などの要素を使って成果として実現化していく発揮能力である。（上脇貴、産業カウンセリング辞典）

（注記）この語句は最初米ハーバード大学の心理学者の DC マクレランドらが外交官について調査し提唱した言葉。

（ⅲ）リフレーミング（Reframing ）

　いきづまったり、自信がなく前向きになれない（自己効力感がない）人や悩んだりした時には 考え方、視点や発想の転換をし表現の仕方を変えると、相手に与える印象が変わったり、目の前が開けてくる、今後に光が見えてくる事がしばしばある。別の言い方をすれば、心理的な（考えの）今までの枠組みを変える（はずす）事である（新しい違った視点/角度から見る）。　そしてそうする事により気持ちが変わるしプラス思考/ポジティブな考えにもつながっていく。さらに自信にもつながっていく。このように見方/視点、枠組みを変える思考/表現をリフレーミングと言う。
いくつかの表現例で示す（右側の思考、表現、行動をする）。

　　優柔不断、人の言うまま、気が弱い vs 相手の気持ちをおもんばかる、相
　　　　　　　　　　　　　　　　　　手の立場を考える、慎重な性格等

　忘れっぽい、老いている、体力低下　 vs 老人力がついた
　気が弱い　　　　　　　 vs 相手の気持ちをよく考える性格
　強引な　　　　　　　　 vs 人の先頭に立って進む、行動力、実行力がある

162

| | |
|---|---|
| 頑固な | vs 信念が強い |
| 理屈っぽい | vs 筋道を通す、論理的に考える |
| 消極的な | vs 謙虚な、思慮深い、慎重な |
| 怒りっぽい | vs 情熱的だ |
| 飽きっぽい | vs 流行に敏感である、好奇心が旺盛、 |
| 柔軟性が乏しい | vs 信念が強い |
| 撤退する、退却 | vs 新天地を求める、転進 |
| これだけしかない | vs まだこれだけある |
| 記憶力が落ちた | vs 忘却力がついた（高くなった） |
| 集中力がない | vs 散漫力がついた |
| 失敗した、もう駄目だ | vs 何事も 90%以上が失敗なのだ |
| 雑な性格、仕事 | vs おおらか |
| 態度が大きい、偉そう | vs 大物、器が大きい |

● ある性格等を別の視点でみると（表現すると）相手が受け取る印象は違ってくるし、自分の気持ちも変わる。 但し注意として過剰な反応、対応ばかりをし続けるのも逆効果になる。左側の状況についての振り返り、反省、改善も怠らない事である。 例えば最後のケースが続き繰返されると人は相手にしなくなる、最後からの２つ目の例を繰り返すと信用がなくなる。 周りの人（支援者等も）が右側の思考を促す時はフォローが必要であり、本意を理解させる事である。 なお P43 の逸話もこの類である。

## 8. 自己理解

### （1） 自分について考える

### （ⅰ） どうして自己理解が必要か、またどういうことか

自己理解とは文字の通り自己を知る事である。その意味する事は、何ができるか、何をやってきたか等の能力や性格などの特性だけでなく、どのように育ってきたか、物事への取組み姿勢や意欲、考え方、価値観、人生観、興味、関心事、どうしたいのか、どうなりたいのか、自分の周りはどうなのか、成果は、成功・失敗体験は などにも目を向けなければならない。

さらに人は自分をどう見ているか、どのように評価しているか、理解しているか（＊）を知り、自分の認識との差/乖離を考える事である。差がある

のは拙いという事ではなく差があって当たり前の場合もあるし、差から気づく（自分理解を深める）事も多くある。そこをよく考える事である。

（＊）所謂 他者理解である。この他者理解には、自分を他者がどう理解いるかと自分が他者をどう理解して（見て）いるかである。

　自分自身を知らなければ（よく判らなければ）成長できないし、どう生きていけばいいか判らない。という事は自分自身について知らなければ働き方も判らないという事である。　この自己理解のためには先ず自分自身に問いかけて心の中のもの…期待/希望、不安、諸々の関係、心情、今までの経験、幼い時の状況/思いなど意識していなかった自分に気づき、自己理解を深める。それによって自分の考えを持つ事ができ、自己確立ができるわけである。

（ⅱ）顕在化している自分と 潜在化している自分（意識は無意識）

顕在している意識： 知っている/気がついている、意識している、論理的に考える（意志、判断、理性等々）。　　　〔例：ディスプレーに表示〕
潜在している意識（無意識）： 気がついていない、感覚、 感性、感情、過去の経験など。潜在意識は過去の知識、感情、経験、思い等の記憶がある大きな保管場所である。〔例：パソコンのハード ディスク/メモリーの中の記録〕

（ⅲ）経験してきた事は頭の中に画像、映像として存在している。しかしこのままでは人には判らない/理解してもらえない。言葉に（言語化）するか文字、絵/画像にしないと人には判らない。　自己理解は自分についての理解と自分に関わった多様な環境（生活、社会、人、人間関係、自然等）への理解でもあり、その理解に伴い自己理解は深まっていく。

（2）自己理解の基本（ジョハリの窓）

　自己理解のための基礎/基本（理論）である「ジョハリの窓」を先ず理解する事である。自分の能力、取り組み姿勢、セールスポイント、性格、経験、考え方、人生等を振り返り自己アピールできるようにする事である。そして未知の自分の潜在能力、可能性に気づく事に繋がっていく。自分についてよく知る、自分を人に理解してもらう。そのためには自己開示をしなければならない（窓を開けていくという表現をしている）。

「ジョハリの窓」：米サンフランシスコ州立大の心理学者ジョセフ・ルフトとハリー・インカムが対人関係における気づきのモデルとして提唱し、ジョハリの窓と呼ぶようになった。次図に示したようにそれぞれの窓を開けて（自己開示する意味でもある）自己理解を深めるという事。

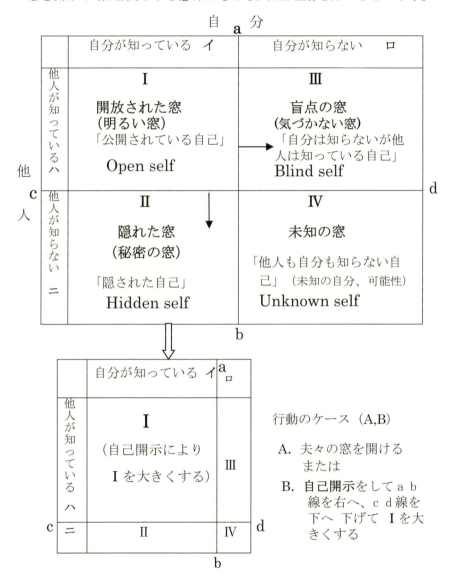

自分の事は知っているようで知らない（気がつかない）。また知ってもらう必要がある。それには努力がいる。前図のⅠを大きくする事である。

165

## （3）　自己理解のための具体的な取組みと留意事項

### （ⅰ）自分について整理する

　自己理解を深めるためには客観的に冷静に自分を振り返りみつめる事である。そのためには自分について書いていくのがよい。書く事により整理されて意識している事、感じている事、考えている事が形として鮮明になり明確になる。また無意識の事柄（潜在的な自分）が汲み出されてくる（見える化である）。書く時は自分の特徴/性格面、仕事面、考え方、その他 等について分類して紙に書き出す事により整理される。

この場合の視点として、①自分の性格面、特徴ではどうか　②自分の考え方、心理面、価値観ではどうか　③仕事面、行動面での特徴等はどうか　④その他の視点で振り返ってみる事である。　具体的には、

① 性格面ではどのような人間か、特徴（長所、短所、セールスポント、自己 PR、得意事項等）はどうか

② 考え方、信条、感じ方、心理面、知識、価値観、関心事、何を/どんな事を大切にしているか、思い、人生哲学は 等

③ 仕事、行動、過去の経験、表現面等(外的反応面)
仕事の仕方、仕事への取組み姿勢はどうか、今までの成果、成果に結びつくような行動特性（コンピテンシー）はどうか、何ができるか、成功した事、感謝された事、褒められた事、コミュニケーションについての心得え等についてどうか等を整理する。

④ その他：特技、趣味、スポーツ、諸活動、家での日常生活等。例えば、学校時代は野球部でマネージャーをやっていてチームワークの大切さや忍耐力を身につけている、休日には施設でボランティアをしている、子供達に野球を教えているが同時にマナーを指導している 等々。

何かの課題に取り組む時、例えば就職活動においても先ず自己理解が必要である。この場合は先ず自分の良いところ、心遣い、特徴等を探す事。　当たり前と思っている事でも、また一見短所のように思える事でも、別の角度から見る（表現する）と長所にもなる(例えばリフレーミング P162)。

### （ⅱ）自己理解の必要性については昔から

　自己理解の必要性はカウンセリング、キャリアカウンセリング、心理学の分野でのみ言われているのではない。人間は自己を失いやすい。自己理解に関連して別項（自得＊ ）でも述べたが、西洋でソクラテスが「汝ナンジ自身を知れ」、「無知の知」（＊2）と 2500 年程前に言っている。自己理解の重要性、難しさを大昔から識者は言っている（自己理解よりもう少

し範囲は広いが通じるところがあると思われる）。

東洋でよく似た意味の表現として、**論語**「これを知るを知ると為し、知らざるを知らざると為せ、是知るなり」（知之為知之　不知為不知　是知也）、**老子**「人を知る者は智なり、自ら知る者は明なり」（説明 P178,9 参照）。

（＊）　　自得は昔から言われている言葉。（P178、P134 参照）
（＊2）　「無知の知」の意味は、本当は自分の事を含めて判ってない、自分の知識は十分でない事を認識する必要がある。

佐藤一斎/美濃藩家老(言志四録/晩録) は次のように言っている。：人は将来の事を考えるが、過去の事を忘れている。過去は将来への出発点である。自分を知り、足りるを知る事は過去を忘れない事にあるのだ（山本博文著武士道の名著）。自己理解をしっかりする必要があるという意味でもある。

（iii）　自己理解を広く、深かめていくと、

　　自分の人生をしっかり生きるための核（基礎、基本）になるのは自己理解を十分する事（自分自身をよく知る事）である。人の事は 10 分話していればどんな人か見当はつく。　しかし自分自身をよく知る事、表現する事は意外と難しい。　心理学関連で言われる自己理解でなく、実社会では自己理解を進めていけば自分自身の事だけでなく自分のまわり、家族、住んでいる所（地域）の事、自分が属している組織（会社等）、もっと広く自分が住む国、世界、自然・環境、文化・歴史をよく理解する事に広がっていく。自分のまわりの事柄は他者ではなく、自分の事柄であり自己の範疇にもなる。そうでなければ、本当に自己理解をした事ではない。

　　この人の特性、文化、言い換えれば人/文化を育んできた歴史を理解しなければならない。これらの自分の周りの事柄は他者ではなく、自分の事柄である。　広い意味での自己理解なくしては人を理解はできない。信頼してもらえない。即ち良い仕事/ 例えば新しい地域で仕事（例えば営業）をする場合、そこの人を育んだ文化/歴史を知る事は人物特性を理解する事である。そうしなければよい仕事はできない。自己理解は他者理解に繋がっていく。

（iv）　心すべき事項

　　自己理解を深める事は、色々と経験してきた事、自分の特性を築いてきた事等もまわりの人々、環境等によるお陰であることを理解する事にもなる。そして自分自身を大切にすることの必要性に気づく事でもある。自分への思いやりなくして人を思いやる事、大切にする事は出来ないだろう。自己中心という言葉がある。この自己中心は自分勝手に、利己中心に、欲望中心に、金銭中心に、地位/権力中心に（一般的にはそのように思われが

ちだが）という事だけでなく、自分を失う事でもある。　自分はしっかり、きちんとする事でありたい。この事を認識するのも自己理解である。

## （v）アイデンティティ等との関連

　アイデンティティ identity は自分らしさ、自分である事、他人とは別である事を実感する概念である。この日本語訳での意味は、心理学では自我（自己）同一性、　社会学では存在証明、哲学では主体性/同一性である。これらの意味は真の自分は ○○ こういう者だ、自己の存在証明 という考え/意味である。　人間の存在の基本的な表現で、私は誰か/何者か、私とは何か の問いに対する答えとして人間存在について主観的、心理的なもの及び社会的、文化人類学的、歴史的な側面の概念である。
自己理解にも関連している。　自己理解を広く深く進めていくと気づきもあり、自分のアイデンティティへの意識にも繋がっていく。

　なおこのアイデンティティという言葉は元来 哲学分野で使用されていたが E.H.エリクソン（米の心理学者、精神分析家 1902～1994）が提唱し広まった。特に青年期の心理的社会的発達課題に関連しての言葉として使った。その後多くの分野で使用されている。最近は個人の事だけでなく、○○地域のアイデンティティは…、○○組織（会社）のアイデンティティは…、日本人のアイデンティティは… という具合にも使われている言葉である。

---

### 32　　自己理解を広く深めていくと （少し重複するが）

　自己理解を広く深く強く進めていくと、自己概念、価値観、そしてアイデンティティにも根っこでは関連しているとも思う。少なくとも方向性は同じ事柄である。　自分の存在意義、自分は何者かという理解/認識、社会/世界での自分の居場所等にも関連するし、自己理解を進め深める事は、他者理解にも繋がり、相互理解を促進していく（自己あっての他者、他者あっての自己であり、自己理解と他者理解は相対する語ではなくなる）。

　さらに別項で述べた交流分析での人生脚本でも基本は今までの人生（脚本）をよく理解し、今後のより望ましい人生への脚本を書き直していく事である。またキャリア構築理論（ナラティブ/物語 / サビカス）においても幼少時等のマイクロナラティブ（小さな断片的な物語）を集め、総合/統合し視点を見直し再構成/構築して今後のナラティブ（マクロナラティブ）を描く。　これ等の基本はやはり自己理解からである。

# 9. 人間の種々の発達段階、幸せ感

　人は今よりも優れた存在になりたいと願いながら日々生活している。そこには欲求、発達の段階がある。代表的な心の発達段階/幸せ感についての説明を記載する。これらは常に心得え/ 心掛けるべき事項を示唆している。


## （1）人の欲求段階（5段階＋1）
### ～人間の望み / 欲求について～

　人は成長したい、自分の力を発揮したい、人々・社会に貢献したい等の動機付けを持つ生き物であるという人間観での心理学の理論を A.H.Maslow が提唱した。　生活ができるようになると、その上の欲求が出てくるというもの。人は社会での生活、人生において色々な望みの段階がある。人間の欲求は、存在を認めてほしい、自分の望みを実現したい（自己実現）という事である。そして人・社会のためになりたいと願う（考える）ようになる。


## ◎ マズローの人間欲求の5段階 ＋1、人間観

　　　　（仕事/就職という面から考え/説明してみる）

　第一段階：生理的欲求/生存の欲求（飢え、渇きを満たしたい）

　　　　　　　……仕事をしたい、なんとか/どこかに就職したい。経済的なステージ。

　第二段階：安全/安心の欲求（雨風をしのぎたい、保護されたい、安全で安心を望む）

　　　　　　　……安全に働きたい、怪我はいや。安定した給料を得たい、安全で安心して生活したい。

　第三段階：所属（帰属）と愛の欲求（親和の欲求）社会的欲求
　　　　　　　　　（友情や愛を分かち合いたい、集団に属したい）

　　　　　　　……よい仲間になり、よい職場で、よい上司のもとでよい仲間と共に働きたい。社会で認められている会社で働きたい、社会に役に立つ事業をしている会社で働きたい。　居場所感がある事でもある。居場所がある事は安心感、心地よさ感、くつろぐ場所がある事である。

| 第四段階 |：承認の欲求、自我の欲求（人から尊敬されたい、自尊心を持ちたい、仲間に認められたい）

……職場の人達や上司そして会社は自分を認めてほしい、判ってほしい。

| 第五段階 |：自己実現の欲求（可能性の実現、使命の達成）

……職場で自分の能力を十分に活かし、新しい事に取り組み、自分の夢、考え、理想を実現していきたい。なりたい自分になりたい。この自己実現を達成するには、仕事を通じて自分自身を磨き高めていく事である。

● さらに（マズローが晩年に追加…上述の第５段階では不足と認識した）

| 次の段階 |：「自己超越」　自分を超えて特定の個人や人々を幸せにし
（第六段階）　　　　　　　　たい、社会/コミュニティーを大事に思い発展を願う欲求。人、社会、世のために役に立ちたい、人々を元気にしたいという欲求（生きがい/生きる喜びと言う事か）。

別の表現をすれば「他己実現の欲求」（他者の自己実現を支援したい、他者が幸せになるのを支援したい）である。さらに言えば、やりたい/したい事をするのではなく、人としてやらなければならない/しなければならない事（天命）をする（実現する）という気持ちを持つ事である。

・ どの段階にいるのいるのだろうか。　今 一応満足していても人間は次の段階に行きたいと考えるものである。また当然の事である。 でも飛躍した段階を望んでもどうにもならない。先を見通しながら一段階ずつ**自分で努力**をして確保していくのだという事を認識しなければならない。

・ 人生においてどの段階を目指すか。　先ずは目の前の事柄を一所懸命に取り組む事である。一方人生において重要な課題、目標は自己実現であるとよく言われている。特に若年者にとって必要な概念としてである。そこで自己実現とは何を意味するのかを考える必要がある。下手をすると自己実現という事を誤解して利己実現にすり替わって（繋がって）いく危険がある。　目指すのを自己実現と安易に考えたり、若年者に強調し過ぎたりしていないか懸念する〔単に自己の満足（利己）と誤解しないように〕。

- 人間の大きな喜びの一つは人に頼りにされ、感謝される事である。仕事についての考え方の項（P81～参照）にも関連するが、第六段階の「自己超越」を意識/認識しておく必要がある。
  繰り返しになるが、人のため社会のために生きるという事を目指す事である。　別の表現をすれば、自分を離れて人や社会をよくみて、動く/行動/実践する事である。

- 東洋/仏教の教え（日本の天台宗の開祖　最澄/平安時代8～9世紀）に「忘己利他モウコリタ慈悲の極み」という言葉/教えがある（自分の事は忘れ、先ず人の利になるように、人に喜んでもらうように、他人のために生きる）。　自己超越は忘己利他に通じる言葉である。昔から言われている心に刻むべき教えである。　別の表現をすれば、人としての使命（天命）を果す事である。

- 第三段階の所属の欲求はここにいてもいいのだという事でもあり、共同体の中に自分の居場所があることを感じるという事である。　アドラー心理学は「共同体に受け入れられているという事である」と言っている。この共同体とは自分の属する家庭、職場、学校、仲間、グループ、社会等々の集団である。

- 私共の心には次々と欲求が出てくる。除夜の鐘を百八撞く煩悩がその要素であると仏教では言っている。そして執着シュウチャク（執著シュウジャク）するなと言われている。執着は自分中心の考えによるもので、修行者でない普通の人は欲求が次々と生じてくるのはやむをえない（当然だ）が、果てしなく貪欲になり過ぎてはいけない。夫々の段階は通過点であり、最終段階の"自己超越"を常に念頭において置く必要がある。

---

33　　周りの人のメンタルヘルス課題と欲求段階

　マズローの人間欲求段階は自分の事柄（個人側からの欲求）である。　自己超越は周りの人に関係した心の持ち方によるのである。これ等を別の視点からみてみる。　職場でメンタルヘルスの課題のある人が出てくるのは夫々の段階においてあるが、特に第三～第五段階で心の葛藤や満たされない気持が生じる事にも基因しているのではないか。　と云うのは日常の生活の中で上司や周りの人の視点/対応/配慮が必要/重要である事でもある。周りの人が自己超越の段階なら問題はないのだが。

## 34　　　ちょっと気になる自己実現

　最近自己実現を目指すようにとの語句をしばしば目にする。しかし注意しなければならないのは、自己実現というのは利己実現に化けやすい事である。言い換えれば利己中心になる危険性がある事である。　マズローはやはり自己実現が目標ではないと気づき、"自己超越"を追加したのであろう。
なおこの欲求段階説の第六段階は仏教思想にも通じるもので、日本人には納得しやすいと思う。

　本文で述べた事の繰り返しになるが、人生において重要な課題、目標は自己実現であると言う人がいる。特に若年者にとって必要な概念としてである。そこで自己実現とは何を意味するのかを考える必要がある。自分の野望の実現ではない。下手をすると自己実現という事で、誤解して利己実現にすり替わって（繋がって）いく危険がある。　志の実現であって欲しい。この志とはどういう事かをよく考えなければならない。自己実現を安易に考えたり、若年者に強調し過ぎたりしていないか懸念する〔単に自己の満足（利己）と誤解しないように、自己主張が常に通ると勘違いしないように〕。　近年多く発生している思いもよらない事件は自己実現できない、社会で/人生で自分の思うようにならないという事で、起こしたりしているのが多いのではなかろうか。

（2）幸せ感、幸福感

（i）A.アドラーの幸せのための3条件

　アドラー心理学では幸せになるための条件として3項目あげている。どれが欠けてもいけない条件である。（アドラー心理学入門/岸見一郎）

① 自己受容（今のあるがままの自分を受け入れる事）
② 他者信頼（人を信じる、信頼できる）
③ 他者貢献（他の人に、社会に役に立つ事）
この③「他者貢献」はマズローの欲求段階の最終段「自己超越」に通じる。

（ii）土光敏夫氏、稲盛和夫氏の言葉

　本項に関連すると思われる著名人の言葉を参考に記載する。（致知出版）

172

土光敏夫氏が母の教えとして「個人は質素に、社会は豊かに」このように心掛けたい。

稲盛和夫氏「…高名になる事や財を成す事ではなく、真の成功とはこの世に生まれた時より少しでも美しく、善い人間になれるよう、その魂を高め浄め、磨き上げていくことだ」

（ⅲ）誰にでもあるだろう幸せを感じる３つの段階

　人はどのような事/どのような時に幸せを/有難いと感じるか〔谷崎重幸氏（法政大学ラクビー部監督）の話をもとに〕。やはり次の第三の段階になりたい、目指したい。この第三はマズローの自己超越、アドラーの言う幸せの３条件に通じる。

　第一：もらう幸せ（人にしてもらったり、支援を受ける、親切にしてもらう、何かを貰ったりの状況/状態）

　第二：できる幸せ（人の助けを借りることなく自分でできる事）

　第三：あげる幸せ（人に何かしてあげる事ができる状態、人に喜んでもらえる事、人や社会に貢献する）

（ⅳ）幸せを感じるのは、

　身近な言葉で言えば、幸せ感は不安なく安心した居場所がある事である。


（３）人の心の発達の７段階

　心の発達の７段階を薄衣佐吉氏/致知出版 が提唱した。
　　　　（薄衣佐吉ウスキサキチ：日本大学教授、公認会計士、薄衣会計事務所を創立、大正７年生・故人）

第一：自己中心の心（例えば赤ちゃんの心、自分の欲求だけで生きる）

第二：自立/自律準備の心（例えば幼稚園児の頃の心、用事を手伝う）

第三：自立/自律力の段階（成人を迎え自立する）

第四：開発力の時代（困難に立ち向かい開発改善していく力を持つ、30〜40 歳代か）

第五：指導力（人/部下を指導する、40〜50 歳代か）

第六：包容力（好き嫌いを越えて人を抱擁する）

第七：感化力（その人がいる事で自ずと感化を与える。最高の状態、晩年にはかくありたい）

## （4）十の心の発展段階（弘法大師）

　菩提心（求道心クドウシン）/（悟りを求めようとする心）の発展の段階を十に分け、人間の心の発展段階は一つひとつが向上の段階にあるとした。（弘法大師/蓮生善隆著「弘法大師と共に」より抜粋）

第一：異生羝羊心イショウテイヨウシン（凡夫や羊のように食欲や性欲だけが
　　　　全ての段階）

第二：愚童持斎心グドウジサイシン（愚かな童子のように人倫の道だけを守る
　　　　段階）

第三：嬰童無畏心エイドウウイシン（人間世界の苦悩を厭って天上に楽しみを
　　　　求め修行する段階）

第四：唯蘊無我心ユイウンムガシン（五蘊ゴウン（＊）の諸法は存在するが、個
　　　　体としての人間は仮のものであるとする段階）

第五：抜業因種心バツゴウインシュシン（悪行を逃れて十二因縁の相を観じ、
　　　　生死の苦しみを離れる段階）

第六：他縁大乗心タエンダイジョウシン（人無我法無我を悟る段階）

第七：覚心不生心カクシンフショウシン（心も境も不生、即ち空であると観ず
　　　　る段階）

第八：一道無為心イチドウムイシン（一実中道を説く一乗思想の段階）

第九：極無自性心ゴクムジショウシン（究極の無自性縁起を悟る段階）

第十：秘密荘厳心ヒミツソウゴンシン（隠れた究極の真理を悟った境地）

・人々の通常の生活の中でも感じ経験する 10 の段階である。

（注記）＊五蘊ゴウン：仏教用語で色・受・想・行・識の 5 つの総称で肉体/
　物質と精神との諸要素（人間存在の構成要素）である。
　色シキ；物質及び肉体。　　受；心の動き、感覚、知覚で感受作用。
　想；物事を思い描く心の動き（イメージ）で表象作業。　　行；心の意志
　的動きで記憶、意志、欲求。　　識；意識する、判断する認識作業。

## （5）総括　～心得/心掛ける事柄～

　洋の東西で人の欲求、幸福感や心の状況等の変化について上述のように示唆に富む事が色々言われている。これらは昔から言われ、心に引き継がれている事でもある。その基礎/ベースになる事は仏教の教えにある「八正道」である（佐々木閑/ブッダ真理のことば）。人間の苦しみを取り除くには人格を健全にしなければならない。この 8 つの道/言葉を心得ての生活により人が進むべき道を導く。　即ち八正道とは、

174

正見ショウケン　　　　：正しいものの見方
正思惟ショウシユイ　　；正しい考えを持つ
正語ショウゴ　　　　　：正しい言葉を語る、正しく話す
正業ショウゴウ　　　　：正しい行いをする、正しく働く
正命ショウミョウ　　　：正しい生活をする
正精進ショウショウジン：正しく努力をする
正念ショウネン　　　　：正しく自覚をする
正定ショウジョウ　　　：正しい瞑想をする、正しく気づく

　　　……（瞑想；静かに考え、静かにじっくり想像する。自分中心
　　　　　に考えるのではなく、世をありのままにみる）

　基本は［自分中心の考え方ではなく、世のあり様を正しくありのままに見て接する］と言うことである。これは私共の通常の生活（職場での人々の関係、上司―部下の間、社会での日常生活等）においても言える。

# 10. 身近に/昔からあるカウンセリングのこころ/精神

## （1）身近な所からの学びの色々な事例について
　　（三助、無財の七施、自得、老子、小説、仏教での言葉）

　前述したがカウンセリングの精神、カウンセリングマインドは特別の事、特別の人（専門家）だけのものではなく、昔から身近な所で常に接している事であり、心すべき事柄である。また複数の人が集まれば（組織体において）皆な（特に上に立つ人）が心得る必要がある事である。

なお以下に記載の言葉は昔から日本でも言われ、身近に親しまれている事である。もっと身のまわりにある事項、語句/言葉に留意するようにしたい。

（ｉ）三助サンジョ（自助、共助/互助、扶助/公助）

　三助は社会保険/保障や安全関連でよく言われるが、カウンセリング/キャリアカウンセリングの世界でも通用する（心すべき）言葉である。これらの"助"のバランスが大切である。仕事・社会（会社等）では特に②の共助/互助の大切さをこころする必要がある。　また各人は自助力を高めなければならない。

① 自助 ; 所謂セルフケアにも相当する。

自分で自分を管理する力であり、努力し自分で考え行動し反省する。自分だけで悩むのではなく人に相談する（支援を求める）力も含む。そして自分の能力向上や新しい事を行う場合も先ず自分が一所懸命に取組まなければならない。　所謂 人間力を高める事が必要である。

なおこの自助は単に安全、メンタルヘルス、健康関連、福祉関連やカウンセリングなどだけで重要な事ではなく社会での生活（人生）において重要である。この自助力を高める事は人々、社会に頼る事ではなく自主自立の心掛け（精神）の重要性の意味でもある。

・（広辞苑では）自助は自分で自分の身を助けること。他人に依頼せず、自分の力で自分の向上・発展を遂げること。

・英語でも”self help”の言葉がある〔英人サミュエル・スマイルズ著”SELF‐HELP”自助論/西国立志偏/中村正直(敬宇)訳〕
格言：「天は自ら助くる者を助く」
Heaven helps those who help themselves.

② 共助・互助 ; 所謂ラインケアにも相当するがもっと広い。

職場での支援で職場の上司、部下間のケアだけでなく職場の同僚、仲間、チーム内、関連部署の人達を含めた職場・環境の中でのケア、地域の人々の助け合い。そこでは気づき、声掛けや助け合いなどの配慮が大切である。　その基本になるのは所謂 意思の疎通/コミュンケーション、何事にも関心を持つ、気づき等に心掛ける事である。そしてお互いに助けあったり気づかう**環境**と相談しやすい**態勢**をつくる事が大切である。

なお言葉の理解として、ここでのケアでは聞くや訊くではなく“聴く”、答えるではなく“応える“ 態度（気持ち/こころ）が重要である。

この共助・互助は大切なのに、最近は色々の理由（忙しい/グローバル化、社会の変化などなど）をつけて重要さの認識、実施が弱体化している。ここでの基本は人々の関係性、信頼関係、人間関係であり、こころの持ち方と実行である。

③ 扶助・公助 ; 企業での人事部門、相談室や産業保健スタッフ、産業医などの組織/団体のスタッフ部門などのケア、及び外部の支援機関、医師などによるケアや地域、公的機関などの支援、制度、施策、支援システム、助けることなどを意味している。

（注記）職場のメンタルヘルス対策に関する厚労省の指針：次の４つのケアを重視している。　〔Ⅳ2⑶ メンタルヘルスケア P195 参照〕

①セルフケア　②上司・部下間によるラインケア　③事業所内産業保健スタッフによるケア　④事業所外資源によるケア

（ⅱ）七施

仏教に幸せになるためには布施フセをしよう、人に役に立とうという教えがある。お金がない人のためには「無財の七施シチセ」という言葉がある。お金がなくても施しができる、人に喜んでもらえる事ができる。それは、

1．眼施ゲンセ　暖かいやさしいまなざしで人に接する

2．顔施（和顔施、和顔悦色施ワガンエツシキセ）　優しい微笑をもった顔で接する。

3．言施ゴンセ（愛言施、言辞施）　優しい言葉で接する

4．身施シンセ（捨身施）　身体を使ってできる事で奉仕する

5．心施シンセ（心慮施）　思いやりのある優しい心を持って、相手の気持ちを汲んで接する

6．床座施ショウザセ（壮座施）人に席を譲る/提供する

7．房舎施ボウシャセ　思いやりの心で人に場所を与える、人を家に泊める

この布施をすることは施し　即ち人に喜び、安らぎ等を与える事である。そのためには色々な事に気づき心遣いのこころを持つ事であり、人の気持ちを判る事である。カウンセリングの精神に通じる。
そこで七施をカウンセリング的に見れば、　①**眼施**　②**顔施**　③**言施**④**心施** は言葉通りにすぐにカウンセリング時の心得に通じるものである。　⑤**身施**は手、足、体、顔、眼差し等の動き、手助け、ジェスチャーなどである。　⑥**床座施**は来訪者（クライエント）の迎え方で、その時の環境を整える事になる。無論 日常生活では電車の中で席を譲る事や手助けをする事等はその例である。

7つ目の房舎施は少し変えて　⑦**耳施** を入れたい。心してよく聴くこと/傾聴である。　そして"施"は ほどこしと言うよりは、なす/施行/実施する事の施シ/セである。
これらの7項目は**カウンセリングの7つの心得（七施）**である。
昔からの日本の文化/仏法の教え等（私達の身近な所にある心得/教え）の中にカウンセリングの精神を含んでいる。　心したいものである。

（ⅲ）自得ジトク

キャリアカウンセリングでは自己理解をする事の必要性が（先ず基本で

あると）言われているが、カウンセリングの世界だけでなく以前から東洋の思想でも同様の事が言われている。例えば自得ジトク（＊）の重要性、難しさである。 己を知らなくしてどうして人生を如何に生きるかが判るか である。自己理解に通じる言葉である。

西洋でも「汝、自らを知れ」（ソクラテス）、「人生は自分探しの旅だ」（ゲーテ）の言葉は有名である。 即ち自己分析して自己理解が必要ということはカウンセリング/心理学が普及（発展）したから言われ出した事ではなく、古今東西で昔から言われている重要な事項である。

（＊）自得に関連して　　（P134、P166,7 も参照）

　　（広辞苑）　　：自得とは 自らを悟ること。自ら会得すること。

　　（老子）　　　：「人を知る者は智、自らを知る者は明」（人を知ることは難しいが知者に過ぎない、自分を知ることはもっと難しく最上の明なのだ）　〔明；はっきり見えること、あかるいこと。理のあきらかで疑いのないこと、事理を弁別する知力（広辞苑）〕

　　（安岡正篤）　：「人間は自得から出発しなければならない。人間は一番に自己を失う。人間は先ず自己を得なければならない。人間は先ず根本的に自己を徹見テッケン（見通す）する。」

（ⅳ）小説等での描写　～カウンセリング等の理論との対比で読むと～

　作家は色々の構想を持って人のこころの動き等を描いている。小説を読みながらカウンセリングで学んだ理論がどうなっているかを考え、関係付ける事である。ドラマ等についても同様である。

例えば小説の展開の中でリーダーシップ、モチベーション理論がどのようになっているか、キャリア形成（発達、開発）をどのように促しているか、メンタルヘルスケア、心の動きがどのようになっていて問題を起こさず、または起こしているか等を考えながら読むと非常に参考になる。

具体的な一例として、

・「下町ロケット」平成 23 年直木賞受賞（池井戸潤著）では組織、社会のなかでリーダーシップ、モチベーション、心遣いなどの例を学ぶ事ができる。

・「みおつくし料理帖」シリーズ（高田郁著）若い娘が関西から江戸に出て色々と違う江戸で人々の思いやり、心遣いや気遣いの中で精神的にまいる事なく生活続けるのでメンタルヘルスケアのあり方を学べる。

　・テレビのドラマで会議等の場面を見ていても、関心の持ち方ひとつでファシリテーションの仕方について参考になる事がしばしばある。

　・作家 司馬遼太郎は「21 世紀の君たちへ」の中で「人は互いに支え合っている。これは人間にとって大きな道徳になっている。社会とは支

え合う仕組みである。 助け合うという気持ちや行動のもとはいたわり という感情、他人の痛みを感じる事、優しさ、思いやり、いたわり である」と述べている。 即ちぬくもりのある共感性が人には必要と言う 事である。 カウンセリングにおいて基本となる大切な心を多くの作 家が判りやすく興味深く表現している。

（ⅴ）仏教での言葉 〜鎌倉円覚寺管長 足立慈雲（大進）老師の話〜

　　人が話に来た時の応対ではよく聴いて,次の言葉を心得る 「ああ、そう。 ああ、そう」、嬉しい話だと最後に「良かったね」、辛かった話だと「辛 かったね、困ったね、大変だったね」と言うのがよい。 相手の立場になって親身にきいてくれるのが観音様である。 「ふうん そうか　大変だっただろうな… 。さぞ辛かっただろうな、苦しかっただ ろうな… 。痛かっただろうな… 」 これらはカウンセリングに通じる対応であり言葉である。心したい。


（2）その他 昔から言われている留意したい言葉

① 老子の思想： カウンセリングの精神は老子の思想の一部に通じる面 もあると感じる。「接し方として 自然のままで、あるがままで、無為の 心で、邪念を持たずに、 …… 」 「有と無――形のあるものと形のないもの （心、感情、気持ち、思い、 考え…など）がある。無の存在にも常に意識する。有と無は相互に依存、 相互に働きかける関係」 「役に立たない人はいない、誰もが役に立つ面を持っている。無用な人 はいない。」 「形式的な事や知識でなく、真心・誠実さで人に接し（対応し）なけれ ばならない」 カウンセリング/支援において常に心している（すべき）事柄である。

②「心ここにあらざれば、みれども見えず、きけども聞こえず、 食えどもその味を知らず。」（大学）： 心がこもっていなかったら、 みていても見ていない、きいていても聞こえない、食べてもその味が判 らない。 昔から言われている言葉であり、人の話を聴く時、カウンセリングの時 の心得である。

③「おもてなしの心」： 昔からある言葉（＊）だけれど、特に最近よ く言われている。 相手の心/気持ちを大切にして接する事である。思い を察知してあげること、気づかいの心、細やかな配慮である。

人に接する時の心得で、カウンセリングマインド/キャリアカウンセリング理論（精神、こころ）に通じる事項である。

（＊）四国八十八ヶ所お遍路さんの巡礼において地元の人々のお接待/おもてなし（幸せを願う）が言葉の原点とも言われている。

④ 同行二人 ： カウンセリングでは カウンセラーがクライエントに寄り添う、一緒に歩む 気持ちが大切である。クライエントは安心して心を開いて歩む事ができる。上司と部下の関係等も本来は同様である。

四国八十八か所お遍路では弘法大師の化身である杖を持って巡礼する。同行二人と言う。常にお大師様（弘法大師、空海）が付添い一緒で不安なく歩んでいける訳である。〔遍路宿に着いたら先ず杖の先（お大師様の足）を洗うのが作法と言われている。〕

現在の職場等での心得で、日本で昔から言われている事に通じる事が多数ある。上述のカウンセラーとクライエント、上司と部下（従業員）、教師と生徒・学生、医療従事者と患者の関係等は上述の同行二人の心が必要である。

# 11．目指すこと ～理論（理想）と現実との関わり～

理論について他項でも記述してきた。 理論/理想/ありたい状況を省みて現状と対比する事は惰性に流されないためにも、今後の進展のためにも必要である。その場合背景、環境の違い（変化）をよく見なければならない。そこで組織の中で人々はどのように現実と関わっているかを整理してみると、その要素は現状（現実）、理論（理想、目指す事項）、環境（社会状況、時代、諸条件）、経験（行動、人生、生活）と人（能力、人柄）の5つの関係がある。

これ等の関係を次図に示すが、人を介して（中心にして）関係しあっている。 理論/理想と現状/現実の乖離をできるだけ小さくする努力が必要である。留意すべき事は現状が全て当たり前と思わない事、乖離を意識（認識）する必要がある事である。そしてその乖離の原因/理由、原理原則/あるべき姿、基本を考えておく必要がある。又理論に基づく（合致する）説明/話は人に理解され易くなるし一種の共通語（共通の基盤）にもなり得る。

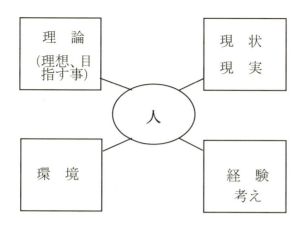

　理論は環境やその時代等の状況において（ある条件のもとで）、事実や認識事項を統一的に集大成し説明して共通性を持たせ体系的に集大成したものである。その条件のもとで将来のことを示唆したりする。ただ真理、常に真実であるのとは違う（どんな条件のもとでも成り立つものでなない）。どのような条件（環境）で言われているのかを考える必要がある。又歴史の叡智、智恵を集積したものもある。（自然科学分野の理論とは違う）ただ難しいのは時代が変わった、環境等が変わったといって安易に変更することがないようにする事が必要である。そしてそれを乖離の理由にしない事である。　理論に経験を加える事によって力が出てくる。経験は自信になるし知識を見識に発展させていく重要な要素なのである。

　別の観点から個人に視点をおいて上図をみる。理想/ありたい自分・なりたい自分と現状を比較しての現実には差がある。この差は人によっては不満となるし、人によっては人生の推進力/ドライビングホースになる。それは環境/社会と経験/考え/個人の努力に深く関係している。
そして理想/理論は現実を変える力を持っている事を意識する必要がある。なお同様の事を前述したが、人に理解してもらう場合や教えたり人を動かしたい時には理論がないと判ってもらえ難い。

## 35　　理論というもの（2）

### ～カウンセリング、心理学で～

　理論とは「個々の事実や認識を統一的に説明することのできる普遍性をもつ体系的知識」と広辞苑に記載されている。

　自然科学分野と違い必ずしも常に（永続的に）普遍性があるとは限らないと思われる。歴史の積み上げと夫々のその時代の環境等により成り立つが、環境等の変化により不具合が出てくる場合がある。真理、定理、公理とは違う。社会、環境等の進歩・変化に伴い改善され進歩・変化をしていく。　いうなれば、ある条件下（前提、環境、時代等）において共通的に説明できる事、人々に認識され/感じられている事、そして一般化し体系化した事が理論となる場合がある。条件、前提、環境、時代等により適応する理論は変わる場合がしばしばあるし、適応範囲がある。

　歴史を紐解く中で過去に宗教家、哲学者、識者が述べた事、小説に書かれている人間の心理（人間模様）、人々の間で言われている事にも現在理論と言われている内容が表現されている。それ故、私共の周りに、日常的に接する事柄に多くの理論事項（内容、意図する事項）と接している事を認識/意識しておく事は有益な事である。（本文中いくつかの事例を記載してある）

# 12.　短い言葉で表現すると
## ～カウンセリングの五七五　川柳もどき～

　社会生活の中で、仕事、特に職場においては話し合い/会話　時にはカウンセリング的なことも実施されている。話し合い、諸々の説明、理論の理解などは人間関係構築にも有効である。　この場合　諸々な留意事項、注意事項等について多くの書籍に書かれているが、短い文で表現する事によりかえって明確になる場合があるし、そこには人生の経験を整理し多くの内容を包み込める事もできる。　そこで五七五　川柳・俳句もどきをまじえて記述する。（下記で上司とあるのは場合によってはカウンセラーに、面談とあるのは　カウンセリングに置き換えるのもよい）

職場では心の支えも必要があるし、悩んでいる時には声掛けやちょっとした会話（時によってはカウンセリング）ですっきりして元気が出る事もしばしばある。そして言葉は大切でその力は大きく、力を秘めている。苦しみ悩む心に光を与えるし、人生に影響（転機）を与える。

　　　「この言葉　気持ち汲みだす　呼び水に」

　　　「言霊ｺﾄﾀﾞﾏに　薬も医者も　舌をまく」

　　　「いつ時も　あなたの心の　杖となる」

　　　「声掛けは　彼の人生　変えるもと」

　　　「その言葉　我が人生の　道しるべ」

特に上司が部下の話を"きく"時は十分に聴いてあげる（傾聴する）事が必要である。この事により心に安らぎを与えるし、元気になってくる。この場合聴く心得が必要だし、音だけでなく目から入る状況についても注意をしなければならない。また同時に相手の気持ち、感情に注意しなければならない。

　　　「聴き続け　相手の心は　リフレッシュ」

　　　「心底の　鎧ﾖﾛｲを脱がす　聴く心」

　　　「ひと目見て　心の奥に　気づきたい」

　　　「耳と目の　優しいセンサー　人を知る」

　　　「論理より　感じる心が　要石ｶﾅﾒｲｼ」

上司や支援者にとって人々が元気になっていったり、頼られるのは嬉しい事だ。

　　　「我が面談　笑顔をつくる　嬉しさよ」

　　　「いつ時も　あなたの心の　杖となる」

　　　　　（杖は上司、同僚、支援者、医療者、教師、家族そして四国八十
　　　　　八ヶ所のお遍路さんの同行二人の杖/弘法大師/空海　等である）

迷い悩んでいる人に対して傾聴し、コミュニケーションに努める事は心を繋ぎ元気を取り戻し明るい職場となる。

　　　「懸け橋を　真心通い　春を呼ぶ」

　　　「雲雀なき　悩みの心は　大空へ」

　　　「やむ心　一期一会で　よみがえる」

183

上手くいかず、迷い悩み落ち込んでいる時は自信をなくしている場合が多い。自己効力感の必要性を認識する必要がある。

心がけ、前向きな心、備えがあるところに運、縁やチャンスが訪れる。

「運と縁　自己効力感が　呼び寄せる」

「目に見えぬ　自己効力感が　杖となる」

（自己効力感はやれば出来るという自信（P160参照）

また出逢いを積極的に上手く受け入れ得る気持ちが大切である。ここで言う"出逢い"とは人との出逢いだけとは限らない。言葉であり、書物であり、物であり、情報であり、機会である。

「偶然の　出逢いを活かす　受け心」

面談、会話を終えた後の気持ちは次のようでありたい。

「話し終え　微笑浮かべて　席を立つ」

「話し終え　心も顔も　五月晴れ」

「話し終え　笑顔が示す　自助自立」

「今からは　一人でいけます　我が人生」

「生きがいは　自立/自律する人　育つこと」

心がけとして、過去は変わらないが振り返りながら将来へ向けて、先ずは目の前の事柄をしっかりと取組んでいきたい。そしてその抱負は、

「今日明日を　宝の過去に　してみせる」

「やり続け　ちりも積み上げ　天職に」

心理学者 C.G.ユングは「40歳は人生の正午（午後）」と言ったが、次のような気概/ 気持ちを持ちたいものだ。（少々おこがましいが）

「ユングさん　50、60もまだ　陽は登る」

次のような言葉もある。「四十五十は鼻たれ小僧、六十七十は働き盛り、九十で迎いに来たら百まで待てと追い返せ」渋沢栄一。　「五十六十は花盛り、七十八十で実がなり、九十百は熟れ盛り」平澤興/一日一語。　P132の論語の言葉も参照

それから上司は部下や周りの人から陰で次のように言われないように。

「今日は　パワハラポイント　2倍デー」

職場では常に改善に努めなければならない。

「うらおもて　上下をひねり　改善だ（提案だ）」

## 36　　　　雑　感　～習　合～

　Ⅰ～Ⅲの章で昔から日本で、東洋で、西洋で言われている事項のいくつかを随所で述べた。　一方キャリア / カウンセリング関連の言葉や概念は近年主に米国から入ってきたが、日本の歴史を振り返ってみると、6世紀に仏教が入ってきてそれまでの神様との習合がなされた。　所謂　神仏習合。仏教導入・普及に貢献した聖徳太子は一人の人間が複数の宗教を信じる事を禁止しなかった（認めた）。　さらには江戸末期（後半）から明治期に西洋文化が急激に入ってきて、それまで積み重ねてきた日本文化や東洋思想がある意味ではないがしろにされる風潮があった。　その時　岡倉天心（覚三/角蔵）らはフェノロサ（＊）と共に日本文化を高く評価し、その風潮の見直しの必要性を主張し、保存にも努力した。又　小泉八雲（ラフカディオ・ハーン）は日本の伝統文化の価値、日本人の生き方を評価した。

（注記＊　アーネスト・フェノロサ：米人、東洋美術家、哲学者）

明治6年に廃城令が出され多くの城が破壊された。この時土佐・高知県の中村重遠大佐の尽力により姫路城は破壊を免れた。また名古屋城も中村重遠大佐やマックス・フォン・ブラント独公使の尽力で保存された〔名古屋城は城郭建築国宝第一号（昭和20年5月14日の空襲による焼失まで）〕。

　これらも蓄積された貴重な文化価値を認める東西の文化の**習合**の考えである。このように先人の知恵と努力により違った文化を融合し組み合わせて新しい概念を創りあげてきた。　また同時代の内村鑑三はキリスト教徒で西洋文化の造詣が深かったが、日本人の心を高く評価していた。例えば上杉鷹山や二宮尊徳等の思想を高く評価していた。　司馬遼太郎も日本人は柔軟な対応/思考で独創的着想をしてきたと記述している。

〔習合：相異なる教理等を折衷・調和する事（広辞苑）〕

　キャリア/キャリアカウンセリングの概念、思想は新しく主に米国から入ってきたと思われがちだが、その中に我々が身につけてきた事柄が多くある。　しかし伝承が上手くなされずこの数十年疎かにし過ぎてきたきらいがある。人々の心に根づくためには習合/調和の考え/気持ちも必要である。

〔続き〕　　　雑感　〜習合〜

　これ等をもっと見直す事によりキャリア/キャリアカウンセリング/カウンセリングマインドの概念/心・精神がもっと人々に根づくと思う。生活の中で日常的に活用されるのが望ましく、専門家だけのものにしてはいけない。

　前述の習合をもっと心しなければいけないと思う。　また河合隼雄氏は心理学・カウンセリングを学んで帰国後、そのまま適合するのではなく日本文化に合うようにする必要性を、ML サビカス氏も東西文化の違いを述べ注意するように述べている。技術面でも明治期の土木技術導入時に、その国の特性に合わせないと成功しないと言って創意工夫した（明治の古市公威 帝大工科大学学長、土木学会会長の言葉）。

　追記すると、西洋思想では表・裏の世界/一神教である。　日本には中間があり、争いを防いでいる（ジャンケンで引き分け等）。多神教/ 八百万の神・仏教の世界である。〔古代ギリシャやローマにも多数の神様がおられたが、日本の多くの神様（八百万ヤオヨロスの神）とはちょっと違う〕

　別の表現で西洋との違いを「武士道」（新渡戸稲造著/ 倉田眉貴子訳）に記述されている。キリスト教には人間は生まれながらに罪を持っているとする「原罪ゲンザイ」という考えがある。
神道は逆に、人間の魂は生まれつき善良で,神のような純粋さがあると信じているのである。

　米をはじめ外国から新しい理論等が紹介され導入する時、歴史的に心に蓄積された精神/考えの違いを常に念頭に置いておかないと人々に有益なものとはならない、根付かない。
なお付言すると外国/米国等ではキャリア/キャリアカウンセリングが発展する背景、社会的な必要性がある事である。そういう意味でも日本では/ 私共は導入思想をそのまま受け入れるのではなく、習合/調和の思考が必要である。

## 37　　　　留意しておきたい背後の文化

　本章においてカウンセリング、キャリアカウンセリング等に
関連して述べてきた。これ等は夫々の職場の人々にとって心得
る必要事項である。そこに関連する多くの言葉・考えは近年欧
米から導入されてきた。　欧米のこれ等の考え/思想のベースは
主に個人に置いてあるし、関係性においてはどちらかと云えば
主に二者間〔カウンセラーとクライエント、上司と部下（従業
員）等〕に置いている。　個人にのみ視点を置き過ぎるとしば
しば自己中心（利己中心）に向っていく可能性がある。　別項に
記述してある"三方よし"の思いが必要であり、マズローの言
う自己超越をめざす必要がある。

　最近の社会状況/現象をみていると、自己中心に向っていない
か危惧する。新しい理論等の日本への導入時に以前からある日
本の土壌（文化）の上に上手くのせる（融合/習合する）配慮が
十分になされなければ人々に浸透しない/根付かない。
前述したように（重複するが）河合隼雄心理学者はユング心理
学を学び習得し帰国して述べたのは、文化が違うのでそのまま
日本に適合するのは望ましくない。またMLサビカス氏も西洋
と東洋では文化が違うのでそのまま適用するには望ましくなく
配慮が必要との主旨を述べている。

　言わんとする事は長年　育み蓄積している土壌/文化/考え/思
想等を振り返り留意する事が、カウンセリング、キャリアカウ
ンセリングの精神を人々に浸透/根付く事に必要であると思う。
これ等は全く新しい事項ではない認識と共に意識下に素養とし
ての文化がないと人々の心に根付いていかないという事を留意
する必要がある。

# IV．職場で心得る
## メンタルヘルス

組織人として常識的に知っておくとよい基本的な知識

組織の中での業務において心得ておくべき事項

予防の大切さ

〔注記〕実際の対応では専門書/資料、専門家/医師や専門

相談機関に相談する事が必要

# 1．メンタルヘルスでの基本事項

## （1）概要

　メンタルヘルスと聞いて頭に浮かぶのは、メンタルヘルス / こころ・精神の病 、うつ病、適応障害……等々。　しかしメンタルヘルスは病気だけの意味ではない。こころ、精神の健康である。それ故 対象は健康な人からこころ、精神の病の人まで含まれる。こころ、精神の病気の予防も大いに関係する。　病気は気が病ャむと書く。心の持ち方が原因の事が多い。それ故こころが生き生きとなるように、職場の人/本人（個人）もまわりの人々も、組織に関係する人はメンタルヘルス、メンタルヘルスケアの基本的事項についての知識を持ち、そして誰でもメンタル不調になる可能性はあるという事を知っておかなければならない。

　本章では常識的に知っておくとよい知識、日常の組織（企業/ 職場）の中での生活において認識しておくべき必要な事項について整理/記載した。実際の対処については専門家/医師や専門相談機関に相談するように。 相談機関例としては医療機関、専門の医師や各県に設置されている「独立行政法人 労働者健康福祉機構 ○○産業保健総合支援センター」等に相談されるのがよい（○○は都道府県名）。

## （2）メンタルヘルス課題の発生原因と予防の大切さ

　メンタルヘルスについての職場での関心は、周りの人がメンタル不調者にどのように接し対応するか、そして休業して復職する時にどのようにしたら良いかという事などである。　しかし最も大切な事はメンタルヘルスの問題が発生しないようにすること、即ち 予防である。メンタルヘルスの課題が発生しないように考え予防に注力し、対策を実行していれば、たとえ発生したとしても速やかに対応できるだろうし、復帰した時にも再発しないように受け入れできる。

　そこで大切なのは知識・見識、教育である。特に上司（管理・監督者/ head になる人）の知識・見識、教育である（現場を理解し、徳/人格のある人にする事である）。という事はラインがしっかりする事である。最近は以前に比し上司は部下や周りに配慮するより、すぐに成果が見えるようにという事で目先を重視し過ぎる傾向（きらい）になっている事はないだろうか。そしてプレーイングマネージャーという事の前半（プレーイング）に重点があり肝心の人への配慮が以前に比し不足気味になっていないだろうか。換言すれば職場においての上司と部下との関係性をしっかりさせる事が重要である。

（３）予防するためには、

　メンタルヘルス課題の発生原因は主に継続する強いストレス等によるが、個人的な要因を別にすると、主に職場での人間関係を中心とした事柄／要因と過労であり、Ⅰ章P12〜の「職場を支える５つの要素」に関係してくる。別の観点からみると次の５項目に整理されるので十分対処するように心掛ける事である。

① 自分の能力（キャパシティ）との関係、欲求されている水準と現実との落差の大きさはどうか。

② その業務が自分／個人にプラスになるか（自分の成長に繋がるか）、会社・組織／人々／社会に役に立ち、意義があるか、やりがいや達成感を感じる業務であるか。その職場は本人の居場所となっているか。

③ 見通しはどうか。〔現在は厳しい業務でもいつまで続くか、期限の見通し（例えば１ヶ月、３ヶ月、６ヶ月だけとか）がついているか〕。

④ 環境はどうか。
　周り／上司・同僚の心遣い／理解・認識／関心があるか、相談する場があるか、人間関係はどうか、コミュニケーションはできているか、職場で必要とされている人物か（認められているか）、家族はどうか、孤立していないか（つながっているか）等。
　さらには組織として個人のメンタルヘルスへの理解／認識／配慮がなされているシステムになっているかである。

　別の言い方をすれば上司、周りが関心（＊）を持ち、状況を理解しているかどうか、孤立していないか、相談する人がいるかである。
　〔（＊）言葉、動き、表情、時間、変化、出来ばえ…等々　について〕
　周りの人が言葉／声をかけるのは質問するのとは違う。問いかけと質問／訊くのとは違う。問いかけは相手に自問自答を促す効用がある。

⑤ 日々過重な労働時間になっていないか（毎日長時間の労働時間となり休日もなかなかない状況が続いていないかなど）。

　この場合も①、②、③、④があればある程度のメンタルヘルスの不調は少し緩和される。　トンネルの向こうに、先に常に光が見えるかどうかという事でもある。また逆に過重なとまでいかない労働時間でも ①、②、③、④がなければ／光が見えなければメンタルヘルスに支障を生じる。⑤が①、②，③，④の基因となっている場合がしばしばある。常に職場全体の⑤をみないといけない。　なお別項でも記述したがラインの役割が大きい。即ち 周りの人、上司は人の状態や行動の変化（異常）、その兆候をキャッチする（微分値で見ていく）ように努めなければならない。

191

近年メンタルヘルス関連の専門家は、うつ病になるのは真面目で几帳面な人が多いという事で真面目、几帳面、一途さがあたかも悪いような言い方する事があるが この事をどう思うか。　真面目、几帳面な、一途な人がいるから社会が上手く成り立っている。これらの人、性格・心がけを大切に、尊重するようになければならないし、しなければならない（環境つくり/雰囲気が必要）。　そして上述の①〜⑤を意識し留意する必要がある。

（注記）長時間労働/過重労働とは：労使間で定めた時間外労働の範囲を大幅に超える状態。月100時間 又は2〜6カ月で月平均80時間を超えると長時間労働とみなされる。　労働基準法第32条で勤務時間の上限は1週間40時間、1日8時間と規定されている。　長時間労働はこの時間を大幅に超えて時間外労働をする法定外労働である。この大幅とは上述の時間である（労災での過労死を認定する基準でもある）。
なお労働基準法32条で規定されているのに法定外労働が許されるのは労働基準法36条の規定にもとづいて労使協定を結べば基準の範囲内であれば時間外労働が可能と規定されている事による（所謂 三六協定）。

《今後の方向・平成29年3月 新聞記事》：働き方実現改革会議での検討事項。　時間外の上限として年間720時間（月平均60時間）を上限とし、単月（繁忙期）は月100時間未満を認める（特例）。　原則的な上限は月45時間、年360時間である。なお運輸業、建設業、研究職、医師は猶予期間がある。現在労基法改正、働き方改革が議論されている。


（4）レジリエンス 力

　レジリエンス力は、困難に負けないための心の力、困難な状況下でも適応して/乗り越えて生きていく力、挫折から回復する心の回復力である。精神疾患に罹らないように前項の予防に徹する事と共にレジリエンスという力をつける事である。　このレジリエンス（resilience）は心理学用語で、精神的回復力、心の復元力、耐久力、平たく言えば折れない心の意味である。社会、人生においては頑張っていても思い通りにならない事態や人間関係での重圧等にしばしば遭遇する。このような中で生じた強いストレス状況下で健康状態を維持し、もし落ち込む事態が発生してもすぐに立ち直る力である。　このレジリエンスを高めるためには経験/体験が必要である。上司は場合によっては必要に応じて強い注意、指導が必要であり（無論 それなりの配慮とフォローが必要だが）、それを受け入れ 耐える力をつける事である。またⅠ-1（P12〜）に記した職場にしていく。そして望ましくは社会人になる前にもまれる体験をしておく事である。　なお最近では精神疾患関連のみでなく職場の一般業務遂行においても使われる言葉である。

192

（参考）：元々は物理学用語である。
　ストレス（外圧による歪み）　**VS**　レジリエンス（外圧でも歪まない力）

## 38　　　予防と専門家の働き、ラインの役目

　職場では問題となる事案が生じないように、予防する事が非常に重要である。しかし発生したら当然の事 適切に対処しなければならない。この時その分野の専門家/専門家集団の働き/活躍、機能が必要である。　このような場合の専門家による目の前の事案に対応する組織/システムが必要だが、発生しないように地味ではあるが予防する事が非常に重要である。　そのためには日常従業員と接している上司（ライン）場合によっては仲間の役割が重要で、専門家はその層（ライン）、組織への働きかけ、支援、教育が大きな役目でもある。そのようになるようにするスッタッフの役割も大切である事は勿論である。

　以前はそれなりに伝承されていた教育/人との心の触れあいが不足気味になっていないか。何事もグローバル化という名のもとに、目先の事にのみ関心がいき、職場での所謂 人との触れあい/人間力教育が少なからず軽視されていないかと懸念する。これらは単にメンタルヘルスケア関連だけでなく、若年者の早期退職の問題や教育現場での教師と子供達との触れあい（人間教育）等においても同様で重要な事項である（ラインの役目についての大事な見方/考え方である）。何事においても問題が発生しないように事前に対応（予防）しておく努力が大切である。

　専門家の言動（意見/見解等）、理論や行動はその背景、環境、条件、考え等により変わってくる。　判り易い例は、専門家による経済の予測では正反対の方策/意見/見解はしばしばある。裁判では夫々専門家だが裁判官、検事、弁護士により見解は異なるし、一審、二審、最高裁がある。同じ案件でも専門家の見解は色々で異なる。　当然の事だが何事にも背景、状況、環境、条件等を我々はよく考える必要がある。
ここで言おうとしている事は、常に人々（部下等）に接しているラインの人は専門家の知見をよく吸収してその場・現場/条件・環境を考え、人に合致（適応）するように対処していく必要がある。

## ２．職場でのメンタルヘルスについての留意事項

### （１）職場での観察視点として事例性と疾病性

　　専門家/医師ではない人が、精神に異常を感じる人を必要（実力）以上に自分で治そうとしたりせずに専門家に依頼する事だが、上司や周りの人は良く観察する必要がある。その視点は事例性と疾病性である。

　　「事例性」は実際に現れている客観的な事実で、関係者は今までの状況とは違う変化に気づく事、職場で困っている事、問題になっている事などである。　例えば、周囲とのトラブルが多い、勤務状況が不規則/悪い（遅刻が多くなったなど）、上司の指示に従わない、仕事が出来ない、ミスが多くなった、変わった（奇妙な）行動/言動する人など。　さらに変化した後よりも変化の<u>兆候</u>を把握し対処するのが望ましい。
　　「疾病性」は専門家が判断する分野で病名や症状に関することである。例えば、幻聴幻覚、被害妄想がある、統合失調症が疑われるなど。

　　即ち職場の上司や周りの人々は疾病性（病名）を論じたりするよりも、事例性を重要視する必要がある（優先する視点は事例性）。具体的に把握して専門家につなげていく事である。


### （２）現場で病識のない人への対応

　本人には病識（＊）はないが、外から（周りの人が）見ておかしい/異常と感じる時　即ち精神面で異常があるのではないかと周りの人が感じる行動や言動がある状況/人（例えば、抑うつ状態、うつ病、躁うつ病、統合失調症などの精神疾患等）への対処法は産業医や関係部署と相談しながら本人に専門医の受診をすすめる。この場合本人は病識がなくてしばしば病院でみてもらいに行きたがらない。　そのような時は、「私は心配しているので一度ぜひ診てもらってほしい。そして結果について話して欲しい。……私を安心させてほしい。」と言うのはどうだろうか。　また精神科というと一般的には抵抗があるので心療内科での受診はすすめると受け入れやすい場合がある。この場合当然の事ながら、事前に産業医等に相談してすすめる事のできる適当な病院を調べておくように。(P206 参照)

(注記)/広辞苑（＊）病識：精神疾患を持つ者が、自分が病気だと自覚するする事。神経症の人はこれを持つが、精神病の人ではこれを欠く事がある。　（神経症）：心理的な原因で起こる精神の機能障害。病感が強く不安神経症、新規神経症、強迫神経症、離人神経症、抑鬱神経症、神経衰弱・ヒステリーなど種々の病型がある。ノイローゼー。　　　　（精神病）：神経機能障害のうち主として内因性及び器質性のもの。殊に精神分裂病・躁鬱病を二大精神病という。/ 次節 P196～参照

## （3）メンタルヘルスケアの仕方 （P175,6 の三助サンジョの項参照）

　　心の健康問題は大きな課題となっている。これは労働の過多、質の急激な変化、及び人間関係の希薄化などによりストレスを今まで以上に感じ、心への負荷が増加している状況が原因になっている。特に周りの人々の支援や関心の欠如や心遣いの不足、孤立化等が起因している。
そこで働く人々のメンタルヘルスケアについて厚生労働省は指針としてメンタルヘルスの「４つのケア」を提唱している。

職場のメンタルヘルス対策に関する厚労省の指針：「４つのケア」

①セルフケア　：働く人が自分自身でできるケア。ストレス状態に気づき、予防や適切に対処する知識や方法を理解してケアをする。

②ラインケア　：管理監督者が部下の心の健康をケアすること。職場環境（もの/装置、設備、建屋等、人間関係、人/思いやり、配慮等）、仕事量、仕事の質/レベルの把握、改善、相談、対応等でケアをする。

③事業所内関係部署等によるケア　：社内の産業保健スタッフ、人事・労務スタッフ等が職務の中で支援、メンタルヘルス対策等。

④事業所外資源によるケア　：社外の専門機関の活用をしてのケア。
　〔相談機関例として各県に　〇〇産業保健総合支援センター(〇〇には県名)がある。HP をインターネットで調べれば電話番号、所在地が判る。〕

現状からみて特に注意する事として、①のセルフケアでは自助力を高める必要がある事、②でのラインケアが不足している事である。　それ故上司等がケアをしやすいように③項の関係者がバックアップすると共にシステム/制度を整える必要がある。

・　職場で人々が特に心掛ける事柄として次項を認識しておく事である。

　　観察する　──→　気づく　──→　考える　──→　かかわっていく

　（よく見る、関心を持つ）　　　　　　　　　（声掛け、行動する、対応）


## （4）その他 注意事項

・メンタルヘルス関係では、論理/理論もさることながら、納得感（観）、説得力が大切な事を心しておかなければならない。

・将来問題となった時のために、周りの人（職場の上司等）は常に記録をとっておく事が大切である（状況、会話、とった対応、他部署や医師、

社外機関との相談など）。 またこの事はもし休業（休職）になった時もその期間中の話し合い事項等も含んでいる。そして本人にも日々の記録を書かせるようにしておくのがよい。

・うつ等精神疾患者は休養と薬の服用の継続が必要（自分勝手にやめない）。

・就業規則等を整備し、処遇や対応等の根拠を明確にし周知しておく事が必要である（平等性/公平性と後日のトラブル防止のため）。

・従業員には公平に対応/対処する。そのためには納得させる基準/基本（よりどころ）になるものが必要である（上述の就業規則等の整備）。特に新型うつ等の従業員に対しての対応に留意が必要である。

# 3．主なメンタル疾患等基礎知識

　本項は職場で知識として知っておくとよいと思い 記載したもの。詳細は医師、医療保険スタッフ等に相談、書籍等で確認のこと。　なお以前と呼称が変わったり、状態がすすむことにより病名が変わったりする（例えば心配事、過労、ストレスが増えて抑うつ状態がうつ病となる）ので留意の事。　本項では主に精神障害について記述する。

## （1）職場での主なメンタルヘルスの課題

　　厚生労働省は平成18年年に四大疾患として糖尿病（237万人）、がん（152万人）、脳卒中、急性心筋梗塞を指定したが、精神疾患が多いので平成23年に精神疾患を追加して五大疾患とした。　精神疾患（＊）は急激に増加している（P209参照）。
主な疾患の概要を記述する。

（＊）精神疾患は英語では Mental Disease、専門的には精神障害 Mental Disorder で、一般的には Mental Illness 心の病、精神病と呼ばれている。　なお英語の関連で一般的に言えば、disease は疾病であり病気、疾患である。Illness ,sickness に対して病名のはっきりした病気をいう。また英語で障害者は disability, handcapped である。
　　（医学名と一般名では必ずしも一致していない）

## （2）障がい（障害）/ disorder についての分類/種類

　色々な障害についての基本的な事柄の知識を身につけておき、よく観察して本人の状況を理解して接する事が必要である。ただし対応においては安易に自分の判断だけでなく専門家（医師）の意向を尊重するように心掛ける必要がある。
なお障害の字の害は不適切で（抵抗が）あるとして、障碍、障がいとしばしば書いている。特に近年は後者の障がいが多くなった。

　全体のイメージを把握するために障がい者を分類すれば以下のような障害の分類となる。　＊印についての説明を別項(3)～(6)にもう少し詳しく記述する。

・身体障害〔視覚障害、聴覚障害、肢体不自由、内部障害（心臓、腎臓、呼吸器、小腸、大腸、膀胱等内臓など）〕

・知的障害

・精神障害（＊別項で説明）

・発達障害（＊別項で説明）

・高次脳機能障害（脳の損傷等により記憶障害、注意障害、遂行機能障害、社会的行動障害、認知障害などがある。例えば脳出血、脳梗塞、くも膜下出血などの頭部外傷の後遺症として発生する事がある）

・難病　医学的に明確に定義された病気の名称ではない。厚生省（当時）の定義　①原因不明、治療方針未確定であり、かつ後遺症を残す恐れが少なくない疾病、　②経過が慢性にわたり、単に経済的な問題のみならず介護等に著しく人手を要するために家族の負担が重く、また精神的にも負担の大きい疾病。　難治性疾患克服研究事業の対象疾患 130 疾患、特定疾患治療研究事業対象疾患 56 疾患（平成 22 年）。

・その他の障害

## （3）主なメンタル疾病/障害、分類とその概要

（ⅰ）精神障害＊（手帳の交付は 1 級、2 級、3 級）

　①統合失調症＊（以前の呼称は 精神分裂病）〔詳細は（4）参照〕

　②気分障害＊　　　　　　　　　　　　　　〔詳細は（5）参照〕

正常な人の状況とは違い、憂うつや気分の高ぶりなどの気分の浮き沈みがあり考え、状況、言動や行動等に異常が出てくる。

・うつ病： 別呼称として 大うつ病性障害、反復性うつ病性障害、うつ病エピソード。 （近年は新型うつ病と称されるのもある/後述）。

・躁ソウうつ病： 別の呼称として 双極性障害、双極性感情障害

③ 神経症： 診断名ではない、現在は通常正式病名としては使用しない。不安を感じて行動を繰返したり（手洗いや戸締りの確認の繰り返し等）、心の重圧により精神的、身体的症状を引き起す。即ち心理的な原因によって起こる心身の機能障害。幻覚や妄想等はない。（以前はこの一部はノイローゼとも言われていたが現在は医学用語としては使わない。 またヒステリーも神経症のひとつで後述の解離性障害を参照） 次のような症名がある。

・不安神経症：漠然と不安を感じ継続する。 しばしば身体症状を伴う

・広場恐怖症： 人ごみや乗り物の中で息苦しさや恐怖心を感じる

・社会恐怖症： 対人恐怖症/赤面恐怖症、視線恐怖症。 人に注目されると感じて恐怖心が起こり社会的状況を避けようとする

・パニック障害： 不安に襲われ息苦しさ、動悸、頻脈、目まい感、発汗、吐き気等の症状が起き恐怖心に襲われる不安を感じて外出も困難になる、混乱するなど

・強迫性障害（強迫神経症）： 不要、不合理と判っていてもある考えを繰返し思い浮かべる等の強迫概念がありその考えを除こうとする行為を繰返す。例えば手洗いを繰返す、戸締りを何回も確認する、他人が触れる手すりに触れない等

・心的外傷後ストレス障害 **PTSD** /Post Traumatic Stress Disorder： 神経性障害、ストレス関連障害などに分類される。事故、災害、出来事、災難、事件等の強いショック体験、強い精神的ストレス等が心のダメージとなり、後日主に心理面へ諸々の症状が現われる（フラシュバック）。不快な、恐怖の記憶が繰返し人を避けたり不安や抑うつ気分になる。 （ベトナム戦争帰還兵に見られた症例など）

④ 心気症： 何かを不安に思い、不安のためにその思い込みから抜けられない。種々の検査や診察で身体的な病気でないのに病気と思いこみ悩む。 医者を渡り歩く（ドクターショッピング）。以前はノイローゼとも言われていた。
DSM IVでは、身体の兆候や症状の誤った解釈のため病気にかかる

あるいはかかっていると思い込みが 6 カ月持続しており、それが著しい苦痛や機能の障害を呈している精神障害。

⑤ 解離性障害、転換性障害（以前は ヒステリーと呼ばれていた）： 自分では気づかない心のゆがみで外からみると異常な行動、運動を起こしたり感覚機能、意識などの障害が起こる身体表現性障害（医者に身体症状を訴えても身体的な異常は見つからない。医者の説明に納得しない）。所謂神経症の一部でもある。

⑥ パーソナリティ障害 / 人格障害 ： 若い時からその特徴が現れ、色々な場面で問題が出て人間関係に支障が出る。パーソナリティが著しく偏り社会・職業生活に支障が生じる。考え方や行動が極端になる。 要因としては遺伝要因と養育環境要因が考えられている。本人は病気との認識はないが、周囲が異常に気づく。周囲、職場で人を信じられない、猜疑心があり、感情表現が乏しくなる、不安、孤立的になったり、対人トラブル、異常行動、柔軟性がなく固執等々になる。

⑦ てんかん： 脳の神経が一時的に激しく活動して（脳の神経細胞が一時的に異常な興奮、過剰な働きで）発作が起こり、突然のけいれんや意識喪失となる脳の疾患。 脳の外傷や腫瘍などの器質的な問題によるものと原因が不明なものがある。 短時間でおきるもの、硬直するもの、繰り返し発作が起こるもの、突然倒れるものなど様々ある。多くは薬物治療（抗てんかん薬）である。なお乳幼児期の発症が多いが、成人や高年でも発症する。中高年の場合生返事をしたり、一点を見つめて口をくちゃくちゃさせたり、記憶喪失する場合もあり認知症と間違われる場合もある（脳の老化現象によるてんかん）。

⑧ 依存症： 主にアルコール依存症、薬物依存症などである。摂取したい欲求が強く止められなく自己コントロールができない。この他にパチンコや買物など特定の行為に執着する行為過程依存症などもある。

⑨ 適応障害： 社会環境（組織、仕事、職場等）、生活環境（の変化）に上手く適応できず、心身に症状が現れ生活、仕事等に支障が現れる。ある特定の状況、環境、出来事等がつらく耐えられがたく感じて症状が精神、身体、行動面等に現れる。人間関係が上手くいかなかったり、環境・仕事が合わなかったりする。定義として、「ストレス因により引き起こされる情緒面/精神面や行動面の症状で、社会的機能が著しく傷害されている状況」（ICD10 世界保健機構の診断ガイドライン）。 進むとしばしばうつ病等になったりする。 適応障害は個人的要因（素質等）と環境要因（心理的社

会的ストレス）のバランスの崩れによるが、ストレスとなる状況、環境、出来事等が比較的はっきりしている。

⑩ 心身症： 発症や経過に心理的・社会的因子（例えば過剰なストレス）が大きく影響している。そして心の障害が体の障害（症状）として表に出てくる。
例えば、胃潰瘍、十二指腸潰瘍、神経性胃炎、円形脱毛症など多数の症状となる。多くの診療科に関連する症状としてあらわれる。（無論これ等の病気の人が全て心身症によるという事ではない）。心身症は精神疾患であり、身体疾患である。 受診されやすく適する診療科としては精神科、内科などより心療内科の方がよいとも言われている。そしてカウンセリングも受けるのがよい。

⑪ 摂食障害： 拒食症と過食症の2種類がある。

（ⅱ）発達障害＊：〔概要、対応の等についての詳細は後項（6）を参照〕

　近年注目されており、障害という言葉を使うように通常のイメージでの病気ではなく、脳の器質的障害によるが、現状では治療法はあまりない。診察名は重要ではない。　近年発達障害者が増加していると言う。これは診断方法が発達した事によるのか、社会/職場環境の変化に伴い人々が適応し難くなり目立つようになったのかは判らない。
支援のための法律として発達障害支援法がある。


（4）統合失調症

　症状には陽性症状と陰性症状の2種類ある。
陽性症状は健康なら出ない症状である。例えば幻聴（そこにいない人の声が聞こえる、自分の噂話、悪口、命令等が聞こえる等）、妄想/被害妄想/誇大妄想（ありえない事を信じ込む。危害を受ける、偉大な人物と思い込む、操られている等）、幻覚（対象のない知覚で実際に物がないのにその物が見えるなど）である。
陰性症状は会話の減少や内容の乏しさ、感情表現が乏しくなる、意欲や気力の低下等である。

　発症する時期は青年期が多い（特に10歳代後半から20歳代前半）。
日常/職業生活での状況（現象）としては融通や機転がきかない、気配りや相手の気持ちを察したりするのが苦手（人間関係は苦手）、複数の事を同時にできない、器用さがなくそれまでの経験を新しい事に応用できない、事前段取りや全体把握は苦手、明確な具体的な指示が必要等である。

なお国内の患者数は 80 万人と言われている。　上述の状況なので職場において は周りの人、上司は本人の状態、病気のこと等をよく理解して医師とも相談しながら諸々の工夫、配慮が必要である。

## （5）気分障害(うつ病等)

　近年うつ病と言われている病には従来型うつ病（メランコリー型うつ病）、躁うつ病、新型うつ（ディスティミア型）がある。
留意しておきたい事として、他の精神疾患においても状況によっては状態像診断(＊)で"うつ状態"という診断書が出される事がしばしばある事である。
注記（＊）：診断で病名でなく"状態像"/症状群でしばしば告げられる/〇〇状態という状態診断 (例えば、抑うつ状態、不安状態、幻覚妄想状態、錯乱状態 等々)

① 従来型うつ病：　所謂 うつ病である。　一般的に言えば抑うつ気分、不安、焦燥感で精神活動の低下となる。

・この従来型うつ病のメランコリー型うつ病は、別称として 大うつ病性障害、反復性うつ病性障害、うつ病エピソード等が言われている。

・症状、性格面の特徴として性格が真面目、自責的、完璧主義、責任感が強い人が罹りやすいと言われている。また自分を責める、病識がない、食欲不振、不眠、意欲（精神活動）が低下する。

・留意事項としては 十分な休養と薬での治療(途中で勝手にやめない)、環境・周りの人たちの理解や配慮、人間関係への配慮である。　ここで必要な事は周りの人（上司、仲間、家族等）が通常との違いに気づいて本人とよく話をして、先ずは受診に比較的抵抗の少ない心療内科等の受診を勧める事である。そしてこれ等周りの人の理解/支援である。特に注意しなければならない事は自責の念や自分は生きていても意味がないと考えて自殺にいたる場合がある事である。

② 躁ソウうつ病（双極性障害）；そう状態とうつ状態を交互に繰り返す。そう状態では気分の高揚が特徴で気力や活動が高ぶる。　例えば多弁、社交性の高まり、過度の馴れ馴れしさなどの特異な行動等が見られる。そして周りは"躁" の時に元気になったと勘違いしない事である。　うつ状態では抑うつ気分となりうつ病の症状である。　再発が多い疾患であり継続した服薬が必要である。自分の判断で服薬を止めない事。

③ 新型うつ病 ：新型うつ、ディスティミア型うつ病、非定型うつ病、逃避型うつ、現代型うつとも言われている。　医学用語ではなく医学的には明確ではない。近年言われだした病で増加している。

一般的には従来型うつ病より抑圧気分は弱く長期間継続する。会社、社会/家庭でのちょっとした刺激に過敏になり不適応感が生じる。
なお新型うつ病の多くは適応障害の範疇に入るものと思われ、職場に適応できない。
特徴として若年者に多い、他罰的（人のせいにする）、他者への配慮が乏しい。現在や将来に不安があったり、社会/会社/上司への不満、怒りや引きこもり等の状況（症状）となる。性格的には自尊心が強い、自己中心的で自己主張が強い、仕事になるとその気がなくなる（抑うつ的で）。仕事以外では元気になったり（勤務後は飲み食い等元気になったり、新型うつで仕事を休んでいる時に旅行に行ったり、パチンコに行く等）、楽しい事があると快活になる。自分からうつ病だと言う。

・対応（心得）として本人の話をよく聴く、考え、価値観、行動を理解しようと努める（但し本人の言う通りにするのとは違う）、言い方には気を付けて言うべき事（注意すべき事）は言うし、コミュニケーションに留意する。自尊心を傷つけないように、本人を育てる気持ちで接する。
また人よっては医者（心療内科、精神科等）へ行き、すぐに診断書を書いてもらい休職する場合もしばしばあるので、仕事をしながら直すようによく話し合う事も必要である。また環境の変化で改善する事もある。

・私見も含めて記すと、通称この新型うつについて全部が本当に病気かなという感じがある。この範疇に該当する一部の症状/状況には医師が治療に携る病気（通常言われている所謂病気）とは違いカウンセラー、教師/教育者、上司、親、周り（社会）の人達等が本来関わっていなければいけないケース（場合）もなかにはあるものと思う。

## 39　メンタルヘルスと東洋の昔の教え等

近年メンタルヘルス関連の専門家はうつ病、抑うつ状態になるのは、真面目で几帳面な人がほとんどだという事で真面目、几帳面、一途さがあたかも悪いような言い方する事があるが どうかと思う。真面目、几帳面な、一途な人がいるから社会が上手く成り立っている。これらの人、性格・心がけを大切に、大事に/ 尊重するようにならなければならないし、しなければならない。このような人が十分に気持ちよく業務に従事できるようにならなければならない（環境整備の必要性）。

急に大昔のことになるが、老子の基本的な教えの一つとして自然のままに、あるがままに、無理な頑張りをしなくてもよいと言われている。 今の時代にも思いのほか合致する。

得難い人財がメンタルヘルスの課題で悩む事態にならないようにするのは予防の項（P190～192 参照）で述べた事を留意する必要がある。 そして個人としては自分の心（レジリエンス力）を強くすると共に上述のように あるがままに、無理な頑張りはしない生き方を心掛ける事である。さらに重要な事はラインの人々 特に上司、まわりの人々が関心を持つ事（所謂 ラインケア）である。


## （6）発達障害

〈i〉 概要： 中枢神経系に様々な原因で機能障害（脳障害）が起こり、認知・言語・学習・運動・社会性等の機能に支障を生じる疾患である。通常は診断名にあまり拘る必要はないと言われている。幼児/子供、生徒、学生など概ね 18 歳までの若年者の発達期に発症する（気が付く）事が多い。 発達障害には知的障害がある場合とない場合がある。 知的障害がある場合は幼児期に見つけられやすく対応/治療態勢は比較的進んでいると思われる。 社会人になって周りが気づく場合もあるが成人の場合は診断するにあっては、注意がより必要で、対応は難しくなる事がある。 なお現状では治療は難しいので次項記載のように周りの人々の理解、対応/配慮、支援等が必要/重要である。

その他留意する事項として職場、組織体内だけで苦慮するのでなく支援機関を活用する事である。 例えば、都道府県や主要都市にある発達障害者支援センター、精神保健福祉センター、障害者職業センター、発

203

達障害情報・支援センター等。（P210 参照）
　なお改正発達障害支援法（平成 28 年 8 月施行）は国、都道府県、事業主が障害の特性に応じた就労支援を充実するように規定している。

〈ⅱ〉対処法、注意事項：育った環境や育て方によって発達障害になったわけではないので、対処の仕方としては配慮のある教育・指導である。この場合判りやすく**具体的**に説明、指示、指導をしなければ本人は判らない。　同じ作業は丁寧に実施するが、応用動作（行動、フレキシブルな行動/対応/考え、全体を把握する事等）は出来ないので異常時の対応についても具体的に説明、指示が必要である。　この場合、言う（聞く）だけよりも文字にする、文字だけよりも絵、写真やもの等の形のあるものを活用するなどの配慮が必要である。　また何が出来て、何が出来ないかを周りを含めて具体的に認識、見極めをしておく事が必要である。

（ⅲ）種類（分類）とその概要〔理解しやすくする（全体把握）ため〕：

① 広汎性発達障害　PDD/ Pervasive Dvelopment Disorder　：　社会性に関連する領域の発達障害の総称。　なお PDD の分類体系において DSM-5 と ICD-10 では必ずしも一致しない。
　（注記）DSM-5；米　精神医学会による精神疾患の分類と診断手引書 5 版、ICD-10；WHO 作成の国際疾病分類、診断基準 10 版

　特徴（そこの職場での課題）として、　イ．社会性の障害〔社会にとけこめない、人付き合いが苦手、場の空気が読めない/KY（場の空気を読む）は苦手、ちょっと風変わりな雰囲気を思われる人等〕、　ロ．コミュニケーションの障害（会話が苦手など）、　ハ．想像力/ 強いこだわり、執着心が強い（目の前の事のみ、応用/機転がきかない、興味や行動が限られる障害等）の 3 つ及びこれらの組み合わせで現れる。　　人によって色々だが、知的障害を伴わない場合（この方が多い）と伴う場合がある。なお自閉症者には音、光等に敏感な人が多いので周りの人は留意する必要がある。　また単純な事を繰返し根気強くし続けたり、特定の事に拘りを持ち続けたり/集中するケースもあるし、特定の事柄に強い記憶力を発揮したりする者もいる。

さらに PDD を分類すると、
　（a）自閉症（自閉症スペクトラム）ASD/ Autism Spectrum Disorder　：上記 3 つの特徴及び組み合わせによる症状。

　（b）高機能汎用性発達障害（アスペルガー症候群、アスペルガー障害）AS/ Asperger Syndrome 、AD/ asperger Disorder　：アスペルガー症候群は言葉の遅れを伴わない自閉症、高機能自閉症（知的に高い自閉症）、高機能の非定型自閉症（自閉症症状を有している

が軽い）の３種類がある。このアスペルガー症候群は一般に言語能力
はあるが、行動能力が乏しい事を留意する必要がある。そして言語の
発達の遅れが顕著でない自閉症の場合の診断名にしばしば使用される。

(c) その他（特定不能の広汎性発達障害）

② 学習障害（LD /Learning Disabilities ） ： 知的能力の遅れはないが、
読んだり書いたり計算したり、話す、聞く事、推論する事等が苦手（読
字障害、書字障害、算数障害）。 LD の一種でその大きな割合を占める
ディスレクシア dyslexia（読字障害、読み書き障害）の症状名がある。

③ 注意欠陥多動性障害（ ADHD / Attention Deficit Hyperactivity
Disorder） ： 不注意、多動性、衝動性、自己コントロールができな
い、落ち着きがない、じっとしている事が出来ない、最後までやり遂げ
る事が出来ない。
しかし周囲の理解、サポート等があると特異な分野で能力を発揮したり
もする（能力のアンバランスもみられる）。

● なお発達障害については次項のような３区分（分類）もある。

①知的障害（精神発達遅滞） ②汎用性発達障害（自閉症、自閉傾向）

③高機能汎用性発達障害（アスペルガー症候群、高機能自閉症、学習障
害、注意欠陥多動性障害）

---

40　　　　　注意 ！　コミュニケーション

　他章でコミュニケーションの重要性を、そしてコミュニケーショ
ンは手段/方法であり、目的ではない事や考える事の必要性/重
要性についても述べた。 最近はコミュニケーションが第一の重
要項目と強調し過ぎる風潮を感じる（例：学生採用時の最重要項
目）。でも人は夫々で、コミュニケーションが苦手な性格の人も
いる。 本章で述べたように発達障害者は脳の気質的障害であ
り、多くの発達障害者はコミュニケーションを苦手としている。
コミュケーションが十分出来ないという事で普通の/正常な人を
発達障害者のレッテルを貼るような事が出てきていないか懸念
する。 他の人が本人（特に若年者）を発達障害者にしてしまう
事がないように注意しなければならない。 同じく本人にそのよ
うに思わさせる事がないように注意しなければならない。

●参考事項：発達障害者数は一般的には人口の 1%程度と言われている。しかし文部科学省は特別な支援を必要な児童数は 6%以上いるとの推定値を発表している。無論この全てが発達障害ではない。 でも近年増加しているのは事実であろう。これは考え方/見方、環境の変化、診断法等にもよると思われる

# ４．対応 、留意事項
## 〜 受診、休職、復職（職場復帰）、安全配慮義務 〜

　職場にメンタルヘルス関連に課題のある人がいる時の対処法について基本的事項を記載する。この場合本人（又は家族）が言い出す場合と周りの人や関係者が異常を感じる場合があるが、ここでは後者で、別項に記載した事項を念頭におき気分障害（うつ病等）の人の場合を主眼に記載する。

## （１）受診しやすい診療科

　　上司や周囲の者が異常（例えば遅刻の頻発など時間感覚が希薄、間違いが多い、対人関係、トラブル多発等）を感じて受診をすすめる（指示する）場合は 精神科、神経科だとイメージが悪く（偏見があったりする）、本人は受診を嫌う傾向がある。その場合心療内科をすすめると比較的受け入れられやすい。

　　またうつ病が疑われる場合は、本人は病識が乏しいので受診したがらない。そこで言い方も例えば「上司として気になって（心配して）いるので早急に一度心療内科で診て貰ったらどうか。そしてその結果を知らせてほしい。」等の言い方が案外よく受け入れられやすい。　（P194 参照）

**（注記）** 一般には判り難くよく似た診療科名がある。一応下記事項を認識しておくとよい（実際は明確な区別/境界はない場合があるので留意）。
　　“心療内科”は身体と心理面/こころ、社会面での疾患で、心身症(P200参照)など身体の症状を扱うのが主。内科がベースとなっている。
　　“精神科、神経科、精神神経科”は違うように使う場合もあるが、多くはほぼ同じように精神疾患、心の病気を扱う（下記の神経内科とは異なる）。　例えば不安、イライラ、不眠、抑うつ、幻覚、幻聴、妄想などの症状でうつ病、統合失調症、神経症、不眠症等々。
　　“神経内科”は上述の科とは異なり、脳神経系の疾患/脳血管障害・パーキンソン病・脊髄・神経の疾患を扱う。ここで手術が必要となれば脳神経外科を紹介される。

206

## （２）休職にあたって

　　休職の必要があると診断書が出て、関係部署（人事部門、産業医等保健スタッフ部門など）とも相談して休職に入る場合や休職中の留意事項について述べる。

・診断書に対する認識として医者（主治医）によっては本人の意向もあったりして少しあいまいに記載している場合（例えば、うつ病なのに抑うつ状態等）もある。そこで十分納得できなければ産業医等を通じて主治医に確認する。

・休職前の本人への説明においては休職となると本人は経済面等を心配しているかもしれないので関連する就業規則等について休職前に本人に十分説明しておく。この間の給料、最長（保障）休業期間、支援機関、休職中の会社との接触（連絡）等についての説明、必要に応じて会社が主治医と話す場合もある旨の了承を得ておく等々。

・休職中の本人の状況を十分把握しておく必要がある。そこで休職に入る前に連絡等について話し合っておく事が必要である。人によっては職場との交流がないと孤独感を持ったりするし、連絡があまり頻繁だと圧迫感を感じたり、ゆっくりと休めない（療養できない）と感じる人もいる。


## （３）職場復帰において

　　メンタルヘルス関連/心の健康問題で長期休業の人が職場復帰となると、仕事（業務内容、職場/勤務先、人間関係等）や通勤への不安が大きい。そこで無理なく職場復帰できるように復職支援（リワーク支援）が必要である。　次に留意事項について述べる。

・主治医から復職可能との診断書が出た場合、よく考える必要がある。本人が諸事情の関係で早く復帰したいと考え、主治医にその旨依頼する場合もあるし、主治医はしばしば職場、仕事の状況についての理解が不十分な場合もある。主治医は日常生活では支障がないとの事で職場復帰可能と診断している場合も多々ある（仕事遂行能力まで回復しているとの判断とは限らない）。

・ステップとして、①復帰に備えて規則正しい生活ができている（生活リズムを取り戻す）。　②外での生活にある程度慣れている、体力ができている（ウォーミングアップ/ 例えば、図書館通いをしている、散歩等運動をしている等）。　③通勤訓練、試し出勤をする。但し仕事ではない

ので事故等の場合は労災にはならないであろう。このあたりの理解/認識が必要である。

この場合、職場復帰支援（リワーク支援）を受けるのがよい。地域にあるリワークセンターにおいて復帰準備の支援を受ける。ここには医師、看護師、作業療法士、臨床心理士などが居てプログラムに沿って作業/課題/業務等をこなしていき支援を受けたり、諸々の相談をする事もできる。

・職場復帰についての判断は、主治医や産業医の意見、本人の意向も聞きながら最終的には事業者側（職場、人事部門）が可否を判断する。

・再発防止のための配慮事項として慣れるまで時間外業務、交替勤務、危険な作業等は避ける。環境、人間関係等の配慮、出張等の業務は避けるなど。又職場復帰後の当人への観察/関心、フォロー、配慮が必要である。

・はじめは短時間勤にするという考えもある。但し短時間勤務という事は職場復帰の条件が完全にはそろってないので避けるのがよいという考えもある。職場（仕事）の状況にもよると思うが、よく本人と話し合う事が必要である。そしてもし短時間勤務を導入する場合は期限等を事前に決めておく必要がある。またリハビリ出勤（慣れる、通勤訓練、ウォミングアップ等）の制度を制定したりするケースもある。この場合 交通事故や社内事故の場合の対処が難しくなるので注意しなければならない（前述）。

・復帰職場は以前と同じの職場が原則。 但し発症原因が職場環境（職場状況、仕事、上司や人/人間関係など）の場合は、その環境が発病前と同一なら再発の可能性が高いので配慮が必要である。

・不公平にならないように、甘えとならないように企業、組織としての就業規則、内規等に休業や職場復帰についてきちんと記載しておくように、そして本人に十分知らせておく事が必要である。そして休業時や復職時にも説明し確認しておく事。 例外を作らないようにするが、どうしても必要な場合（例えば、職場を変えて欲しい等で変えざるを得ない時）はこの１回だけと約束するように。

・職場関係者の知識だけで対処するのではなく、専門の相談、支援機関を活用する。例えば、各県にはメンタルヘルス支援センター（産業保健総合支援センター等）がある。また各地域に障害者職業センター、リワーク施設などがある。 スムースに復帰するために職場復帰プログラム（計画書）を作成しておく必要がある。これ等の参考資料等はこの支援センターにあるし、ここで相談もできる。

・もう一つ重要な事柄は、本人（自分）の考え方、心得等を以前とは変える必要がある。相談機関とも相談しながら本人ともよく話し合う事である。

## （4）安全配慮義務

　安全配慮義務は危険作業や有害物質の取扱いでの対策だけでなく、メンタルヘルス関連においても当然含まれる。　例えば休業者（求職者）の職場復帰時においても安全配慮義務があるし、障害者雇用においても同様である。特に精神疾患によっては（例えばうつ病）自死にいたる場合もあるので対応を間違わないようにしなければならない。

　ベースとなる法規は労働基準法、労働安全衛生法、労働契約法であり、安全配慮義務は予防責任としての安全配慮義務（社会通念上相当とされうる予防手段を果す）だが、実際は結果責任である。法律では安全と健康を確保すると共に快適な職場環境を形成する事を定めている。
安全配慮義務を怠った場合、民法第708条（不法行為責任）、第715条（使用者責任）、第415条（債務不履行）等により損害賠償を命じた多数の判例がある。

# 5．参考事項等

## （1）概要として障害者数、関連の法律

　全体のイメージを把握するために記述する。障害者は日常生活や社会生活において障害の影響で生活に制限が出る人である。　障害者を大きく分類すると身体障害、知的障害、精神障害等（P197参照）になる。この障害者数は程度/状態に差はあるが概数として内閣府の平成28年版障害者白書によると、身体障害者数は約394万人、知的障害者数約74万人、精神障害者数約392万人で障害者数は約960万人である。その数年前には約700万人で人口の約6％位と言われていた。　実際の増加の他に数値の大幅増加は考え方（どの程度の人を含めるか等）や診断の仕方等の違いが要因の一つでもである。
発達障害者は精神障害の区分に入れたりもするが、知的障害を持った人もいる。また医学分野で発達障害に知的障害を含ませたりする事もある。

　障害者政策や制度の基本となるのは障害者基本法である。この法のもと

に身体障害者福祉法（正式名称 精神保険及び精神障碍者福祉に関する法律）、知的障害者福祉法、精神保健福祉法がある。その他発達障害者支援法、障碍者自立支援法等があり、諸施策等がなされている。

なお18歳未満の場合、児童福祉法の関係で障害児という事もある。
障害者基本法第2条での障害者の定義：「身体障害、知的障害、精神障害（発達障害を含む）、その他の心身の機能の障害（以下 障害と総称する）がある者であって、障害及び社会的障壁によって継続的に日常生活及び社会生活に相当な制限を受ける状況にある者をいう」

## （2）雇用率

　障害者ができるだけ自立できるように企業等での雇用を促進するため法律で雇用率を定め、法定雇用率以上の障害者を雇用するように定められている。下回ると定められた金額を収める必要がある。なお重度障害者（1,2級）は2名に算定される。

障害者法定雇用率（障害者雇用促進法 第43条）
（平成25年4月1日現在。5年毎に見直し次回30年4月から新雇用率）

・一般の民間企業(規模50人以上)　：2.0%
　国、地方公共団体、特殊法人　　：2.3%
　都道府県等教育委員会　　　　　：2.2%

　次回見直しで、民間企業は　　　当面2.2%で、33年3月末までに2.3%。
　国、地方公共団体、特殊法人は当面2.5%で、33年3月末までに2.6%。
　都道府県教育委員会は　　　　当面2.4%で、33年3月末までに2.5%。

・雇用義務の対象となる障害者は身体障害者、知的障害者である。現在は精神障害者は対象外だが、精神障害者保健福祉手帳保持者は雇用率に算定する事ができる。但し平成30年からは精神障害者も対象に追加。

## （3）障害等級と障害者手帳交付等

　身体障害者の等級は障害の種類による。肢体不自由は1級～7級（7級単独では障害者手帳の交付はなし、2つ重複で6級となり手帳交付）、聴覚や視覚障害は1級～6級、諸臓器、呼吸器、腸、心臓、肝臓（2級有）等は1,3,4級である。2つ以上の重複で上の級となる。　精神障害者は1級～3級。

なお障害者手帳の正式の呼称は身体の場合は身体障害者手帳、精神障害者の場合は精神障害者保健福祉手帳である。これ等の他に療育手帳も含めた総称として障害者手帳という。なお療育手帳は一貫した養育、援助を受ける事を目的としたものであるが、法律で制定されたものではなく厚生省のガイドライン（昭和48年）に基づいた制度である。

## （4）障害者関連支援（相談）機関及び参考資料

- 相談、支援機関例（各地に所在）
  産業保健総合支援センター、高齢・障害者雇用支援機構/障害者職業センター、障害者・生活支援センター、発達障害者支援センター、ハローワークの障害者担当部署、その他

- 上記記載場所において手軽に入手できる障害関連参考資料の例
  （独立行政法人）高齢・障害・求職者雇用支援機構：「精神者雇用管理ガイド ハンドブック」、「はじめからわかる障害者雇用」
  労働局・ハローワーク：「障害者の雇用状況と支援」
  厚生労働省（社法）雇用問題研究会（事務局）：「発達障害のある人の雇用管理マニュアル」　、その他

# V 職場、社会で
## 心に留めたい言葉

（本文中に Ⅱ章をはじめとして各所でも述べたが、

メモ帳からその他の 15 項目を参考までに追記）

# 心に留めたい言葉/事項
## ～心に持ちたい言葉（メモ帳から 15 件）～

（1）初心と継続

「初心忘するべからず」（世阿弥）…何事においても最初の真剣な気持を持ち続けるのが肝心。そして継続する事は力である。例えば就職した時の気持ち、心に誓った事を忘れない事。

「我々のすべての探求の最後は初めにいた場所に戻ることであり、その場所を初めて知ることである」S.R.コヴィー（7 つの習慣）/T.S.エリオット

そして「**継続は力なり**」を心におき、「一意専心」（ひたすら一つの事に心を集中する）に努める事である。　即ち目標に向かて努力を地道に続ける事の大切さを意味している。　次のような言葉（故事）もある。

「初めあらざるなし、克（ヨ）く終わりある鮮（スクナ）し」（何事もはじめは一生懸命やってみるが、最後までやりとげる人は少ない）/詩経

（2）デ・リマ（ブラジル人、2004 年アテネオリンッピックのマラソン銅メダリスト）…1 位で走っていたのに途中 異常者に邪魔された。でも最後まで走り、3 位になり銅メダル獲得した人。　ゴール後のインタビューでの発言：「続けること（継続）が大切であり、信じることが大切である」と強調してい た。　妨害者への非難、苦情は言わなかった。　国際オリンピック委員会から別途クーベルタン男爵の名をつけた特別メタルを贈呈された。　なおその後、東京国際マラソン等にも出場し優勝した。

（3）（神田橋條治）：人生は過去によって影響は受けますが、過去によって決定されるのではない。現在での見方が変わると過去のイメージが変化するのが常である。（対話精神療法の初心者への手引き）

（3'）過去は変わらない。 人（相手）は変わらない（変えるのは非常に難しい）。 変えることが出来るのは自分である。自分が変わり、見る目が変われば、過去見る目（過去の意味）、人を見る目も変わる。そして未来は（これからを）変えうる。

（3"）「言志四録/晩録」（佐藤一斎/美濃藩家老）/ 山本博文著 武士道の名著：人は将来の事を考えるが過去の事を忘れている。過去は将来への出発点である。自分を知り足りるを知る事は過去を忘れない事にある。

（4）「何事も "おてんとう様" はみている。神様・仏様はみている」
西洋でも同じような事が言われている 「神々はみている」。（紀元前ギリシャのパルテノン神殿の彫刻家が彫刻象の見えない部位も完全に

制作する事に関連して述べた。 ドラッカーはこの言葉の意味を重要視した)
　最近は多くの手抜き、ごまかし、不祥事等が報じられいるがあらためてこの重要性を感じる。

(5)　柴田亜衣　（アテネオリンピック水泳 800 メートル自由形金メダリスト…インタビューに答えて）　3 つの "あ" ：
　　　あわてず　　あせらず　　あきらめず

(5'）中日新聞　紙つぶて（平成 16.10.9）：
　　　あわてず　　あせらず　　あきらめず　　あてにせず　　侮らず

(6)　優秀な営業マンは先ず顧客のニーズや関心、あるいは状況を理解しようとする。つまり素人は商品を売り、プロはニーズや問題に対する解決を売るのだ。　　（S.R.コヴィー「7つの習慣」）

(7)　知識は失敗より学ぶ。事を成就するには志があり、忍耐力があり、勇気があり、失敗があり、その後に成就があるのである」（田中久重）

　（注記）田中久重：1799 寛政 11 年〜1881 明治 14 年。筑後 現久留米市に誕生。からくり人形（弓曳童子）や和時計（万年自鳴鐘）開発。日本のエジソンと呼ばれている。電信機工場、後の田中製作所、㈱芝浦製作所、現在の㈱東芝を創設。

(8)「人の事はよく/ すぐ判っても、自分の事はなかなか判らない」（自己理解の難しさを言っている）

(9)　作物を収穫するためには、過去において土地を耕し、種をまき、育てていないと収穫はできない。人についても職場についても同じである。

(10)　先ずは目の前の事を一生懸命にやる。足元がしっかりしていないと何もできない。成功しない。

(11)　小さい事を一つ一つ積み重ねる事が重要である。そして基本、基礎をしっかりさせ、原理原則を守るのが大切である。土俵は特別の場所である。自分を成長させる場所であり、苦しくつらい場所であり、楽しい場所でもある。　　　　　　　　　　（白鳳関、NHK プロフェショナル）
　（注記）土俵を職場に置き換えると我々にも実感がわく。

(12)　貴賎に限らず勉強忍耐の人、世に功ある人。　福運は勤勉の人に従う、英才は即ち忍耐なり、勉励の力の別名なり。　艱難カンナンは最善の教師。　読書のみを学問と思うべからず。
　〔英人サミュエル・スマイルズ著 "SELF‐HELP" 自助論/西国立志

214

偏/中村正直(敬宇)訳〕
　（注記）東西で同様の事が言われているのが判る。

(13)　「善を修する者は福を蒙コゥムる。たとえば響ヒビキの音に応ずるが如
　　し。悪を好むものは禍ワザワィを招く。あたかも身に影を随シタガうが如
　　し。」

　（善い行いをする者には幸福が訪れる。例えば山にはね返ってくるこだ
　　まのように。　悪事を好む者は禍ワザワィを招く。あたかも何時も影がつ
　　いてくるように。）
　　　（実語教のなかの１項目である。実語教については P25 参照）

(14)　「プラス思考」　物事を肯定的に捉える考えが必要である。　人に対
　　しても自分に対しても完璧でないといけないと評価しない事であり、
　　前向きに考えて行動する人、即ちプラス思考をする人でありたい。

　　　「プラス思考とは苦境にあっても、将来への希望や光を自分自身で見
　　出すという姿勢である」（中日新聞のコラム/関根弘子 資生堂役員）

(15)　（別項でも一部記述しているけれど）　日々の生活で忘れられ易いが
　　重要な３事項/言葉として、「感謝」、「謙虚/素直」、「忍耐/我慢」。

　　　振り返ると、人々に助けられ、支援されて生きてきた。先生、友達、
　　上司、同僚/仲間/周りの人々、関係者、取引先の人々、社会、家族/身
　　内等々。　感謝の念を持ちその気持ちを伝えていない。　すぐに不満、
　　怒りとなっていないか、助けてもらっている/ 有益な事を言われている
　　のに気づかない、謙虚に素直に他の声を聞いたり受け止められない。
　　忍耐とは単に我慢するだけではない、自分が、周りがよくなる事でも
　　ある。そして自己コントロールできる事を意味している。

　　　こころの持ち方で上述と類似の事を表現している「カキクケコ」が
　　ある。　（メモ帳から 某冊子記述事項を少しアレンジ）

　　カ：感謝の心。感激/感動
　　キ：緊張感を持つ、そして気楽さ
　　ク：くつろぎのゆとりある心
　　ケ：謙虚。　決断。　健康第一
　　コ：好奇心を常に持つ

# あとがき

　実は本書の当初の完成予定（目論見）は5, 6年程前であった。その時点で7割強は完成していたが、特に厳しい締切りもないのでのびのびになってしまい、これではいけないと思い不十分ながら一応完了したいとして念のため見直した。するとやはり記述が不十分であったり同じ様な事を繰返したり、表現の仕方が場所によって違っている箇所が多くある事に気がついた。でも修正しているとすぐ半年、1年過ぎてしまうので不十分と思いながら完了と次第である。　その関係もあり諸資料が古くなっていると感じもして少々懸念している。

　色々振返っていると、過去に先人が蓄積してきた貴重な経験/考えで忘れられている事が多くあるのではないかと感じた。知らず知らずのうちに本来なら自然に身についている大切な事柄が多いと思う。　視点を変えれば何か断絶されている（引き継がれていない）のではないかと。

　繰り返しになるが、再び思いを述べておきたい。　職場で、組織で、社会で問題が出てきて慌てたりしている事も多々あるように思われる。例えば職場でのメンタルヘルスの問題も日常接しているライン、まわりが心を配り、しっかり支えないといけない。最近は多忙と言うことで側面/サイド等から直接支援をするような傾向もしばしばあるようだ。社会が複雑化する中でスタッフ部門の役割は益々大切であるが、それがあまりに行き過ぎる（強化しすぎる）とラインはそこへ任せきりになり、人の育成は本来業務との意識が薄れてくるようになる。人の育成は非常に大切である。　これは所謂 企業/会社においてのみでなく教育などの場でも同様で大切な事である。ラインとスタッフの役割、任務を原点に返って現状をしっかり考える必要性を感じている。

　本文で述べた人間関係、コミュニケーション、リーダーシップ、自発性/自主性、モチベーション、仕事についての考え方/意義、キャリアカウンセリング関連事項は特定の人のみが心得る事項ではなく、職場の全員が心がける事項である。特に組織、グループ等で上に立つ人/上司/指導者/リーダーはその事が本来業務であると認識する必要があるし、そうできるように（時間的余裕も含めて）システムを再構築する必要性を感じている（意識/心得の問題でもある）。　この事は企業だけでなく学校（教師―生徒/学生―スタッフ部門の関係）等でも同様である。
パソコン技能は現在 社会では通常の人にも必須であるが、別途専門家

は必要である。同様にカウンセリングマインドの心得は全ての人が身に付ける必要事項であると共に、高いレベルの専門知識、見識を持った専門家の存在・役割は大切である。

　私の仕事人生を振り返ってみると、よき先生、上司、先輩、同僚、仲間やまわりの人々に恵まれて指導、支援を頂いたし環境にも恵まれた。また営業業務に携わった時はお客様、取引先の方々から生き方、人生哲学を教わったりしたし、人間の幅ができ有難く思っている。これらは長かった第1の職場時のみでなく、第2、…の職場時についても、その後に携わった諸々の業務/活動時においても言える。　色々の基礎/基本は学校の先生方に導かれ教わったし、友達に励まして貰ったりもした。無論これらは家族あっての事であるが。　　感謝あるのみである。

　このような人生を歩んできた関係からか性善説を信じたい気持ちを持っていて、最近のような凶悪犯罪がどうして起きるのかと思ったりしている。また何か都合の悪いことがあるとすぐ時代が変わった、グローバル化のために仕方がないのだ、外国では…（こうだ）という言葉を理由にする傾向があるようなのも気になっている。　このような風潮の世の中で大切なのは学校、社会で、そして常日頃の日常生活の中での人間（力/学）教育であると感じている。

　この事に関連してまえがきでも述べたが、自分の思いも含めて忘れないうちに教えられた事、経験や学習した事などの記憶、メモ事項等をまとめたのが本書で、自分自身の反省と今後の人々に少しでも参考になればと思った次第である。
　**"成形の功徳"**という言葉（森信三著　終身教授録）がある。前著（＊）も同様であるが、メモや記憶等を形のあるもの（ここでは書籍等）にしておくと見方によっては有益になる感じがしている。
　（＊）「成功する　実践的な　就職活動　―応募書類の作成を中心にして―」

　なお、読者の印象に残りやすいかもしれないとの思いから本文では昔からある文章/語句/熟語や五七五調もどき等で表現したり、教訓めいた記述もしたが、私が今まで多くの方から教わった事、経験した事、学んだ事を多くの方に理解して頂きたいと思った事なのでご了解願いたい。

以上

（平成 29 年 12 月）

## 【著者紹介 大崎凡二】

名古屋大学工学部卒業後住友化学株式会社に入社。技術/研究開発、製造スタッフ、技術管理・環境関連・省エネ部門、製造管理等に携わった後、長年営業業務、主管者業務に従事。この間米社とのJV、共販会社、樹脂加工会社での業務に従事。 その後 人材（財）会社、職業安定所（ハローワーク）にてキャリアカウンセリング、就職支援等に従事。さらにNPO団体、諸機関に所属して就職支援関連のセミナー講師、カウンセリング等に従事。また就職展等において若年者・学生、転職者に就職支援。
関連所有資格は産業カウンセラー、CDA（キャリアデベロップメントアドバイザー）、キャリア カウンセラー（キャリアコンサルタント）、ジョブカード作成アドバザー。

著書：「成功する実践的な 就職活動―応募書類の作成を中心にして―」

人間関係を豊かにして逞しく明るく活力ある職場つくり
　　～キャリアカウンセリングの視点で振返る/考える～

平成30年4月30日　初版　第一刷発行

| | |
|---|---|
| 著者 | 大崎 凡二（名古屋市瑞穂区弥富町紅葉園 7－1302） |
| 発行者 | 谷村 勇輔 |
| 発行所 | ブイツーソリューション |
| | 〒466-0848 名古屋市昭和区長戸町 4-40 |
| | 電話　　052-799-7391 |
| | ＦＡＸ　052-799-7984 |
| 発売元 | 星雲社 |
| | 〒112-0005 東京都文京区水道 1-3-30 |
| | 電話　　03-3868-3275 |
| | ＦＡＸ　03-3868-6588 |
| 印刷所 | 藤原印刷 |

万一、落丁乱丁のある場合は送料当社負担でお取替えいたします。
小社宛にお送りください。
定価はカバーに表示してあります。
©Bonji Osaki 2018 Printed in Japan　ISBN 978-4-434-24531-2